多芒揚唐仁波切（一九三〇～二〇一六）

二〇一六年於南印度。攝影／卻札。

我的淨土到了

多芒揚唐仁波切傳

下冊

卻札蔣措——著

目錄

（下冊自第三章第12篇起）

第三章　從東方到西方

第四章　從此岸到彼岸　237

第三章

從東方到西方

（下冊　第12篇起）

12 巴拉庫貝的多芒新伏藏

仁波切在結束海外行程後，回到錫金貝林璨康。多芒的建設才告一段落，仁波切又有意在貝林進行建設，他原本想在貝林璨康附近建設佛學院，然而該地地勢與土地面積等條件均不適合興建。於是仁波切轉而向揚唐家族徵詢取得伏藏師貝瑪林巴聖地旁土地的可能性，但經過數年等待，終因無法取得用地而作罷。那處貝瑪林巴聖地，後來被錫金政府改建為使用率不高的貝林直升機機場。

一九九八年的年底，仁波切從貝林璨康搬遷到貝林吽日旅社的頂樓住了數年，復於二〇〇一年移居玉僧諾布崗旁。這塊地乃由蔣秋生父雅普蓋拉[125]獻給仁波切，於此新建的住所稱為「玉僧璨康」。仁波切在二〇〇一年入住玉僧璨康，一直住到二〇一六年圓寂為止，共約十五年的時光，使得玉僧璨康成為繼貝林璨康之後，仁波切在錫金駐錫最久的地方。

自從母親在一九八七年往生後，仁波切每年都會在母親逝世週年日特別誦經回向給母親。貝瑪揚澤洛本登巴嘉措如是回憶第十二週年的情形：

> 仁波切說：「今年是第十二年了，從明年開始就不需要了。你們也要為往生者祝願十二年，十二年過後就不用了。我母親往生後今年是第十二年了。」……

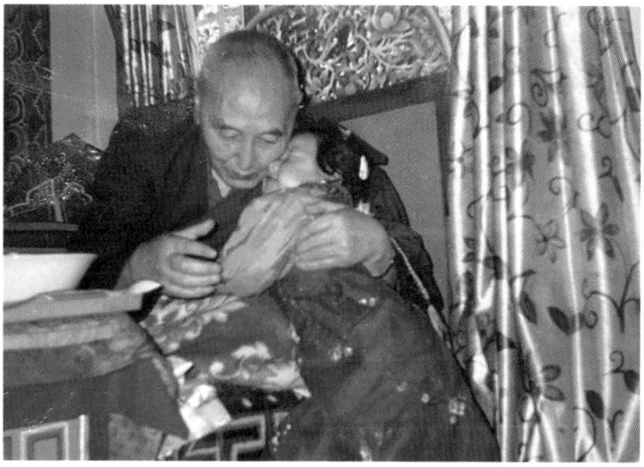

上左、上右／揚唐仁波切與「昂固」札西群措合影。翻攝於玉僧璨康。

下／仁波切抱著昂固（左）及外甥索南班登之子祖古行康的留影。照片來源／仁波切私人相簿。

125 本名貝瑪群增喇嘛。

那時累積唸誦著阿彌陀佛聖號，有時中間會唸〈普賢行願品〉、〈三十五佛懺〉、〈慈氏願文〉和〈普賢王如來祈願文〉。最後再唸〈極樂淨土願文〉，這樣慢慢唸誦了一整天。

母親往生後的第十三年，二〇〇〇年七月，仁波切外甥女蔣秋產下一女，仁波切為她取名為札西群措，並曾私下對蔣秋說，札西群措乃是他母親的轉世再來，當以慈愛呵護關照。仁波切與蔣秋親如父女，與札西群措則情同祖孫，札西群措也稱仁波切作外公。[126]

二〇〇〇年，仁波切第三度造訪台灣，期間仁波切再次在紐涅阿媽籌劃下主持紐涅閉關。仁波切在紐涅期間曾如是開示道：

> 如果有人問說，進行一回紐涅會是很大的善嗎？紐涅是有很大功德利益的。我們如果要投生為人，要得人身必須要有因，而得到人身的正因是什麼呢？就是守持戒律。如果能以清淨心來守持紐涅八戒達八回合，再佐以純淨回向和發願，這將是投生西方極樂世界的不共之因，其它什麼也不用修，在清淨的動機下做紐涅，必將投生西方極樂淨土。若要投生人間，需要持戒清淨，如果你修持純淨紐涅八回合，也肯定可以獲得人身。
>
> 紐涅有分大回合和小回合兩者。你們現在在做的就是紐涅一大回合。昨天早上有吃粥、喝茶，中午有吃飽、喝茶，然後晚上只有喝茶，今天是早上就開始禁語、禁食。這樣兩天就是一個「大回合」，十六天下來就有八回合。
>
> 而「小回合」是一天就完成，早上一早受戒後可以喝茶，不准吃粥，只能喝

茶。中午可以吃飽、可以喝茶。中午開始禁語，晚上則是禁食、不准喝茶。這樣一天就是一小回合的紐涅。就看每個人各自要做什麼樣的紐涅，好好去守戒，這樣是很好的。

紐涅有八條戒律，在這之外，也不能吃肉。不能吃肉這一項，並沒有特別歸屬在八戒裡，而是紐涅本身屬於事續部，而要進行事續部儀軌都需要斷除酒肉。所以禁吃葷食這一條，是事續部本身要守持的。禁語這一條也不在八戒裡面，但是不論從事什麼善行，禁語是很重要的。上師們和佛陀都有說到，在禁語中修持佛法有很大功德利益。就像我們在閉關，閉七天關還是一個月的關，在閉關期間都是禁語的。甚至一天當中要唸誦六字大明咒還是唸什麼別的，從轉動唸珠起一直到結束前，都是禁語唸誦的。自己不論是在課誦時，在修持氣的時候，還是在修阿底瑜伽時，有很多時刻是禁語的。禁語可以造很大的善，所以這裡才會有禁語這條，並不是特別屬於紐涅當中的戒。[127]

仁波切在五月份應邀到數個中心傳法，釋迦仁波切、寧瑪仁波切邀請仁波切到中心傳授氣脈明點。全佛文化也邀請仁波切傳授格薩爾灌頂，仁波切在傳完灌頂以及米旁仁波切的格薩爾修持儀軌後，給予這一段精要開示：

126 見本書序。

127 非常感謝周相如提供的珍貴影片，讓仁波切的開示得以重現，這是現存唯一一份仁波切關於紐涅的開示。

你們有人在做五加行功課，包括共同外加行和不共內加行，這是因為對佛法有信心才會做這種實修，對佛法沒信心的話根本不會這樣做。很多人說要修大圓滿，這是代表你們有「佛法對我有幫助」的想法，以及對佛法有信心的徵相。……

你們在場所有人在修持佛法時，不要去弄那種秀給別人看的佛法。就算沒有辦法修很多佛法，即使是修少少的佛法，也不要是為了秀給別人。不管是打坐還是供養，都不要為了愛現而做，我是期盼各位自己一片清淨心，思考著後世而修行佛法。

往昔那般上師，從天亮到天黑都一定在修行，這樣修一輩子，完全不做世間輪迴事，這在現今根本看不到了，已經做不到了。我們現在完全沒空閒，要修行佛法的話，早上有些時間，晚上也有點時間，其它的時間就需要工作，只有早晚有一點時間；想要整天修行，是沒有那樣的時間的，要不自己做生意，要不是在別人那邊上班，沒有時間修行佛法。……

所以早上只花兩小時，晚上也只花兩小時，能有這樣的空閒來修行就算是第一名了。在這樣一兩個小時當中，重點不在時間長短，而是自己要一片清淨心。既然只有短短時間可以修，那就要在短短時間裡修行純正佛法，能不能達到純正是要看有沒有一片清淨心。……

每天早上都要思考「暇滿難得」、「壽命無常」、「業因果」以及「輪迴過患」這四點，心裡不能忘掉這個。短短想一下就可以了，沒有要你按照經論去想很多，就想說「得到人身是很困難的」這樣就可以了。然後要想到說，儘管得到了人身，我們是會很快死亡的。……

要從輪迴的痛苦當中救拔出來，除了三寶之外是沒辦法救脫出來的，所以要培養對三寶的信心，這就做到了皈依。希願「自他一切有情都能得到佛果」，這樣就做到了發心。將自己身體、受用以及世間一切事物，透過自己的心念來觀想供養給三寶，這就做到了供曼達。自己所造一切罪障，依金剛薩埵懺罪之下，唸誦「嗡班匝薩埵吽」、「嗡班匝薩埵吽」努力唸個七遍，就是金剛薩埵的觀修持誦了。

接著是上師瑜伽，實修的真正根本就是上師瑜伽，你們不論何時要打坐，在打坐開始需修上師瑜伽。每位上師、伏藏師有各自的上師瑜伽，像是寧體等等，各個伏藏師有各自的上師瑜伽。不論你是修哪一個，都會祈請、觀想上師在頭頂、領受上師身語意的灌頂，就按照法本來修持，這些你們都已經知道了。修持上師瑜伽，領受四灌頂，上師融入自己，然後禪坐就此開始。在觀照自心之下安住，這需要自己認識心的面目，也就是要認識明覺本性。如果有認識明覺本性，那就是走在實修上頭；如果沒有認識明覺，那不管你在那邊坐多久都不算是大圓滿。大圓滿的修持是在明覺本性之中開展的，認識了明覺才有大圓滿；若沒認識明覺，那不論你怎麼坐、怎麼修，都不算是大圓滿。[128]

五月下旬，仁波切應邀再訪密藏院傳法，六月底在深坑對政大、華梵師生為主的少數有緣弟子傳授《本智上師》。從二〇〇〇年八月一日出刊的《密藏院雜誌》中，可看出仁波切這年在台灣傳法時人氣鼎盛之況：

128 感謝黃紫婕提供的錄影資料，讓仁波切的開示得以重現。

寧瑪巴長老、大成就尊者——楊丹活佛，於本（八十九）年五月二十日，由台北縣深坑白玉中心住持阿南仁波欽暨密藏院創辦人田璧雙喇嘛陪同，再度蒞臨密藏院，五月二十日主持「馬頭明王灌頂」，二十一日「給薩大灌頂」。佛爺與台灣弟子及信眾佛緣頗篤，到處宏法，到處客滿，密藏院二場，亦不例外……佛爺賜予「給薩灌頂」，並開示：「給薩灌頂」——是文殊師利菩薩「身」灌頂，觀世音菩薩的「語」灌頂，金剛手菩薩的「意」灌頂。並由蓮師加持成為蓮師事業功德的化現，給薩成為「悲」、「智」、「力」三怙主與蓮師總集化現。

給薩最殊勝本尊，藏名「大獅子如意寶」，為一切諸佛的身口意的化現，是守護正法摧破一切邪魔的大威力統治王將，驅除修行上的障礙，幫助行者在世法資糧上不虞匱乏，也是弘法事業上的護持大威尊。佛爺深入淺出諄諄誘導方式，使信眾聽得懂，記得清，收穫之豐，溢於言表！

法訊

楊丹佛爺在密藏院主持給薩財神暨護法大灌頂

楊丹佛爺法照

上／揚唐仁波切在二〇〇〇年在台灣傳法的法訊。
資料來源／張志忠收藏。

下／《密藏院雜誌》翻攝。資料提供／密藏院。

二〇〇一年，貝諾法王在南卓林傳授《大寶伏藏全集》，仁波切也前去受法。《依怙主竹旺貝瑪諾布法王傳——前譯聖教妙嚴》當中記載：「藏曆二一二八陰鐵蛇年、西元二〇〇一年，尊貴的依怙主法王七十歲，在白玉拉祝仁波切、喇嘛確札嘉措二人祈請下，於南卓林寺大雄寶殿，為上萬僧俗大眾第六度傳授《大寶伏藏》灌頂。」[129]

此時貝諾法王身為寧瑪掌教教主，在世界各地佛行事業正在廣大開展，參加灌頂的堪布桑給朗炯如是回憶：

> 依怙主貝諾法王在印度傳授大寶伏藏，我是寺院僧人，法王傳大寶伏藏時，我就想說：我應該要供僧、向與會大眾奉茶，這樣會是個好緣起。於是去向法王獻上曼達。揚唐仁波切也在那邊，他的腳受了傷，整個腳都有包紮，我就問仁波切是怎麼回事，他說：「我的腿斷掉以後有些問題，[130]貝諾法王叫我一定要來，雖然我腳有問題，不過反正會怎麼樣就怎麼樣，我就來了。」

129 貝諾法王此番在南卓林傳授大寶伏藏，是他繼一九八八年在美國馬里蘭州傑尊瑪阿貢拉嫫創設的普賢白玉法洲、一九八九年在南卓林、一九九二年在西藏康區白玉祖寺、一九九四年在西藏果洛塔唐寺，以及一九九五年在尼泊爾雪謙寺五度傳授大寶伏藏後，第六次也是最後一次傳授《大寶伏藏全集》。感謝張昆晟提供的詳盡資訊。

130 揚唐仁波切在貝林日旅館入住期間因故摔傷，於錫金的南企區醫院（Namchi District Hospital）開刀，腿骨植入長釘。術後在麥里（Melli）療養。雅普蓋拉之女德紀拉嫫如是說道：「仁波切出院後，由於麥里氣候溫暖，他就住在我們麥里的房子。我父親用從門曲宗帶來的水，為仁波切奉上熱石浴。如此日復一日，約一個月的時間。」

堪布桑給朗炯還如是敘述貝諾法王說過的一段話：

我與依怙主法王進行談話，在過程中也有談到揚唐仁波切，貝諾法王這樣說：「在如今這個時代，我們白玉的上師裡，沒有別人像揚唐仁波切這樣證悟境界很高的好上師了。」

常住深坑中心的阿南仁波切如是敘述大寶伏藏灌頂即將結束時發生的事情：

法王傳大寶伏藏時，仁波切也在法王座下求得全部灌頂。我平時有去拜見法王，灌頂結束後，有一天他對我說：「由你去請揚唐仁波切傳多芒新伏藏的灌頂。」……我就去見仁波切，仁波切正在吃飯，我就沒有稟報。等到吃完了，我就向仁波切稟報了。我將法王交給我的那條哈達獻給仁波切，並且說：「法王他這樣交代，明後天大寶伏藏就傳完了，請您接著傳授多芒新伏藏完整灌頂，是法王要我來的。」仁波切聽了就「啊」了一聲。他說：「是可以，但是貝諾法王是我的根本上師，我沒辦法傳灌頂給他，除此之外都可以。」

然後我跑去見貝諾法王，稟報說：「仁波切說沒辦法傳灌頂給您，其他寺院祖古、僧人不論多少人，他都可以為他們傳授。」法王就回答說：「這怎麼可以？我不接受灌頂的話，那些祖古們會去求嗎？他們誰都不會去的。而且仁波切不傳的話，傳承就中斷了，沒有人可以傳這個。」所以我又跑回去見揚唐仁波切說：「法王說他要接受灌頂，不然沒有人會去接受灌頂，傳承就會間斷了。傳承需要由祖古們來執持著，法王說他不接受的話，祖古們也不會去接受灌頂的。」於是他就同意傳了，貝諾法王本人也全程接受了灌頂。

在灌頂結束後，貝諾法王祈請仁波切長久住世並獻上曼達時，供養了很多，像是珊瑚、金、銀，都是成堆奉上，毫不吝嗇。

曾任南卓林寺風紀師[131]多年的隆多尼瑪[132]如是回憶仁波切傳法的景象：

> 他傳授了完整的多芒新伏藏，他是坐在一個小小的法座上面，我還記得他說：「我沒有功德，我什麼功德也沒有。」他本來不願意坐在法座上，後來法王請他上座，他才坐在法座上的。[133]

這場《多芒新伏藏全集》傳授，是仁波切繼早期在多芒寺傳授多芒新伏藏、在雅惹闊傳授《甘珠爾全集》口傳後，再度在寺院對廣大僧眾傳法，也是一生之中第三度傳授《多芒新伏藏全集》灌頂。奉貝諾法王為根本上師的許多祖古、資深堪布和喇嘛都在這場法會中成為揚唐仁波切的弟子。總之，這場多芒新伏藏法宴對仁波切日後傳法佛行具有關鍵的影響力。札西徹令堪布如是敘述道：

> 仁波切的名聲從那時開始廣傳了。上師名聲是怎麼傳開的呢？像以前達龍澤珠法王，本身是位珍貴上師，但是不管是佛法上還是世間上，不論是誰都需要有人扶持。貝諾法王有迎請達龍澤珠法王，首先傳授了大寶伏藏的口傳，之後又

131 看管寺院紀律的僧人。中文又稱鐵棒喇嘛。
132 約為二〇〇九開始擔任鐵棒喇嘛達五年之久。
133 隆多尼瑪喇嘛訪談，二〇一七年六月二十七日於印度南卓林寺。

傳了北伏藏的灌頂和口傳，從那時候開始，達龍澤珠法王的名聲就廣傳了。

而多芒揚唐仁波切也是在傳了多芒的伏藏法後開始，名聲很驚人地廣傳了。為什麼呢？因為我們寺院有很多人到處走，會去說：「仁波切是法王求得灌頂的對象，既然貝諾法王都如此奉他為上師，我們也應當要依止他。」仁波切的名聲就這樣廣傳了。

貝諾法王與揚唐仁波切雖然互為師徒，但是揚唐仁波切始終不以人師自居，每回拜見貝諾法王，無不恭敬頂禮。尊助桑波喇嘛如是回憶這兩位上師互動的情景：

一般來說，揚唐仁波切非常崇敬貝諾法王，而且奉為自己的根本上師。但是竹旺貝諾法王也不會有「我是上師，他是我弟子」的態度。我有好幾次隨侍仁波切去拜見法王。師徒見面的話，上師坐在那邊，弟子頂禮是理所當然的事。最初是在新店[134]，仁波切在拜見法王時行三頂禮，法王就說：「不需要！不要頂禮呀！」法王就顯得不自在。揚唐仁波切什麼也沒說，堅持完成三頂禮。後來同一年，仁波切又想去新店拜見法王。這一次去法王面前時，仁波切就沒有頂禮，但是並不代表他沒有頂禮喔！他是沒在法王寢室裡頂禮而已，他先在竹旺貝諾法王寢室門外的空間三頂禮，完成三拜後才進到房間的。如果是在裡面頂禮，法王會不高興，可是不頂禮的話，仁波切心裡也不舒服，所以兩位的互動是這樣的。

同樣的情景也發生在台灣的桃園機場。在台隨侍仁波切多年的更嘎寧博喇嘛如是敘述貝諾法王來台時，揚唐仁波切前去接機的情形：「仁波切有去桃園機場接機，仁波切會對法王頂禮，不過他是在貝諾法王看不到的地方頂禮，如果被看到，會不讓他頂禮的。還有在

香港時，仁波切的外甥女也在，外甥女的女兒昂固也在……貝諾法王住的地方是在海灣旁邊，仁波切前去，是在外頭法王看不到的地方頂禮，然後才進到裡面。」

同樣前去桃園機場接機的台灣弟子「香香」盛夏香，當時手上拿著V8攝影機準備拍攝，她如是回憶道：「我還沒看到貝諾法王推出來，居然看到仁波切在頂禮了。那一刻我嚇到了，我V8也沒有拍……然後當然一路就忘記要拍，因為我被那一幕震懾住，我跟所有的喇嘛都還沒有頂禮的時候，揚唐仁波切先頂禮了。」[135]

貝諾法王為嘉村寧波再來，而揚唐仁波切是拉尊再現，關於兩位上師的情誼和互動情景，我們將在後續章節進一步敘述。在此，我們以徹令多傑堪布與仁波切的這番對話為本節作結：

> 他（指揚唐仁波切）對貝諾法王非常有信心。他對我說：「你在貝瑪貴興建寺院，在阿薩姆興建蓮師宮，非常宏大！」我就說：「能夠達到這樣一點大的規模，完全不是我自己有能力，而是貝諾法王的恩德。」我這樣回覆他。
>
> 然後揚唐仁波切就跟我說：「我能夠在錫金重建寺院，還有現在人們會敬重我，這全是依怙主竹旺貝諾法王的恩德，我們兩個一樣呀！」

134 指位於台灣的新店白玉中心。

135 香香訪談，二〇一七年一月十九日於台灣台北。她於本書的敘事均出自這場訪談，以下不再另註。感謝普賢法譯小組熱心協助整理這場訪談的逐字稿。

13 瑜伽四友的榮光再現

二〇〇二年，揚唐仁波切再度前往台灣和美國傳法。自二月初到三月下旬，仁波切在深坑對政大、華梵師生為主的四十多位弟子，以五堂課的時間深入傳授《本智上師》前行及立斷的竅訣，頓超的部分則於隔年六月底以前傳授。參與聽法的張家瑞如是回憶：「那時候在仁波切的深坑那個房間，大概就是有華梵的跟我們政大的學生，然後就是在房間裡面，仁波切坐在他的床上，我們就進去他的房間裡面，然後仁波切就給教授，透過烏金智美堪布的翻譯。開示完之後就可以提問，也有很多人會提問。……教授完之後就各自練習，然後過了幾天，剛好仁波切也有時間的時候，就再約過去再上課。」[136]

同年的美國行中，貝諾法王應嘉初仁波切之請，在德州奧斯丁傳授《天法伏藏全集》，揚唐

揚唐仁波切於深坑中心佛堂傳法一景（二〇〇三年）。攝影／原人。

仁波切也前去求法。《依怙主竹旺貝瑪諾布法王傳——前譯聖教妙嚴》中如是記載：

該年西曆六月四日，依怙主貝諾法王及眷屬眾抵達德州奧斯丁市，在十五天中向嘉初仁波切和揚唐仁波切為首的上師、祖古們以及數百位外國弟子傳授伏藏師明珠多傑的伏藏法「大圓滿天法」的中灌頂。

法會期間，嘉初仁波切特別請揚唐仁波切針對天法傳承以及灌頂三昧耶誓言等進行開示。仁波切在開示中說道：

貝諾法王來到這裡，我們能得到秘密咒甚深灌頂，都是具有業緣的、很幸運的事！若要接受秘密咒深奧灌頂，上師和弟子雙方面都很重要。然而如今要得到宣說秘密咒的上師相當困難。一個宣說秘密咒的上師需完備具格條件，要不然現在是很多人在講秘密咒灌頂，但是如果傳灌頂者並不具格，就算傳了灌頂也只是灌頂的影子，無法讓弟子們得到純正灌頂，無法成熟自己相續，也無法帶來此世和來生的利益。

五濁惡世時期已經到來，要讓具格上師和具器弟子相遇相當困難。現今世上，具格上師非常稀少，在過往的年代，上師善知識非常具格，得獲成就，博學、嚴謹、善良這三者都完備，出現非常多這樣的上師。在印度聖域和西藏雪域

上／揚唐仁波切與喇嘛們在深坑中心製作寶瓶（二〇〇三年）。攝影／原人。

中／仁波切在船上主持放生水族眾生時閉目持誦的畫面（二〇〇三年）。攝影／原人。

下／揚唐仁波切在深坑中心外，為貝類生物祝願放生的情景。照片提供／許宗興。

左頁／仁波切在深坑中心寢室中與政大、華梵師生為主的弟子們一同供燈祈願（二〇〇三年中秋）。攝影／原人。

都有出現，也有在中國出現，在以前圓滿時代有出現過。但是現在由於時代的緣故，傳授秘密咒灌頂的具格上師相當稀少了。

如今在印度或世界上，在錫金有一位多竹千法王，尼泊爾有一位夏札仁波切，還有我們的貝諾法王，這三位是現在最好的具格上師。……如果要求得秘密咒灌頂，要多加觀察上師是否具格，如果不具格，去求灌頂也很困難。

而像貝諾法王就完全不需要觀察了，所有人都已知道他是位純正的上師。我們領受秘密咒灌頂的上師，主要是要怎麼樣呢？就是「持三戒金剛者」，這是必要條件。什麼叫持三戒金剛者呢？在趣入外別解脫道後，沒有衰損過一條戒律的守戒者，這是其一。第二是什麼呢？在趣入菩薩道後，毫無衰損地守護菩薩道誓言和戒律的守戒者。第三是什麼呢？在趣入秘密咒道後，不衰損地如理守護所有灌頂戒律和三昧耶的守戒者。像這樣守持外別解脫、內菩薩戒、密持明，不違背別解脫戒、菩薩戒、密咒戒的清淨持戒者，就被稱為「持三戒金剛者」。

以貝諾法王為例，他從年少在白玉秋竹仁波切尊前受別解脫戒開始，持戒清淨，完全沒有衰損，一直到現在都沒有衰損，像這樣的人是很稀少的。之後，他進入菩薩道，受菩薩戒，受戒之後，菩薩戒要守護的學處很多，歸納起來，就是發起願心和發起行心。這願、行的學處都在他心中無有衰損地安住著。他首先了知一切有情都曾是父母，知曉是父母，了解對自己有恩後，為了報答他們恩德，現在我為了利益等同虛空的一切如母有情，要清淨修行正法，透過身口意三門，我要好好修行！這樣的想法在心中保有且不間斷，就是不衰損願心學處。依著願心學處，身口意實際進入善道，自己修持生起次第、圓滿次第等等，不論是依瑪哈瑜伽、阿努瑜伽還是阿底瑜伽，清淨實修佛法，這就是發起行心。此外，為了利益一切有情，現在自己去上供下施，建造身語意所依，或是轉法輪等等，此等法事不論所修為何，總之進入正法之門，即為發起行心。而像貝諾法王，他從年幼開始就有利益一切有情的穩固的心，一直到現在為止，他為了利益一切眾生，而有清淨守護外別解脫戒的想法，到目前為止都守持別解脫戒不衰，主要是為了利益一切有情而發起的行心所致。在這之上，進入秘密咒之道後，他到現在為止，他都守持三昧耶、戒律不使衰損的根本是什麼呢？就是不使願心、行心的承諾衰損。他以身語意實際利益一切有情……他現在建設寺院、建造身語意所依、維持神聖僧團日常所需、設立佛學院與修行僧院，他的身語意完全在此等事情上面努力，他必須這麼做的原因是什麼呢？這就是行心的學處，不捨棄有情，這個大家都看得到。總之，他的別解脫戒、菩薩戒和密咒戒都無有衰損地守持著。

在貝諾法王傳授天法灌頂後，揚唐仁波切接著傳授《天法全集》口傳。根據尊助喇嘛的說法，貝諾法王在每天灌頂前，上午會先修持前行法，原本安排揚唐仁波切在法王修法的同時為大眾口傳，可是仁波切認為在法王修法時口傳，有失對法王的尊重，所以口傳是等所有灌頂結束才開始。後來由於時間等因素，天法的口傳未能圓滿。

回到錫金之後，仁波切的作息一如往常，絕大多數時間是在寢室實修，不論是在貝林璨康時期、揚唐旅社時期、吽日旅社時期抑或是後來的玉僧璨康時期均是如此。如前所述，十七世紀中葉，瑜伽四友齊聚玉僧諾布崗開啟錫金政教新頁。到了二十一世紀初期，拉尊的駐錫地竹帝寺依然留存，但是噶陀衮度桑波和阿大森巴千波兩位大師的駐錫地則早已了無痕跡。

二〇〇三年，仁波切啟動了在噶陀衮度桑波、阿大森巴千波駐錫地建設寺院的工程。二〇〇四年，在南卓林待了三年的喇嘛諾布策仁和喇嘛洛桑策仁兩人[137]，按照仁波切的指示來到錫金。當時，仁波切正在錫金西部城鎮拉邦近郊的多林寺閉關兩個月。他們兩人正好在仁波切出關前一天抵達，根據喇嘛洛桑的回憶，仁波切在此是進行惹納林巴長壽法門的閉關。仁波切在翌日早上出關，信眾安排恭賀出關的慶典，當天晚上，兩人也隨仁波切回到玉僧，成為建設寺院的得力助手。

建寺工程歷經兩年而完竣。其中，在噶陀衮度桑波駐錫地「曼達崗」所建的寺院被稱為噶陀寺，全名噶陀持明洲。這塊土地原為仁波切姻親雅普贊達利[138]所擁有，他本來想在此蓋一間旅館，而仁波切認為此地是往昔大師駐錫的聖地，不宜做旅館之用，遂詢問雅普贊達利是否能將土地出售給他來興建寺院。雅普贊達利在知曉仁波切的建寺心願後，便將土地無償供養給仁波切。

噶陀寺大殿安奉的主尊是在印度德里鑄造的蓮花生大士像，仁波切特在聖像中安奉一尊「蓮師補處像」作為其智慧尊，這是蓮師二十五王臣弟子所造的二十五尊蓮師補處像之一。在鄰近噶陀寺旁的車道中央，原有石堆舊塔一座，由仁波切在原地重建一座菩提塔。喇嘛諾布如是回憶當時興建這座菩提塔的經過：「我們兩人[139]到的時候，噶陀寺正在興建中，之所以需要建噶陀寺的佛塔，是因為在建噶陀寺時需要開一條路，在開路時有一座小小的佛塔。錫金有很多那樣的塔，裡面什麼裝藏也沒有，是用石頭堆起來的塔。既然要開路，勢必就要拆掉那座石塔，仁波切有一天就前去向地基主致意，並且承諾在拆除這座塔後會建一座更好的塔。……塔的造型尺度都是仁波切親自處理，而我是主要監工者。……我和洛桑製作裝藏的咒捲就花了兩年時間。……咒捲要捲得堅實，有時候仁波切會過來摸看看捲得紮不紮實，藏紅花水也是要塗得很好[140]。」

而座落在阿大森巴千波駐錫地「紅宮」旁的新寺院稱為阿大寺，全名阿大菩提洲。這塊土地原為雅普蓋拉另一位弟弟雅普安達利所擁有，他同樣將土地供養給仁波切作建寺之用。大殿安奉的主尊乃是在尼泊爾鑄造的十一面千手千眼觀世音像，大殿旁另建有一座宮閣式佛塔。這間寺院所在地，與仁波切母親為他建的圓寂紀念塔相隔不遠。

二〇〇五年，棲身南卓林數年的清哲祖古也到錫金拜見仁波切。在仁波切的建議下，他從此留在玉僧，成為仁波切的主要近侍之一，擅於裁縫的他也正好將才能貢獻在兩座新寺的幢幡製作上面。

137 兩人均為多芒寺僧。
138 雅普蓋拉的弟弟。
139 指他本人與洛桑喇嘛。
140 在將印有咒語的紙張捲成咒捲前，會先用藏紅花水塗在咒字上，待紙張乾了以後才捲成圓捲。

左／揚唐仁波切在阿大寺裡建的宮閣式佛塔。照片來源／諾布策仁喇嘛。

右／揚唐仁波切在噶陀寺旁車道所建的菩提塔。攝影／卻札。

同年五月，貝諾法王應揚唐仁波切之邀請來到錫金玉僧，為兩間新寺院開光。遙想三百多年前，拉尊奉嘉村寧波之命來到秘境錫金開展佛行，如今，身為拉尊再來人的揚唐仁波切與嘉村寧波再來人的貝諾法王，在錫金玉僧同聚一堂，別具歷史意義。對教法沒落許久的玉僧來說，貝諾法王的到來，是繼當初瑜伽四友在諾布崗聚首後，再次有大上師們同場現身。而如此因緣完全是由揚唐仁波切的發心促成。

揚唐仁波切為了新建的寺院和佛塔而寫下〈關於玉僧新所依物裝藏彙編目錄備忘略攝〉一文，此文以對瑜伽四友的禮讚拉開序幕：

阿后！

輪涅通徹南卡吉美力，盡見所知仁增噶陀巴，
以菩提心解續阿大尊，應時開啟秘境聖地門，
祈請三瑜伽王賜妙善。法王梵天以其妙天花，
發心發願應時而成熟，此域最初人王善出世，
祈願彭措南嘉王嗣盛。大持明者蓮花生大士，
一再讚嘆妙花所擲地，妙拂第二祥德哲孟炯，
於此殊勝秘境誠祈請。住此天神持明及菩薩，
勇父空行善方護法神，聖地境中居民具信眾，
祈請守護拋擲吉祥花！

仁波切在文中娓娓道出拉尊從西藏來到錫金建立教法的過程，以及瑜伽四友時期的政

教榮景。他也語重心長地敘述錫金政教衰沒的情況，這番心聲也反映出仁波切亟欲重振教法的發心：

> 後世當中，由於錫金王臣及王后的心中著魔，未加觀察揀擇的各種行為，使聖地和寺院大概都衰沒了。
>
> 此與妙拂洲無有差別，人稱「第二吉祥山」的秘境哲孟炯，從似乎堪與圓滿時期媲美的賢良時代至今已經過了三百餘年。此中，一般來說，由於適逢衰退時期，時代情景每下愈況。以顯現的情況來看，此聖地也受外道控制，國王血脈也瀕臨中斷，過往人們的良善習俗和高貴行持大概都衰沒了，變成晨星一般越來越少見。下流行為逐年增多，國境當中變得無有安舒。長幼所有人都把觀看影片當作珍貴事，老人們也忘了要為來世前途持誦六字大明咒和蓮師心咒，心思散亂在影片上面。年輕人全都仿效影片中下流行徑和風俗，每年都在流傳各種新式作風，不聽從父母之言，吸食菸草、毒品等等，拿到什麼壞東西就吃什麼，喝酒不加節制、賭博，買了菸酒而耗盡錢財後，又不得不去偷盜、搶劫、破壞，於是偷盜搶劫日益普遍。往昔名為「秘境哲孟炯」，被所有人視為一個極樂國度，如今已然變色，且仍在轉變色彩當中。特別是年長者和年幼者都沒有意願說自己本土語言，就算有講也不太會說，只去重視別的語言，好像覺得不懂別的語言，就沒有辦法在人群中立足。……
>
> 所有人都在設法發展各自的政治和經濟，心中想到能否復興過去瑜伽四友創立的政教並行制度、良善政策者甚為稀少，以至於未來錫金要在政教上復

興，已經變得極為艱難。

以錫金玉僧這個小地方來說，瑜伽四友所建的駐錫地，如今除了拉尊的駐錫地密咒金剛座一個以外，其它三個都已衰沒到不見蹤影。玉僧人們大多日夜恣意飲酒醉醺，除此以外不會想到什麼別的。見到此情此狀，自然心生難過。

但從另一方面來看，倒也完全沒有傷感必要。所謂的時期盛衰、時代變遷，有如夢中情境一般，此乃世間法性其一。大悲導師以前就對我們開示過「世間四法」：凡生必死，凡聚必散，凡積必竭，凡高必墮。此中真諦已成現實。如此境況並非只有在錫金此地才有，世上各地都有出現，也正在出現，是人們沒有用眼睛去看、沒用耳朵去聽，於是心裡剎那也不生惆悵。不僅如此，他們歡歡喜喜規劃來日，展望長遠未來，如同飛蛾撲火一般，不辭辛苦如此作為，也仍在繼續做。看到這個情形，也令人感到驚奇。……西元二〇〇三年時，開始重建噶陀仁增千波和阿大森巴千波二者的寺院。二〇〇五年，內奉物及寺院都妥善完成……

二〇〇五年，藏曆木雞年四月「薩嘎達瓦」殊勝時節，貝諾法王親臨玉僧，在藏曆四月初三[141]，即西曆五月十一日，為兩間新建寺院開光，並在初九和初十兩天進行盛大薈供。而錫金信眾也載歌載舞，一時一片歡欣美好的景象。

141《依怙主竹旺貝瑪諾布法王傳——前譯聖教妙嚴》藏文版中記載為藏曆五月開光，見頁七十。此處依仁波切之說。

人稱「阿克坦間」的堪布丹津諾布，是隨貝諾法王來到錫金的十八位喇嘛之一。他如是敘述當時的情景：「法王住在玉僧璨康上層新蓋好的寢室裡，是首位入住新房者，那個房間就是揚唐仁波切後來住的地方。法王到的第二天，在噶陀寺唸誦《持明總集》開光儀軌、進行薈供。然後休息一天後，再到阿大寺唸誦《持明總集》開光，再回來休息一天，然後又在噶陀寺進行薈供。隔天，法王在噶陀寺向大眾傳授阿彌陀佛極樂世界灌頂和長壽灌頂，仁波切向法王獻上身語意曼達以及長壽祝願。阿大寺只去一次，一整天進行開光法會。其它法會都在噶陀寺進行。」[142]

二〇〇六年，揚唐仁波切又邀請多竹千法王來到玉僧，為兩座寺院再次開光。由於揚唐仁波切的發心，連續兩年有大師造訪玉僧，兩間寺院也因此得到貝諾法王、多竹千法王和揚唐仁波切三位寧瑪派當代大師的開光加持，放眼世界，乃是極為難得的紀錄。

除了有殊勝的上師主持開光，寺院的佛像和佛塔內也裝藏許多珍貴聖物。揚唐仁波切在〈關於玉僧新所依物裝藏彙編目錄備忘略攝〉中如是寫道：

> 兩間寺院主要的內奉所依，千手千眼觀音、蓮花生大士像為主的大小所有聖像，以及大小兩座佛塔內部裝入的裝藏物為何，在此略述備忘：
>
> 一般來說，按照往昔博學智者及實修成就者的言教，有所謂「四舍利」，即法身舍

左／多竹千法王在噶陀寺開光的留影。

右／兩位上師在噶陀寺法事休息時合影（二〇〇六年）。

攝影／清哲祖古。

利、法體舍利、身物舍利以及如芥子之舍利四者。第一者為陀羅尼咒語卷軸和經函；第二者為聖者遺骨；第三者是頭髮、指甲等；第四者是佛陀為首的聖者們的「夏日然」，或人稱「增生舍利」者。復有「五舍利」之說，前述法身舍利可再分為二者：法身舍利與法舍利。此中，前者為陶土擦擦和佛塔，後者為陀羅尼咒和經函。其餘三者則同前述。

在這些佛像和佛塔當中的「法身舍利」，包括了無垢頂髻、無垢光明共八百多個擦擦，特別是在噶陀寺蓮花生大士聖像當中，安奉蓮師補處伏藏聖像一尊。在「法舍利」這個項目中，包括七套用金字寫成的「大圓滿舍利」——《一子續》、五套用金字寫成的龍欽巴尊者《法界寶藏論》、毘盧遮那大譯師親筆寫下的七個種子字、廣中略版的《大般若經》三套、《賢劫經》、《天法全集》、《拉尊南卡吉美教言全集》、《多芒新伏藏全集》、《七寶藏

142 堪布丹津諾布訪談，二〇一八年四月二十三日於印度南卓林寺。他於本書的敘事均出自這場訪談，以下不再另註。

左／兩位上師在玉僧璨康觀看表演時的合影。

右／多竹千法王與揚唐仁波切在法王下榻的札西崗旅館中茶敘（二〇〇六年）。

攝影／清哲祖古。

論》三套、《三休息論》一套、語所依鈴杵一對、右旋法螺等等。而陀羅尼咒捲則包括五大陀羅尼共五萬、百字明咒五十萬、彌陀心咒十萬、釋迦心咒十萬、六字大明咒一千萬、蓮師心咒一千萬、度母心咒五十萬、文殊心咒五十萬、長壽佛咒三十萬等眾多咒捲，以及防護天龍八部、疾疫、天災敵擾的護輪等物。

「法體舍利」項目包括了迦葉佛遺骨搓丸、蓮師父母尊菩提心伏藏物、龍欽巴尊者腦部碎片、吉美嘉威紐固遺骨、阿大森巴千波遺骨、白玉噶瑪卻貝桑波身肉、頂果欽哲法王遺骨、岡波巴尊者腦部碎片，以及欽哲確吉羅卓、敦珠法王、頂果欽哲法王、貝諾法王和揚唐仁波切所修製的甘露法藥等。

「身物舍利」則包括蓮師頭髮伏藏品、蓮師法帽伏藏品、密勒日巴尊者遺髮、拉尊及多傑德千林巴取出的毘盧遮那譯師法帽剪片、多傑林巴法帽、貝瑪林巴法帽、龍欽巴尊者鞋子、德達林巴的法衣與鞋子、龍薩寧波法衣、多欽哲法衣、蔣揚欽哲旺波法衣、拉尊法衣與鞋子、阿大森巴千波法衣、查同吉美巴沃法帽、多傑德千林巴禪修帶、敦珠法王遺髮、竹千朗珠法衣、色拉陽智遺髮等聖物。

這兩間寺院開光落成後，成為仁波切多次主持法會的地方。其中，噶陀寺作為數次普巴法會、蓮師薈供法會以及甘露法會的場址，包括仁波切圓寂前一個月，曾在此以「勇士獨修」煉製法藥，被視為仁波切一生最後的佛行事業。阿大寺則是揚唐仁波切數次親自主持紐涅之地。[143]寺中的十一面千手千眼觀音，也曾有神奇事蹟發生，在尼泊爾訂製這尊觀音像的吉美袞桑回憶說：

> 在錫金的那尊十一面觀音像，仁波切去台灣等地，有功德主予以資助，他就會不定期匯錢過來，我就去付款。仁波切也多次在有空時前來監看觀音像製作情形。……仁波切說過：「在尼泊爾、錫金，我曾看過很多觀音像，但是沒有見過這麼好的大尊觀音像。」這尊像在製成時是十六英尺高，……送到錫金寺院大殿安奉時，卻自然增高變成十八英尺……

二〇〇六年這一年，仁波切前往位於南錫金的南企的「桑竹澤」（Samdruptse, Namchi）蓮師大像內殿中，主持蓮師心咒億遍持誦法會。根據貝瑪揚澤洛本登巴嘉措的敘述，仁波切曾

143 根據外甥女蔣秋的口述，有一次仁波切在阿大寺主持紐涅期間，她想前去跟仁波切一起吃午餐，結果仁波切對她說，未參加紐涅者不可食用特別為紐涅準備的餐，那會是很重的罪。仁波切對佛法及業果的嚴謹由此可見一班。

三度來此主持蓮師心咒億遍唸誦。拉瓊仁波切、貢江仁波切等多位仁波切、堪布也都與會參加。所有法會唱誦過程細節，包括以怎樣的旋律來唱誦、何時該使用什麼樂器，均依照仁波切指示進行。洛本特別提到第三年舉行蓮師心咒唸誦法會時發生的特殊事件：「在第三年的時候，仁波切像是示現了修行成就的驗相，下午四點半法會快結束時，一隻很大的白天鵝不知從哪裡飛了過來，就在樹上棲息過夜，直到隔天早上八點仁波切要開始主持法會時才飛走。」

除了主持蓮師心咒法會之外，仁波切也在錫金主持過六字大明咒億遍持誦法會，唸誦方式乃按照仁波切康區上師嘛尼喇嘛貝瑪思帝的傳規。

二〇〇七年，仁波切應貝瑪揚澤寺之請，傳授拉尊南卡吉美的《持明命修全集》灌頂等法要。身為拉尊再來人的仁波切，在拉尊所建的貝瑪揚澤傳授拉尊在錫金取出的伏藏法，重要性及意義不可言喻。阿闍黎慈誠嘉措在〈康區爐霍多芒大伏藏師再化——揚唐仁波切〉一文中如是記載當時傳法的細節：

藏曆十七勝生陰火豬年薩嘎達瓦，西元二〇〇七年五月三十一日至六月十二日間，十三天當中，在桑千貝瑪揚澤寺對近千名僧眾和萬名信眾傳授持明嘉村寧波之甚深伏藏法《三寶總攝》灌頂和口傳、拉尊伏藏法《持明命修》灌頂，以及前世多傑德千林巴甚深伏藏十三函當中，除了大白傘蓋佛母以外的完整灌頂。

在紀錄上，這是仁波切一生中唯一一次傳授《持明命修》全集灌頂。而此次傳授《多芒新伏藏全集》灌頂，則是仁波切繼在一九四〇年代在多芒、一九九七年在奧克蘭以及二〇〇一年在南卓林之後，一生第四度傳授此法，也是在錫金的唯一一次。在同一場合兼傳拉尊與多傑德千林巴兩位前世的伏藏全集，亦為仁波切畢生僅見。

二〇一五年夏天，仁波切最後一次回返多芒寺之前，曾經來到阿大寺千手千眼觀音像前，祈求慈悲庇蔭此行順遂平安。在合十閉目祈請後，仁波切將一條哈達拋獻觀音像，哈達在空中劃出了一道白色的弧線，隨後正好落在觀音像的合十雙手之間，這個情景被認為是旅途順利的徵兆，也標示著仁波切與這尊千手千眼觀音之間的感應。

那條哈達，至今仍然懸掛在阿大觀音的雙手之間。

上／阿大寺千手千眼觀音聖像。祂雙手合十之間的哈達，為仁波切獻哈達時落下。攝影／卻札。

下／阿大寺一景。攝影／ Sonam Lhaden。

14 江湖大哥的保險單與尖沙咀的長夜

仁波切早期停留香港多為中途停留的性質。隨著造訪香港頻率增加，在香港應邀傳法的機會也增多，使得香港也成為仁波切多次傳授佛法的地區之一。仁波切在香港駐留地點，也漸從早期的香港白玉中心轉移到弟子設立的佛學中心裡。

香港弟子麥得心如是回憶九〇年代中期與仁波切相識的過程及印象：

> 我認識揚唐仁波切就是我破產的時候，一家人那個時候小孩子剛剛出生，小兒子還沒有出生……聊天的時候，我說我現在破產，一家人就是工廠裡面住。當時我的壇城是一個木櫃，上面是安放一些佛像。帶著女兒帶著太太，那個時候兒子剛剛出生幾個月吧，一家人工作是那裡，睡覺也是那裡。仁波切說我要修度母。
>
> 仁波切很慈悲，第二天就幫我修度母。我記得仁波切去我們那裡時，第一次蔣秋沒有跟著去，是我坐的士接仁波切去修度母。哇，那一次其實令我非常震撼的。現在我想這位老人家太慈悲了，修了四個小時的法，一個人坐在那裡，沒有去洗手間，什麼都沒有。綠度母修了，也沒有帶喇嘛，也沒有叫喇嘛幫忙，他就一個人過去，叫我跟白玉香港[144]借了鼓啊擦擦啊這種，鈴杵是他自己的，這樣就去了。……

144 指香港白玉中心。

一個這麼老的喇嘛，他也不叫喇嘛去幫他，他一個人這樣過來，幫我修了起碼四個小時。我記得很清楚，第一次的經驗，我自己肚子都餓了，九點鐘去接仁波切，差不多到兩點……那一次的修法給我很大的加持跟感恩，我說仁波切可不可以教我……反正當時他給我修法，等於我們中國人所講的發功的感覺，全心的很有感覺很溫暖啦、很喜悅啦、很寧靜啦那一種加持力。第一次見到修法，令我對仁波切產生一個不共的信心。[145]

麥先生一家人全都依止仁波切為上師，若有認識的朋友遇上什麼難題，也會帶去請仁波切卜卦修法。其中，在約一九九七年時[146]，麥先生曾帶一位當上電鍍廠老闆的江湖大哥和他太太去見仁波切。這位江湖大哥有個哥哥在廣東東莞被人毆打，江湖大哥遂差遣手下把對方殺死，結仇之後，反遭仇家追殺。於是他請教仁波切如何是好。仁波切為他修法之後才進行卜卦。據這位電鍍廠老闆的說法，仁波切一卜就是四個小時，打完卦時已是晚上八點多了。麥先生如是敘述當時的景象：

這個大哥他就說：「我跟人打架了，這個事正在談判，不知道會怎麼樣。那個上師坐在那裡卜卦卜了四個小時到八點多，我問了他問了兩次，他才講一句：『可能是好的吧。』……他問我說：「你知不知道上師講那句話是什麼意思呀？」我說：「我也不知道。」

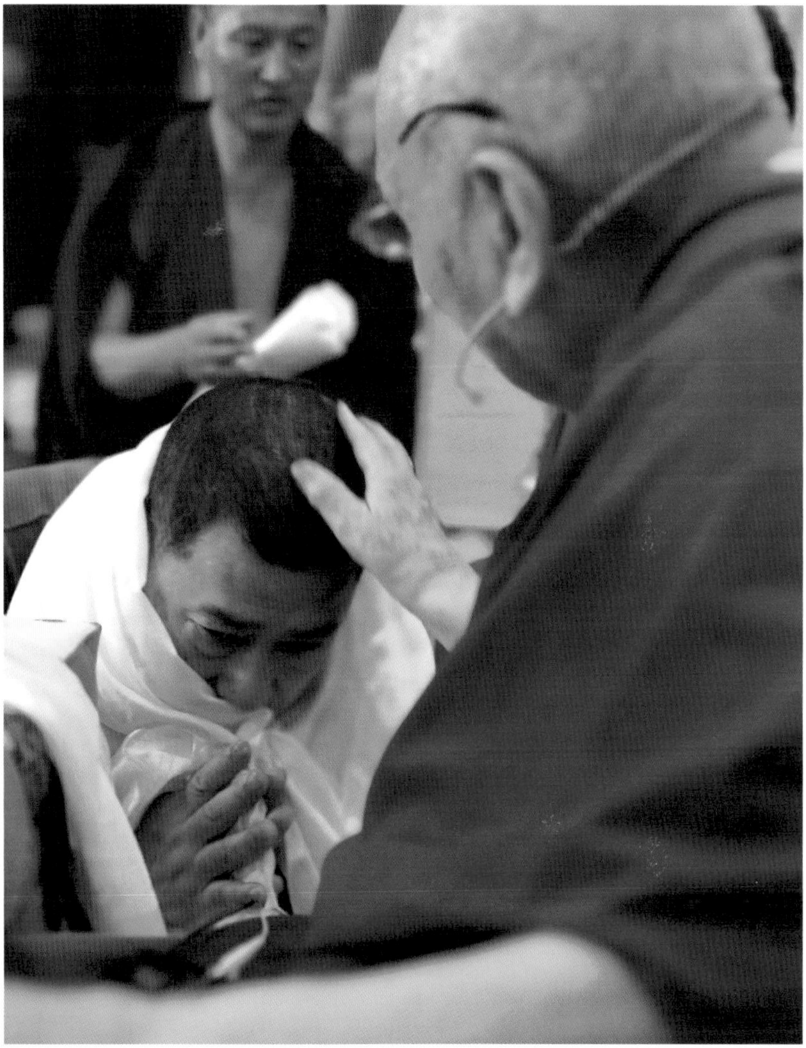

揚唐仁波切於香港尖沙咀給予麥先生灌頂加持的畫面（二〇一三年）。照片提供／麥家瑜。

145 麥先生訪談，二〇一七年一月十一日於香港九龍。

146 感謝余笑容協助釐清年份。

這位江湖大哥在一個星期後前去東莞，一晚被人用刀砍死。事件發生一兩個月後，大哥的遺孀對麥先生說：「當初為我先生卜卦的那位上師實在很厲害，在修完法後的第二天，我先生便心血來潮買了一千五百萬港幣的保險。在那之前，有保險員來向他推銷保險，他不僅不買，還會呵罵斥退。再者，一般保險額度這麼高的保險也不會很快批准生效，但是就在他遭人砍死的前一天，保險生效了。正因為他在死前投下這一大筆保險，讓我可以處理掉早已虧損的電鍍廠，並且買下新房子，現在有很寬裕的資金重新生活。這肯定是那位老上師的法力來的。那個老喇嘛真的是厲害呀！」遺孀和麥先生都認為，當初仁波切相當罕見地卜卦長達四個小時，可能是反覆探看有無化解死劫的可能，而那句「可能是好的吧」似是預示了身後家人的處境。

二○○九年，麥先生在香港島的灣仔成立「菩薩行基金會」，揚唐仁波切蒞臨開光修法，並傳授寂天菩薩所著的《入菩薩行論》。這是仁波切在海外唯一一次講授《入菩薩行論》。仁波切當時開示道：

> 你們請我講解《入菩薩行論》。我不知道自己能不能講得好，不過就依照你們的意願。《入菩薩行論》在五天內是講不完的，就按照我所了解的，能講多少算多少了。
>
> 聽聞佛法最開始要好好發心，不論是求法還是行善，在最剛開始自己要設定一個目標。我求法的目的是什麼呢？是為了什麼而求法的呢？為了什麼原因而修行佛法呢？在修行佛法的開端要思考這些。
>
> 修行佛法的目的如果是為了自己一個人，那就是小乘了，或是為了名

聲、為了獲得此生安樂，想說「我如果好好了解經論，就可以獲得不錯的名聲」、「了解之後就可以炫耀」此等思量此生而求法的，就不是純正的動機，必須修正為純正動機。

要怎麼轉變動機呢？修行正法、聽聞正法是為了利益世上一切有情。從無始以來，沒有一個眾生未曾當過自己父母。在做自己父母時都給予很大的恩德。現在他們都在六道中受苦，有些在地獄，有些在餓鬼道，有些在畜生道，在三界輪迴的苦海受苦。他們如今仍不明瞭取捨要點，不了解業因果而漂泊著。而我們現在得到暇滿人身，值遇具格上師，遇到深奧佛法，生起了出離心，獲得了如此修行佛法的契機。若是一個高尚的人，如果得到他人施惠，就會報恩。一個下流的人則不會報恩。就像這樣，我們既然是大乘行者、值遇正法的高尚人，就不能捨棄如父如母一切有情。過去他們當我們父母時對我們有大恩，現在正是我們報恩的時候。在這個得到暇滿人身、值遇佛法的時候，正是我們依自己的能力來報恩的時候。應當這樣想：「為了使如父如母一切有情在脫離三界輪迴苦海後，得到一切遍知的佛果位，我今天來此聽聞佛法，並且實修。我要來利益一切如父如母有情！」各位應當以如此報恩之心來求法。

像這樣把動機調整純正之後，在聽法的時候，各自專注用耳朵聽，不要打瞌睡，要仔細地聆聽。[147]

147 非常感謝麥家瑜提供的影片，讓這段珍貴開示得以重現。

在傳法期間，在場弟子難得有機會直接與仁波切進行問答。其中有位弟子問說：「菩提心與空性的修持何者為先？作為凡夫當如何修空性？」仁波切這樣回答道：

> 現在要講解空性是有困難的，各自應當日後在上師尊前去學習空性內涵。現在你們沒辦法直接證悟空性，但是外在的一切景象實際上並不存在，是我們自己沒證悟而已，但實際上並不真實存在，就有如昨晚的夢境一樣。……現在我們有很強的真實執著，覺得諸法真實存在，現在僅靠著聽聞佛法後，就不要再有強烈的真實執著，要想說：「被我執為真實存在的這些，實際上並不真實存在。我現在雖然還沒證悟，但我知道實際上並不存在，而是如同夢境一般。」……
>
> 做夢時，你也會覺得夢境真實存在，會執為真實的。在做夢的時候，快樂的和痛苦的也好，你並不會想說那個夢並非真實的。是在醒來之後，會想到夢並不是真的。現在如果我們能夠盡力去修學「我尚未證悟，但一切實際上並非真實存在」，在經論裡面也還有很多空性的義理可以學習，如果這樣去學，等到得到初地的時候，就會如大夢初醒一樣，會想說：喔！完全都不是真實存在的。什麼時候會證悟空性呢？就是在初地的時候。那時將會直接看到「一切萬法並非真實存在」、「一切確實均為空性」，在那之前，除了朦朦朧朧之外，無法直接現見。

接著又有弟子追問：「要如何快速達到初地的境界呢？」仁波切笑了一下，接著回答：「要得到初地是很困難的。顯教有顯教得到初地的方法，密道有得到初地的方法，大圓滿也有得到初地的方法，各有不同。如果是真正能夠實修大圓滿的內涵，就能夠在這一生中馬上得到初地。……世尊佛陀開顯了很多道路，這條路的走法、那條路的走法，都開顯出來了，你們各自看要走什麼路了。」

另有弟子在聽到菩提心法門中的「自他相換」時，想到過去曾為生病的朋友唸經祈福，之後，朋友痊癒後，自己卻生病了，於是請教仁波切該如何是好？如何既能幫助別人又能保護自己？仁波切不假思索地回答：

非常好！你這就是「自他相換」了，應該要感到歡喜！修自他相換就是真正的菩薩了。至於保護自己的部分，不用去想這個，繼續感到歡喜，持續到底！要想說：「我生病就生病吧，會怎麼樣就怎麼樣吧！只要能幫到別人就好了！」要有決心，不要害怕！

訪港多次的仁波切，也曾應香港白玉中心、祖古格札、祖古葛嘎等人之請傳法，並曾數度順道前往澳門，在澳門白玉中心及蔣林仁波切的中心等地傳法。其中，在二〇一三年訪港期間，麥先生租借尖沙咀街坊福利會的場地，迎請仁波切為大眾傳授施身法和文武百尊灌頂。根據當時協助法事、人稱「安多洛桑」的西藏喇嘛稱列嘉措的敘述，這個會場規定下午三點才開放租借者進場佈置準備，於是安多洛桑和幾位喇嘛，預計三點馬上進場佈置壇城，好讓仁波切在當晚順利進行灌頂。

然而這天早上，仁波切吃完早餐後就想前往會場。原因是在進行灌頂之前，上師必須先修好灌頂的前行儀軌，在完成自受灌頂後，才能夠傳授灌頂給弟子。麥先生和弟子們輪番說明之下，才讓仁波切勉強同意午餐後再去會場。午餐用畢後，仁波切隨即想要前去會

左／揚唐仁波切在澳門傳授皈依時開示的情景。

右／揚唐仁波切為每位皈依弟子剪取髮撮的鏡頭（二〇一三年）。

照片提供／蔣林仁波切。

下／揚唐仁波切在香港傳法的法訊。菩薩行基金會製作（二〇一三年）。資料提供／麥家瑜。

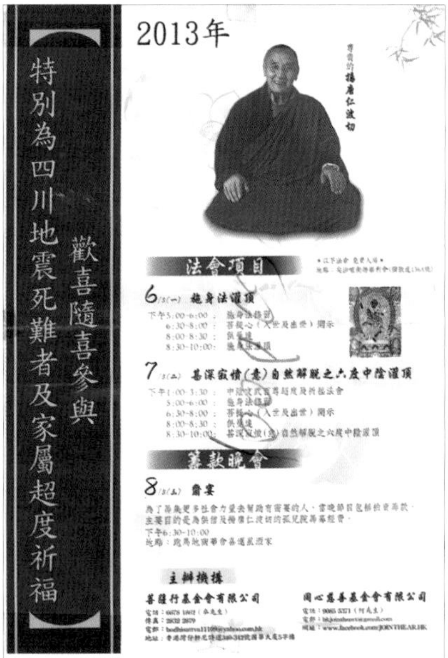

場，他一心只想多修一些灌頂前行法，讓信眾得以從灌頂中受益。大家知道再也擋不住仁波切了，一方面讓安多洛桑一組人馬在三點準時入場佈設壇城，一方面讓麥先生載著仁波切四處繞來繞去拖延時間，計畫等喇嘛們把壇城佈置好後再帶仁波切入場。

仁波切進到會場，在無人攙扶之下急步上前。安多洛桑敘述道：

> 我向仁波切稟報說：「仁波切，我們把壇城供品都擺設好了。」仁波切回說：「喔，好。……」他們香港人都不會

開車，今天繞了好多路！」大概是仁波切注意到車子有一直重複開到同樣的路上吧！他就說：「連車都不會開，一直重複繞路！」

他馬上著手修文武百尊灌頂儀軌，喇嘛諾布帶我們全部一起唸文武百尊的儀軌[148]。我們唸儀軌，仁波切則是修灌頂前行，我是擔任「卻本」，就這樣傳了文武百尊的灌頂。[149]

法會表訂進行到晚上十點。可是這天晚上仁波切傳法時，講解得相當細膩，逾時許久都還沒有傳完，失去耐心的會場管理人員已準備關燈關門下班回家。這時，安多洛桑又前去跟仁波切稟報這個情形：

仁波切就說：「是怎麼樣？一下說不開門，一下又說要關燈了！」他顯然還沒有要結束的樣子，真的是很慈悲。只要是進行法會，他即使身體不適，都仍是十分謹慎、盡力做好做滿，這真的是他一個很卓越的行儀。就算是在一戶人家修法，他也會唸很多，這種場面的灌頂就更不用說了。

麥先生之所以租借這個大會場來辦法會，是希冀為數眾多的求法者能帶來豐厚供養金，讓仁波切得以一勞永逸，不需為籌款而奔波勞碌。然而仁波切並沒有著眼於名聞利養，而是竭盡心力要讓參加法會者得到最大的利益。

148 仁波切在這個會場傳法兩天，安多喇嘛敘述的事件似發生在第一天傳授施身法之時。

149 安多洛桑訪談，二〇一七年五月十七日於台灣台中。

這年停留香港期間，仁波切也在中國弟子吉林等人的祈請之下，隨筆寫下了一篇內含深意的〈蓮師祈請文〉，文中寫道：

〈蓮師祈請文〉

本覺了義蓮花生大士，猛烈深信由衷誠祈請，

直至菩提攝受不分離，究竟密意無別融一味。

嗡阿吽班匝咕如貝瑪思帝吽

名為揚唐祖古者造

上／揚唐仁波切在尖沙咀傳授灌頂的留影，左為「安多洛桑」喇嘛（二〇一三年）。

下／揚唐仁波切在尖沙咀傳授灌頂的遠景（二〇一三年）。

照片提供／麥家瑜。

二〇一四年二月，仁波切受邀到位於港灣旁的新穎高樓——香港會展中心——參加三德弘法中心成立十週年的供佛齋天活動。「菩薩在線」網站中如是記載：

> 菩薩在線香港訊
>
> 二〇一四年二月五日（農曆正月初六），為慶祝香港佛教三德弘法中心成立十週年慶典，於香港會議展覽中心新翼三樓大會堂舉行新春供佛齋天祈福法會。來自海內外高僧大德及海峽兩岸和港澳特區的千餘名佛教界人士參加法會。
>
> 上午九時，法會禮請香港佛教聯合會會長、香港觀宗寺法主和尚覺光長老，台灣中國佛教會理事長淨良長老，澳門佛教總會會長健釗長老，世界佛教僧伽會副會長、香港佛教僧伽聯合會會長紹根長老，藏傳佛教揚唐仁波切長老，中國佛教協會副會長、海南省佛教協會會長、弘法寺方

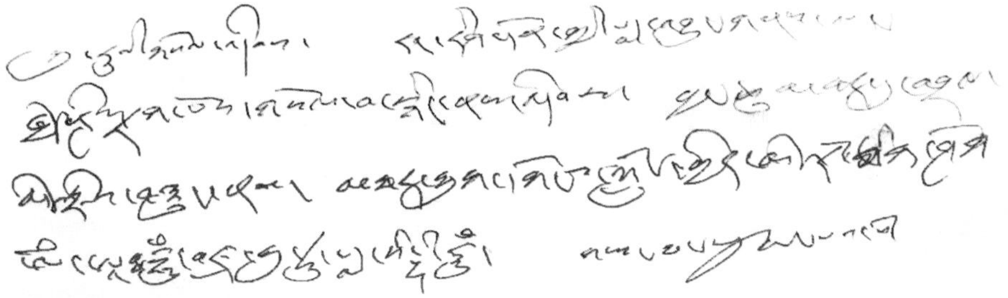

揚唐仁波切親筆在香港寫下的蓮師祈請文。資料提供／吉林。

丈印順大和尚，香港佛教聯合會執行副會長、香港西方寺方丈寬運大和尚，台灣中國佛教會副理事長心茂大和尚，香港佛教三德弘法中心主席淨雄大和尚，隆輝大和尚，浙江碧岩禪寺住持體禪法師等一百零八位大德法師共同主法。[150]

總之，這場法宴除了漢傳佛教長老齊聚一堂，也有藏傳佛教和南傳佛教高僧受邀參加，揚唐仁波切是在場唯一的藏傳佛教上師。這是仁波切一生中罕見參加漢傳佛教舉辦的活動，在休憩時間也曾與覺光長老互動交談。

隆重的供佛齋天法會結束後，所有長老共赴午宴。用膳過程中，漢傳及南傳長老輪番致詞，內容多為祝賀新年的吉祥話。而台下各桌貴賓大多繼續吃飯談話，長老們手上的麥克風音量難敵台下眾人的絮聒。輪到揚唐仁波切致詞時，有別於諸山長老們的吉祥祝賀詞，仁波切開始闡述教內和諧共處的主題，呼籲在場佛弟子們揚棄「大乘非佛說、密乘非佛說」的宗乘成見，指出各宗均為釋迦牟尼佛開創的正宗，大小乘也好，漢傳藏傳也好，當在同一導師的大家庭中和諧相處，共揚佛教。仁波切致詞之初，現場雖是一片鬧哄哄，隨著仁波切誠摯的言語傳遍食堂，眾人紛紛停止談話、暫停夾菜，一時現場一片安靜，都在聆聽仁波切的談話。致詞結束後，全場響起了哄堂掌聲。參加這場午宴的一位香港弟子提到，揚唐仁波切那一番諄諄期勉的談話，使一場平凡而會被遺忘的飯局，變得饒富意義而難以忘懷。

揚唐仁波切多次造訪香港，足跡遍佈尖沙咀、灣仔、長沙灣、荃灣、山頂、跑馬地乃至黃金海岸，而香港特有風味的奶茶，也讓仁波切印象深刻。在佛法的傳授上面，在停留香港期間，仁波切除了向大眾公開傳法，也曾私下對麥先生及其家人傳授大圓滿《椎擊三要》的竅訣。

二〇一六年春天，仁波切在示現圓寂的半年前最後一次來到香港，此行主要目的是向桑嘎土登尼瑪仁波切求法。仁波切也在這趟最後的香港之行中，首次且唯一一次講授了他本人著作的《修行之王：上師瑜伽》。我們將在第四章再詳述當時的點點滴滴。

上／揚唐仁波切參加三德弘法中心成立十週年時，主持法會時的留影（二〇一四年）。

下／揚唐仁波切參加三德弘法中心成立十週年的供佛齋天（二〇一四年）。

攝影／喜樂喇嘛。

150 出自：http://www.pusa123.com/pusa/news/dujia/201462373.html。此外，根據佛教在線網站（fjnet.com）的報導，緬甸的布里格大僧王也受邀參加法會。

15 大鵬展翅與索奇米爾柯的湖光

二〇〇六年，一群來自墨西哥的佛弟子，在美國喇嘛耶謝尼瑪[151]的帶領下，來到南卓林寺參加為期五個星期、由貝諾法王帶領的五加行實修教授。三個星期後，揚唐仁波切也帶著年幼的祖古行康來到南卓林入寺學習。祖古行康乃是多芒寺祖古帝剎轉世再來人。[152]揚唐仁波切曾經提及，祖古帝剎在生前曾向他發願道：「願我的轉世能投生為您的親眷。」而根據仁波切外甥女蔣秋的回憶，祖古帝剎在世時曾多次提到想去她哥哥索南班登在錫金的家。《藏紅花束》初稿中亦記載：

> 他們兩人有如同父同母的親兄弟一般，除了心意極為相符之外，（揚唐仁波切）也是祖古帝剎仁波切的根本上師。他（指祖古帝剎）稱其（指揚唐仁波切）為「揚唐阿德」[153]。……祖古帝剎仁波切將近圓寂前曾說：「我要去錫金阿德那邊。」如是心意寄託該處等，甚為關愛。[154]

祖古帝剎圓寂後數年，仁波切的夢兆顯示他已投生為外甥索南班登的兒子行康。為求慎重，仁波切特別央請貝諾法王再做確認，法王從多名候選男童中，也同樣選定了祖古行康。[155]

總之，不期而遇之下，喇嘛耶謝尼瑪帶著墨西哥弟子們在南卓林拜見仁波切，並請求仁波切特別為弟子們傳授馬頭明王灌頂。喇嘛耶謝及弟子們亦在此時正式邀請仁波切前往墨西哥傳法。當時在南卓林受出家戒的美國僧人克拉克（Clark Hansen）如是回憶這段南印往事：

> 喇嘛耶謝安排到仁波切寢室拜見仁波切，那房間位於南卓林的旅社。我們坐在他床邊，他傳了一些法。之後我看到他與貝諾法王一同在南卓林走動。我們有去貝諾法王的寢宮幾次，其中有一次，他對我們說：「揚唐仁波切是寧瑪派所有修行者當中最好的修行者。」貝諾法王是這樣說的，讓我印象非常深刻。[156]

同年，揚唐仁波切第四度赴美傳法，期間大轉大圓滿法輪。十一月下旬，仁波切在遷至阿拉密達（Alameda）現址的烏金金剛座傳授觀音暨千佛灌頂以及噶瑪恰美的山居實修法門。十二月初，他在南加州洛杉磯西北方的奧哈依（Ojai, CA）「禪修山」（Meditation Mount Center）傳授大圓滿竅訣《大鵬展翅》，並在洽度祖古設立的義成洲中心（Chagdud Gonpa Thondup Ling）傳授上師瑜伽。

151 喇嘛耶謝（Lama Yeshe Nyima）於二〇一五年在墨西哥往生。
152 祖古帝剎於一九九八年六月圓寂。德巴堪布著，〈多芒寺聖教善增洲之歷代座主等歷史簡述：白晶明鏡〉。
153 「阿德」為方言，意為哥哥。
154 《藏紅花束》初稿第九節。
155 根據阿怡索南旺嬞的口述，貝諾法王是在甘托克祖拉康停留期間，從照片中選定祖古行康。
156 克拉克訪談，台北時間二〇一八年六月二十八日透過網路視訊進行。他在二〇二一年於美國過世。

揚唐仁波切在講授《大鵬展翅》前如是開示道：

今天要講解的是大圓滿，由於是大圓滿法，請大家好好修練清淨觀，好好於勝菩提而發心。要好好發心，想著：「為了讓等同虛空一切如母有情得到一切遍知的無上佛果位，我要聽聞此大圓滿法門並進行實修！」大圓滿法對講說者來說，要講解是困難的，對聽聞者來說，要聽聞也是困難，所以請各位謹慎聽聞。宣說此大圓滿法門者是夏嘎措竹讓卓，他是一位大成就者，過去有很多上師們認證他為密勒日巴尊者的轉世再來人。他本人並沒有說自己是密勒日巴再來，不過有很多上師們這樣說過。……他學習很多格魯法門，也學習很多前譯寧瑪法門，是位精通新譯、前譯所有法門的上師。不僅是博學，而且也得到了成就，是位成就者。

我個人只得到此法口傳，並沒有得過教授。作為大圓滿的法門，自己沒得過卻來講解，說不定會有上師們批評我。然而各位要我講解，那我就來講了。我是在頂果欽哲法王的尊前好好得到口傳。除此之外，我並沒有得到教授，於是我向夏嘎措竹攘卓祈求依照我所理解的來講解。

大圓滿法門，有「基」立斷以及「道」頓超二者。這裡完全是關於立斷。他於它處有講說頓超，而這裡則完全是關於立斷。157

嘉初仁波切的美國弟子艾倫．華勒斯（B. Alan Wallace），如是敘述他參加揚唐仁波切在奧哈依傳授《大鵬展翅》的光景：「我記得有位西方男子為他翻譯，我從頭到尾參加這場傳法。我那時印象非常深刻，他的寧靜、他的親臨、他在表面下的內在喜悅……這位偉大的上師真的知道他在說的是什麼。他在談大圓滿時，並非是談論他讀的書籍，而是從他自身的經驗來談。」

爾後，仁波切前往東岸，在摩訶成就者傳授《本智上師》中立斷的精要指引。仁波切在十二月十六日那天如是開場說道：

> 各位好像是要我講解一些關於大圓滿的法門，可是如果我憑著自己嘴巴去說，會變成沒頭沒尾的，為了不變成沒頭沒尾，我們就按照《本智上師教授文》來講解，這樣就有頭有尾了。……
>
> 《本智上師教授文》，全知吉美林巴尊者在這裡面確實做了很廣的講述，但是我們在兩天內是講不完的，這裡有「本淨立斷」和「任運頓超」兩部分，我們這次就說一些本淨立斷的部分，把任運頓超的部分先放著，這樣的話，我想應該可以好好完成。而在本淨立斷部分，他對自己的根本上師有進行讚頌，那些我就用口傳帶過去了。……
>
> 這個《本智上師教授文》，雖然我自己沒有實修，但在上師們尊前有得到。在多竹千法王座下沒有得到教授，得到了兩次口傳。在頂果欽哲法王尊前得到兩次教授。在康區我們寺院裡面，有位匝卡慈洛，又名慈誠塔欽，在他的尊前有頭有尾好好得過一遍，這樣算起來得過五次。從得到教授的情形來看，大概是可以

157 出自The Flight of the Garuda（DVD），Vimala Video發行。感謝Vimala Video允許使用開示內容。

> 講解的。可是從我自己有無實修的角度來看，我想是不夠格為各位講授的。但是既然請我說，我不說的話好像又不行，所以我還是稍微來講一下，我就來傳授口傳和教授這兩者。[158]

隨後，仁波切又回到西岸，自十二月二十一日至二十八日，在阿拉密達傳授伏藏師桑傑林巴的伏藏品——《上師密意總集全集》灌頂。二十九日，仁波切蒞臨喇嘛智美羅珠位於聖荷西的中心「德清穰」（Dechen Rang Dharma Center），傳授多芒新伏藏的忿怒蓮師灌頂及天法二十一財神灌頂。

二〇〇七年初，仁波切在奧瑞岡州的吉祥法洲傳授《本智上師》，此次完整傳授立斷、頓超兩部分，並且傳授了口傳與明覺妙力灌頂。這是繼二〇〇二至二〇〇三年間在台灣深坑傳授完整的《本智上師》竅訣後，仁波切在海外第二次也是最後一次完整講授此法。此外，根據常住美國的喇嘛卻南敘述，揚唐仁波切曾說吉祥法洲與康區宗兌伏藏師袞桑寧瑪的寺院非常相像。而桑傑康卓則提到，仁波切曾說吉祥法洲是適合實修頓超的理想地。

二〇〇七年一月二日，仁波切在吉祥法洲如是破題開講：

> 本法題為《大圓滿龍欽寧體本來怙主道次第本智上師教授文》。所謂大圓滿，是輪迴、涅槃一切萬法在心性本性中無有任何不圓滿，這就是「大圓滿」。解釋大圓滿這樣就可以了。要詳細解釋，還有依「基」解釋、依「道」解釋、依「果」來解釋，有非常多，但我們這樣解釋沒有什麼意義。所以，輪迴和涅槃的一切諸法，於此無不圓滿，這就是大圓滿。

「龍欽」是廣大界，輪迴和涅槃的源頭乃是廣大界，若非廣大界，就裝不下輪迴和涅槃兩者。那麼廣大界是什麼呢？遠離戲論的本淨之基，就是廣大界。在本來清淨、遠離戲論之下，可容納輪涅二者，不然是裝不下的。一切諸法遠離一切戲論邊，這叫本淨離戲，在遠離戲論的空性寬廣界中，可以容納輪涅二者，這就是廣大界——「龍欽」。

「寧體」（心髓），在這個廣大界當中，像心臟一樣的是什麼呢？大圓滿法就像是廣大界當中的心臟，就像虛空當中的心要。像心臟一樣的是什麼呢？光明大圓滿的法門，就如同心臟一樣。舉例來說，如同一個人軀體當中心臟一般的是什麼呢？就是光明大圓滿法門。

而心臟裡面的心髓，就像酥油當中的精質，或是釀酒當中最精質的酒，這就是心髓，又與一般的心不同。大圓滿當中，有「外」心部、「內」界部、「密」竅訣部這三者，三者當中，有如心臟中的心髓般的，可以得到一切遍知佛果，有如酥油精質和酒中精質的，就是竅訣部這個心髓了。……

接著是「本來怙主道次第」，「本來怙主」是法身普賢王，這樣了解就可以了。「道次第」，怎麼能夠走向法身普賢王的果位呢？若要走向法身普賢王的果位，要依靠什麼樣的道呢？這裡就是要解釋這個道的次第。

「本智上師教授文」，這個教授文是直顯本智的一切教授文之王，所以稱為

158 出自David Dvore提供的開示錄音。感謝他同意本書使用開示內容。

「上師」。這就是所謂的「本智上師」。[159]

二〇〇六年十二月底，仍在阿拉密達傳法的揚唐仁波切，利用傳法空檔，前往位於舊金山的墨西哥領事館申請簽證，這時距離前往墨西哥只有一兩個星期的時間。遠從墨西哥特地前來協助簽證事宜的墨西哥弟子佩德羅（Pedro Varela）如是回憶當時過程：

> 領事館是大排長龍，有一百多人在外頭，我就想說天啊，這不可能了！停車後，我帶著仁波切去。然後所有排隊的人都得以進去。警察開了門讓我們進去。一時之間我們就進到領事館辦公室，領事館官員看了文件就說不行，有重要的文件遺漏了。揚唐仁波切那時就坐在他面前，那個人又說：「好，可以了。」他也沒說什麼，反正就通過了。他就說他感受到很特別的光還是什麼，就蓋了章了。[160]

總之，一般辦理手續至少需要耗時四五個小時，而仁波切在文件不足的情況下，不僅很順利在兩個多小時內取得簽證，也沒有耽誤到在阿拉密達的傳法。

一個多星期後的二〇〇七年一月八日，揚唐仁波切抵達墨西哥首都墨西哥城，入住喇嘛耶謝位於沙加緬度街上的「光明洲」中心（Osal Ling），成為史上首位踏上墨西哥土地傳法的寧瑪派高僧。仁波切在此傳授多芒新伏藏當中的《上師密意總集蓮師》、《本尊密意總集馬頭明王》、《空行密意總集金剛亥母》、普巴金剛、《淨除道障》以及三根本財神等灌頂。在傳授《淨除道障》灌頂時，仁波切以一尊多傑德千林巴的蓮師補處伏藏聖像來加持信眾。仁波切也給予實修佛法的教誨，內容包括了提策弟子們對於三寶的信心、對業果和三昧耶誓言

159 出自Yeshe Lama Teachings ～ Digital Audio（Audio CD），Berotsana Publications發行。感謝桑傑康卓同意使用開示內容。此處係自仁波切藏語開示直譯為中文。

160 佩德羅訪談，二〇一八年二月四日於墨西哥首都墨西哥城。感謝Iridea Beamonte的安排。

上／揚唐仁波切在光明洲傳授灌頂的留影。左二為喇嘛耶謝尼瑪（二〇〇七年）。照片提供／ Verónica Fragoso。

下／多傑德千林巴的蓮師補處伏藏聖像。照片提供／ Verónica Fragoso。

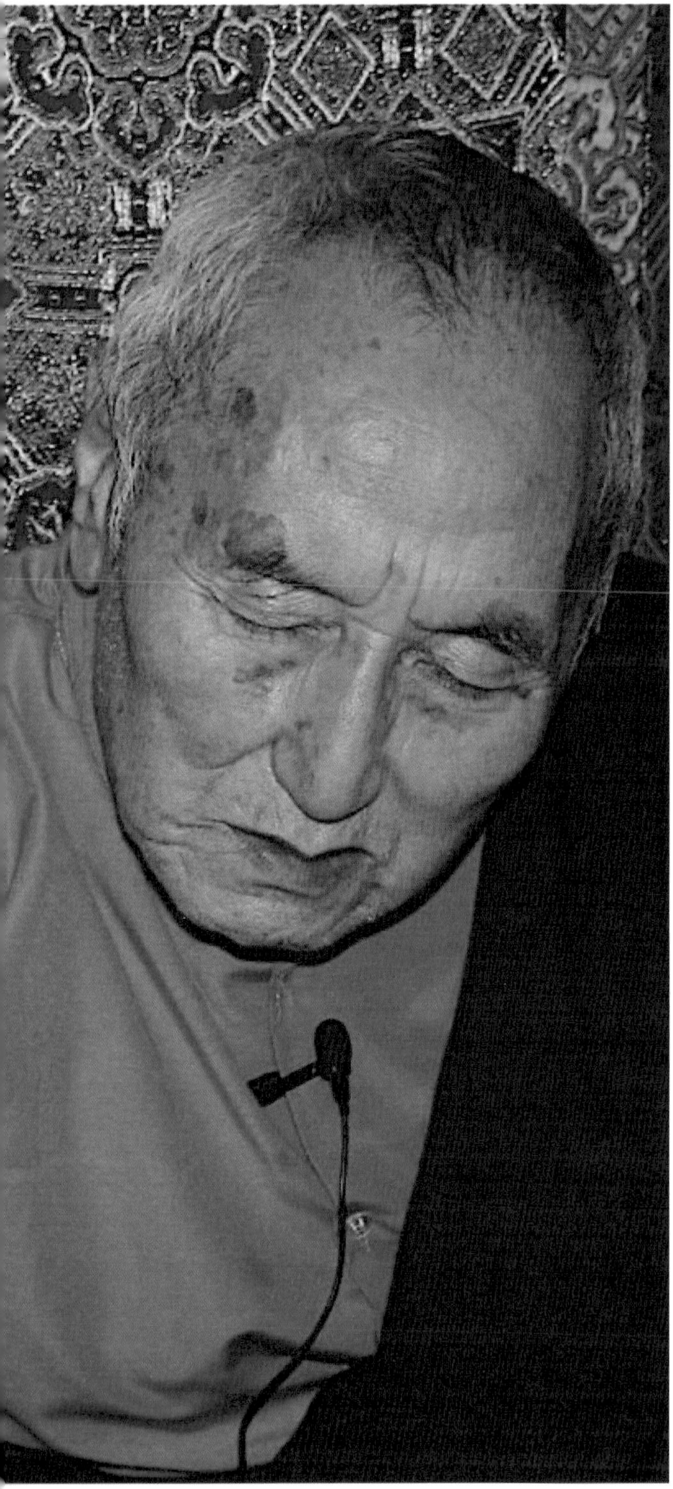

揚唐仁波切以蓮師補處伏藏聖
像加持信眾（二〇〇七年）。
照片提供／ Verónica Fragoso。

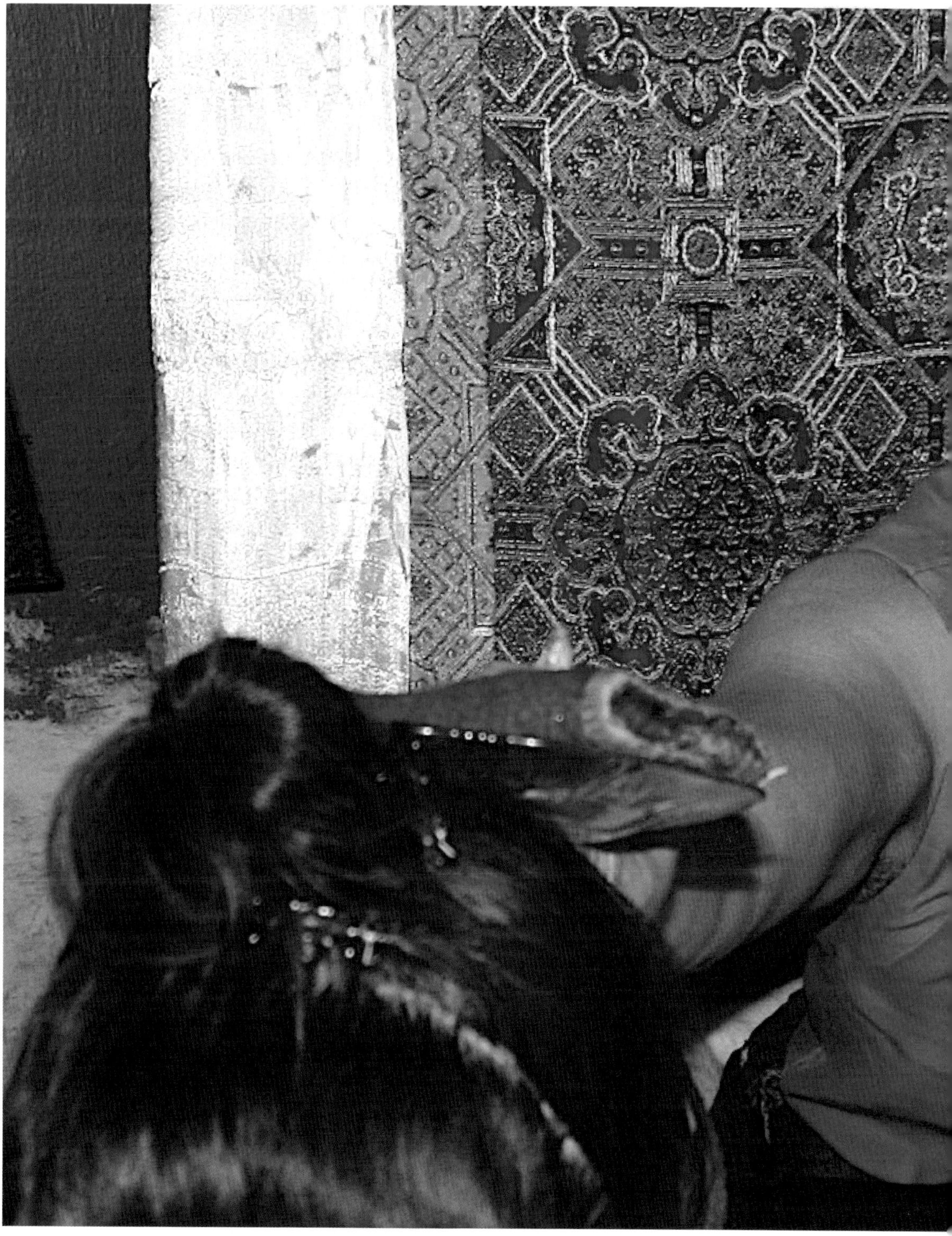

的重視等等。每場法會都有數十名信眾前來參加，法會有兩位翻譯，凡妮莎（Vanessa Kubota）將藏語翻為英語，再由伊芮荻雅（Iridea Beamonte）將英語譯成西班牙語。

相傳在墨西哥的波波卡特貝特火山地區（Popocatépetl）有一個地方女神，對墨西哥的佛法傳揚製造障礙。為了平息這個障礙，喇嘛耶謝特別請仁波切帶領僧眾修持鎮伏法門。在繁忙的傳法和修法之外，仁波切仍在空檔接見弟子，身為籌劃傳法活動者之一的薇若妮卡（Verónica Fragoso）如是回憶：

> 我有一隻眼睛患了非常罕見的疾病，是左眼。……他來了之後，早上很早的時候，有各式各樣問題的人就跟著喇嘛耶謝私下去見仁波切。輪到我時，那是一大清早，才六點多他就已經開始在為灌頂做準備了。我進去說了我的問題。……接下來一個星期，我每天六點前都會去，他會為我唸誦，他在手指沾上口水，再將口水沾到我眼睛上。我那時有使用很強的藥物來控制腫脹和發炎，我在揚唐仁波切離開後去看了醫生，他告訴我說：「妳已經沒有發炎了。」他在治療開始時說：「要持續好幾個月才會止住消炎。」結果在十天之中，就完全沒有發炎了。對我來說那是一個神蹟。
>
> 那個問題讓我很難受，因為我看了好多醫生都沒辦法診治，但是遇到揚唐仁波切，我在十天後就脫離病苦了，完全沒有了。……他總是對人那麼好，他在那個法座上面坐上好幾個小時，總只吃些堅果、乾燥食品，還有一點水。他總是在傳法，你可以感受到他的能量充滿在整個傳法會場，那是很令人驚奇的，如此慈悲的能量……[161]

停留墨西哥期間的其中一個星期日，仁波切前去一所醫院做健康檢查。[162]隨行的墨西哥弟子奧菲莉亞（Ofelia Rodriguez）回憶當時在醫院的情形：「有一個星期天，我們帶他去一間醫院做檢查。醫生很驚訝，因為他們在X光裡看到只有一個肺正常運作，而另一個肺滿是傷痕，那是因為肺結核的關係。……喇嘛耶謝是知道仁波切得過肺結核，但並不知道他只剩一個肺有功能。」[163]

總之，在圓滿了所有法會行程後，仁波切與弟子們前去著名觀光勝地索奇米爾柯（Lake Xochimilco）遊湖。索奇米爾柯湖距離光明洲中心約二三十公里，這裡的運河和人工填島「奇南帕」（chinampa）等饒富生態趣味的明媚風光，吸引許多遊客前來遊賞，其在歷史文化上的重要性，也使它受聯合國教科文組織評選為世界遺產。一大清早，湖邊便有船家開始進行灑掃，準備迎接遊客到來。仁波切抵達湖畔時，首先映入眼簾的是薇若妮卡預訂的兩艘「特拉西內拉」（trajinera），那是一種裝飾華麗的木製平底船。這兩艘船的船頭飾牌上，用鮮花排出了「Yangthang」（揚唐），另一艘船則是用花朵排出「Rinpoche」（仁波切），此乃墨西哥弟子們商請船家特別設計的心意與巧思。

161 薇若妮卡訪談，台北時間二〇一八年七月十六日透過網路社群媒體進行。她在本書的敘述均來自這場訪談，以下不再另註。

162 這間醫院為Pemex Picacho Hospital。

163 奧菲莉亞訪談，台北時間二〇一八年七月一日透過網路社群視訊進行。她在本書的敘述均來自這場訪談，以下不再另註。

這天十分晴朗，仁波切愉悅地坐船遊湖，船上還有樂手演唱墨西哥歌謠。途中一行人在一個「奇南帕」稍作停留，喇嘛們開心地玩球，而仁波切則輕鬆安坐在草地上，在閒情之中與眾人留下合影。一同遊湖的伊芮荻雅如是回憶當時在奇南帕的光景：「我記得他很享受船遊，我們在一個有很多草的地方停留，那是一個很好的休憩小地點。他走了出來，有在船上的人們也停船在問能否得到仁波切的加持、是否能去拜見他。然後僧人們開始玩起足球，我跟他拍了一張照片……一直有人們過來，請求他給予加持。」[164]

奧菲莉亞則回憶道：「船遊之旅令人很驚奇，那是美好的一天。你可以感受到他的慈愛、充滿喜悅的平靜時光。仁波切很開心，他非常享受。想像你能夠跟一位菩薩坐船同遊，其它船上的人都不停地望著我們……」

上／墨西哥弟子請船家在「特拉西內拉」上排出的「揚唐仁波切」英文名。

下／在企帕南的合影（二〇〇七年）。

照片提供／Verónica Fragoso。

164 伊芮荻雅訪談，二〇一八年二月二日於墨西哥恩森那達（Ensenada, Mexico）。

16 寶島的格薩爾神堡

二〇〇三年，揚唐仁波切在台傳法期間，曾經應丁乃竺之請，在她瓏山林住家向一二十位有緣弟子們傳授約兩個星期的大圓滿法。因丁乃竺引介而來上過一堂課的香香，由於遭逢母親往生就沒再去上課。香香的母親在彌留狀態時，丁乃竺利用傳法午間休息空檔，請仁波切特地前去為修法。根據香香的說法，在仁波切修法的過程中，昏迷的母親曾兩度抬起頭來。修法結束的當天午後，香香的一位小學同學來到家中，對她說道：「妳做了什麼事情啊？……妳媽媽的房間都是菩薩耶！好多菩薩！」大約兩天後，母親安詳往生。

一個月後，仁波切來到香香母親的告別式上唸誦祈願。香香如是描述當時情景說：「沒想到仁波切居然留下來，看我家祭完，然後看我一直哭，仁波切就叫我同修，因為那個時候我的一個同修在陪仁波切，就一直叫他來跟我說：『你叫香香不要哭了，媽媽已經去很好的地方了。不要再哭了，這樣哭不好。』這樣子。……我事後心裡面有份感激，但不知道怎樣表達感恩仁波切……就想說，那就請仁波切吃個飯，來辦公室坐一下，所以那個時候是第一次請仁波切來辦公室修法、吃飯。」

香香由於母親往生而開展了依止仁波切的因緣，從此開始協助辦理仁波切每回來台的

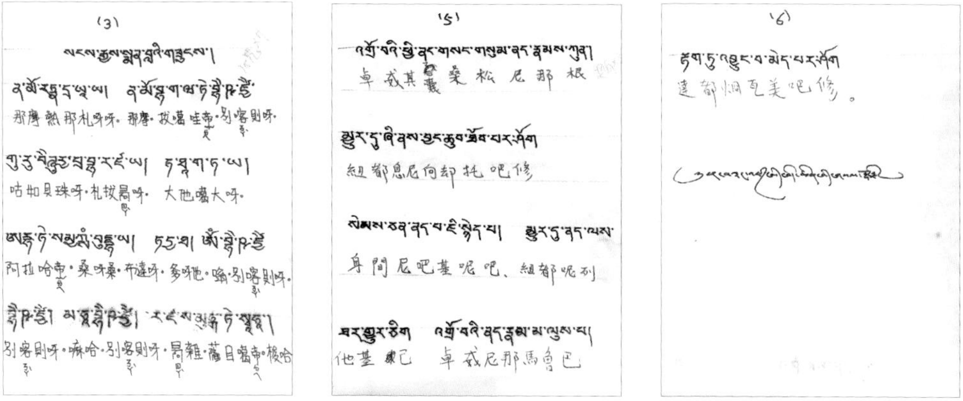

揚唐仁波切親筆為台灣弟子香香寫下的藥師佛日修儀軌中的其中三頁翻攝，中文為弟子所寫。資料提供／香香。

簽證事宜，多年之中盡心侍奉，與仁波切親如家人。香香素來體弱多病，仁波切曾特別為她親筆寫下了藥師佛日修簡軌。每次到台灣，仁波切都會到香香家中修法，他的最後一顆真牙也是在香香家的陽台剃髮時掉落，這顆牙齒至今仍由香香妥善安奉著。在台行程繁忙的仁波切，在香香和朋友們的安排下，也曾到台北一〇一、北投與烏來溫泉、小人國、鴻禧山莊、宜蘭外澳海灘等地度過難得的休閒時光。仁波切在台灣的足跡除了遍及台灣北中南各地的道場中心，也曾駐足阿里山、嘉義觀光塔、台南黃金海岸等地。

在傳法活動方面，如前所述，仁波切來到台灣，除了主要在信眾家中修法之外，也應邀到各中心傳法。除了深坑中心主辦的傳法活動，迎請仁波切傳法單位多為寧瑪白玉傳承的中心。例如，仁波切曾在堪布徹令多傑位於板橋的中心，以及秋竹仁波

上／揚唐仁波切在鴻禧山莊高爾夫球場旁的草地上休憩時，與香香和寧瓊喇嘛的合影（二〇〇六年）。照片提供／香香。

下／揚唐仁波切與台灣弟子們在基隆和平島放生後的大合照（二〇〇七年）。攝影/德炯旺嫫。

揚唐仁波切在宜蘭外澳的留影。身後為仁波切曾乘船繞行施放龍王寶瓶的龜山島以及一望無際的太平洋（二〇〇九年）。照片提供／更嘎寧博喇嘛。

切位於高雄的中心講解過〈山淨煙供〉，也曾在新店白玉中心以及堪布札西徹令、嘎桑仁波切、瑪瓊祖古、釋迦仁波切與寧瑪仁波切等祖古、堪布們的中心傳授灌頂乃至教授。

台灣弟子小倩在父親於二〇〇二年往生時，透過韓子峯老師的引介，請揚唐仁波切超度亡父。在七七期間，小倩詢問仁波切還有什麼事情要做。仁波切遂指示安奉佛像一尊、《普賢上師言教》一冊以及一個舍利塔，分別作為身、語意的所依聖物。小倩備妥這三項所依物後，拿到深坑中心獻給仁波切時，仁波切笑著看著她說：「我要這些做什麼呀？深坑中心裡面就有很多了，我是叫妳請回家安奉的！」小倩如是回憶當時情景：

> 我就被強迫必須要請佛像回家，然後，我下一個問題就問了，我說：「可是仁波切，這舍利塔是空的，那我請回家要幹什麼？裡面是空的！」然後仁波切

照片中白色者為揚唐仁波切的最後一顆落牙。黑色為揚唐仁波切修製的甘露法藥丸。其下為仁波切剃下的頭髮。均安奉在香香家中。攝影／卻札。

就笑笑笑喔！他就叫侍者從他的身邊，他們藏人就會有那種很奇怪的寶盒、木盒還是什麼布包拿出來……他從那裡面打開拿了一顆舍利子給我，然後就說：「好，這個就給妳。」[165]

原本要將三項所依物供養仁波切的小倩，出乎自己意料地將佛像、法寶、舍利塔以及仁波切親贈的舍利迎回家中，首次在家設置佛堂。同年，她與韓老師成立佛學班，這個約有三十位成員的佛學班成為日後「行願讀書會」和蓮花光佛學會的班底。她們從二〇〇三年開始，多次迎請仁波切傳法。二〇〇三年八月，佛學班請仁波切在日月書院傳授龍欽寧體五加行和〈普賢王如來祈願文〉等口傳。二〇〇五年起，韓老師、小倩以及西藏阿日札堪布貝瑪才旺仁波切的弟子寧瑪堪布，連續三年請仁波切在台北濟南路中心傳授金剛薩埵、上師瑜伽、頗瓦等法。二〇〇八年起連續三年，又請仁波切在台北全德傳法。其中，二〇一〇年傳授的「蓮師心咒功德教授」，是仁波切一生公開講解蓮師心咒最為詳盡的一次，至為難得。二〇一二年，仁波切最後一次來到台灣，也會應邀到她們的新中心「蓮花光佛學會」開光，並主持薈供及給予開示。

同樣多次迎請仁波切傳法的「全佛」，從仁波切一九九〇年初訪台灣開始，即邀請仁波切到其前身機構[166]轉動法輪，爾後也會數度請仁波切傳格薩爾法。仁波切一生傳授最多

165 許小倩訪談，二〇一七年五月八日於台北蓮花光佛學會。

166 文殊名品百貨。

次的灌頂乃是格薩爾灌頂，傳授格薩爾灌頂最多次的地方乃是台灣，而在台灣請求傳授此法最多次的單位便是全佛。其中，二〇〇八年在台灣大學綜合體育館舉行的「格薩爾轉運大神堡」法會，是仁波切歷年在台所主持過最大型的法會。這場由全佛文化體系的山月文化交流協會和聞思修中心共同主辦的法會即將舉行之前，傳出仁波切在錫金有要事處理，在法會開始兩天後才能到達台灣。由於法會日期無法臨時更動，籌辦法會的黃紫婕在情急之下，商請寧瑪仁波切和釋迦仁波切緊急再請一位上師主法，於是促成格薩爾伏藏法門的伏藏師南卡智美仁波切前來主持法會。如此因緣之下，原本規劃由揚唐仁波切主法的法會，變成由南卡智美仁波切率先開壇主法、傳授灌頂，揚唐仁波切則於幾天後趕赴現場，從二月九日到十四日，即農曆金鼠年大年初三到初八，共同主持祈福法會、給予灌頂和開示，並且修製格薩爾寶瓶藏。南卡智美仁波切如是敘述法會時的情景：

> 台灣的一個格薩爾法會有請我去，也有請揚唐仁波切去。揚唐仁波切遲了幾天，我就先待了幾天，……揚唐仁波切那時很高齡了，腳並不好，我待在上面時，揚唐仁波切在那邊向我頂禮。我請他不要向我頂禮，他完全不聽。他說：「您是我的上師呀。」

眾人並不知道揚唐仁波切曾於九〇年代在南卡智美仁波切尊前求得格薩爾伏藏灌頂，所以目擊仁波切當眾向南卡智美仁波切頂禮時，無不感到震驚。揚唐仁波切當時已是為人景仰的上師，他向另一位上師頂禮，顯現出尊師和謙遜的風範。二月十四日，代表國民黨角逐該年總統大位的馬英九，在時任立法院院長王金平的陪同下來到格薩爾法會會場。當天不少主流電視媒體都捕捉到馬英九向揚唐仁波切獻上哈達的畫面。一個半月後，馬英九以百分之五十八的得票率當選總統。

上／揚唐仁波切於格薩爾轉運大神堡法會時的留影（二〇〇八年）。

下／揚唐仁波切、南卡智美仁波切兩位上師與王金平（左一）、馬英九（右一）的在法會中的合影（二〇〇八年）。

照片提供／全佛文化／龔詠涵。

揚唐仁波切與南卡智美仁波切主持轉運神堡法會的報導。取自全佛雜誌(二〇〇八年四月號)。資料提供／全佛文化/龔詠涵。

B1

2008年四月號・NO.30 全佛雜誌

全佛 BuddhAll

All beings are Buddhas

免費贈送

格薩爾大法會成果分享專刊

全佛雜誌【2008年四月號・NO.30】

全佛雜誌免費索取處

格薩爾轉運大神堡法會
成功開創台灣轉運新頁

馬英九先生及王金平院長二位貴賓
雙手捧著象徵開運的格薩爾寶瓶
（圖片來源：中央社）

一生專修格薩爾法門的大成就者
楊丹仁波切的讚歎

從這次法會主辦的盛大情形來看，可以感受到台灣的福報非常的大，因為這次法會非常盛大，若沒有廣大福報的話，是無法圓滿舉行如此盛大的格薩爾大法會。

非常謝謝主辦單位能夠舉辦如此殊勝的法會，也感謝大家一同來共襄盛舉。本次主辦的山月國際特殊文化交流協會非常的用心，法會器物、因緣也都相當具足，也有廣大的善緣來贊助與參與。因此，不管是修法的僧眾、贊助的功德主、主辦單位、修建神堡的喇嘛等等，我在此深感隨喜，非常感謝大家。

被譽為格薩爾的化身
南卡吉美仁波切的讚歎

本次主辦單位山月國際特殊文化交流協會，舉辦格薩爾大法會，他們對法的敬重，令人欽佩。以會場中央的「格薩爾招財轉運大神堡」而言，依據密續所記載，大神堡壇城的建造有非常多複雜繁瑣的細節，要備辦的許多莊嚴的寶物、法器、供物，是相當不容易的。這座大神堡，是一切運勢所依止之處，所以稱為「神堡」，也就是「運氣所居住的碉堡」之意。這次主辦單位花費多年的心血，投入極大的財力與人力，讓這場盛大的法會如理如法，廣大圓滿，我在此感到非常的歡喜與讚歎。

王金平院長蒞臨會場致詞

馬英九先生蒞臨會場致詞（圖右為主辦單位山月國際文化交流協會黃紫婕社長）

王金平院長致詞：

「今天格薩爾大神堡能在台灣展出，並能請到兩大西藏高僧仁波切，這正是台灣的大福報，讓人充份感受到『開運台灣・轉動幸福』，相信台灣必定能擺脫過去的不景氣，展開新機運！」

馬英九先生致詞：

「這是我第一次參加藏傳佛教的法會活動，希望透過格薩爾轉運大法會的加持，讓台灣轉運，讓大家『大賺錢、賺大錢、錢大賺』！……」

轉動幸福的開始

山月協會會長　黃紫婕

西藏財神格薩爾招財轉運大神堡法會，在各界的歡喜聲中，圓滿地落幕了。這一場為眾生及台灣轉運的清淨善願，歷經多年精心策劃，如理如法，修建轉運大神堡，終於在十二年一次的金鼠年，十二地支啟動的時節，舉辦盛大的法會。並在因緣際會當中，很難得地迎請到當代格薩爾法門的大伏藏師——南卡吉美仁波切主法，而一生專修格薩爾法門的大成就者——楊丹仁波切，也於最後二日蒞臨會場，殊勝的二位格薩爾法大成就者上師，共同主法格薩爾的大法會，這不僅在台灣是空前的，在印度、尼泊爾的藏傳佛教活動中，也是前所未見。

立法院王金平院長為我們主持了開幕典禮，王院長在致詞時表示，希望藉由格薩爾王的庇佑加持，讓台灣擺脫過去的不景氣，轉動新機運。

馬英九先生在最後一天，也在王金平院長的陪同下，參加格薩爾大法會，在兩位大仁波切的帶領下，繞行格薩爾招財轉運大神堡，期望為台灣轉運祈福。

這一場融合西藏宗教、文化與藝術的盛大饗宴，雖然在六天的寒冷風雨中進行，但是仍然擋不住大眾們對幸福的企盼與追求。

讓這場格薩爾的世紀盛會，成為我們轉動幸福力量的開始！

揚唐仁波切在這場法會中，如是開示格薩爾寶瓶的功德利益與這場法會的意義：

寶瓶要由一位純淨的、具相的上師，依著任何一個天尊來修成，寶瓶需要好好修到出現徵相，修成之後就稱為寶瓶。外在是珍寶等製成的寶瓶，內在完備各種物品，再由具相上師修成且出現驗相，這三項都好好具足就成為寶瓶。那「寶瓶藏」又是什麼意思呢？一般來說，所謂寶藏是受用無盡，無有竭盡就稱為寶藏。若向此寶瓶祈求，會產生不會耗盡的受用，心中一切所願得以無餘實現、出現無盡成就，於是命名為「寶瓶藏」。……

寶瓶藏又有「息」寶瓶、「增」寶瓶以及「懷」寶瓶，我沒有見過「誅」寶瓶，大概沒有吧。息寶瓶，若向此寶瓶祈求，會平息疾病、妖魔、罪障、障礙，這是息寶瓶。增寶瓶是什麼呢？若向修增業而成的寶瓶祈求，會增長自己壽命、福德、受用等，這就是增寶瓶。懷寶瓶是能夠隨心權攝神鬼人等眾、得到名聲、得到像是國王等高位，乃至得以權攝世界的懷攝寶瓶。……若寶瓶經過圓滿具格修製而成，向彼祈求，是真能出現悉地的。……為什麼會產生息、增、懷的差別呢？這是由於寶瓶裡「息」、「增」、「懷」的物件有所不同，加上修製時所依天尊有所不同，所以會有息、增、懷各種不同的寶瓶。

而這次我們這個寶瓶藏又是如何呢？這是依格薩爾而修的。……上師祖古南卡（指南卡智美仁波切），是取出格薩爾伏藏法的伏藏師。……他來到這裡真是第一名的，怎麼說呢？因為可說他是格薩爾的化現，或可說是取出格薩爾伏藏法的上師，跟我們這種是不一樣的。這次真正的格薩爾上師有來，由他修成的寶瓶是第一名的。……格薩爾寶瓶，可以作為息、增、懷的寶瓶。怎麼說呢？因為格薩爾可說是蓮師化現，或即為蓮師真身。怎麼說呢？貝瑪偉瑟朵阿林巴、肯秋帕巴仁波切以及旺千給惹多傑等不凡上師都一致說過，格薩爾降敵珍寶尊，往昔乃為蓮花生，現為岭大獅降敵寶[167]，未來則為日登查波轉輪王，說祂們乃是同一尊，有如是授記祂即是蓮師真身。所以這次修寶瓶所依的天尊是無有錯謬的。

格薩爾不同於一般天尊，祂可以作為上師，可以作為本尊，可以作為護法，祂不論是作為上師、本尊、護法都可以。若視祂為上師而祈求，可得上師

瑞士弟子Lhundrup Dorje繪製的揚唐仁波切肖像，上為格薩爾王。肖像提供／ The House of Magical Display of Mirror-like Primordial Wisdom。

相對應的成就。視之為本尊來祈求，可得本尊相對應的成就。視之為護法，則將襄助佛行事業。祂是可以作為上師、本尊、護法來修持的一個天尊，不論要修持息、增、懷、誅，依此天尊也可修持。在祖古南卡他的伏藏法中，有依著格薩爾來修息、增、懷、誅四業的方法。……

一般來說，光靠寶瓶也不行，會不會出現悉地是要看自己有沒有信心。講到上師，自己沒信心的話，向上師祈求也不會有成就。講到本尊，自己沒信心，持咒也不會有成就。寶瓶也是一樣，沒信心的話也不會有成就。……主要是看自己有無信心，如果有毫不動搖的全然信心，若將這個寶瓶放在家宅，家中將會長壽無病，福德受用增長。……若是放在像山頂等地，國境之中不會有疾疫、饑荒、動盪，全國人民都會安康喜樂，且有使福德受用增長等諸多利益。主要是要看各自有無信心。

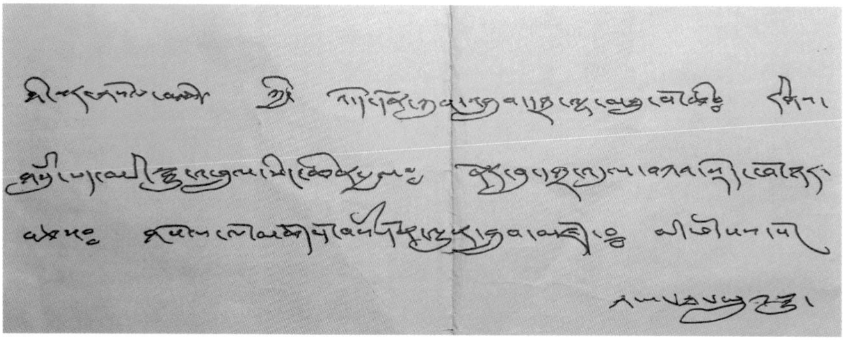

揚唐仁波切親筆寫下的米旁仁波切格薩爾供奉簡軌。資料提供／吳瑞玲。

167 此為格薩爾王的名號之一。

這次我們能夠舉行這麼大的格薩爾法會，我覺得台灣實在福報很大。任何一個國家都沒有辦法舉行這樣的法會。這次不論功德主是誰，我在此向功德主們感恩致謝，能夠促成這麼大的法會，一般來說對於台灣會有幫助，對整個世界也都有助益。現今我們世上有各種疾疫、饑荒、動亂以及許多違緣，為了息災祈福而辦這樣大的法會是會有作用的。之前台灣境內也有許多人因各種原因亡故，乃至疾疫、紛亂、障礙、衰退等種種情事，要從這些衰損中重振，如果不舉行這樣的大法會，而只是靠自己小小的法會，要重振是困難的。特別是格薩爾正是末世五百年的無謬天尊，祂出世至今不過千年，是與我們很近的天尊，所以我們若依靠祂，祂正是無謬的天尊。像這樣規格、品質的（法會規模和佈置）任誰也沒有辦法做到，而這裡做得很好。一切完備整齊，如果沒有眾緣具足是無法促成的。所以我衷心地感激所有的功德主，不論他們是上師、僧人還是在家男女，還有對於主辦、籌劃這場法會者，我在此深表感激！……

寶瓶藏是有很大恩德，是很好的。可是寶瓶藏幫得了此生，卻難以幫得上來生。若能在現在還活著時，透過身口意三門盡力行善、盡力斷惡，沒有比這個還更好的了。我懇請大家努力行善斷惡，懇求好好遵守業因果，除此之外，我沒有別的要說的了。[168]

另一個多次迎請仁波切傳法的單位，是位於彰化社頭鄉山間的金甯山寺。根據住持釋乘甯法師的敘述，金甯山寺主修佛母大孔雀明王與地藏法門。在接觸藏傳佛教之後，乘甯法師深感需要一位根本上師，遂於台北聽聞仁波切法教，正式拜仁波切為根本上師，並在十多

台灣各佛教中心製作的揚唐仁波切傳法法訊。資料收集／黃靖鈞。

年中多次迎請仁波切到金甯山寺傳法。乘甯法師敘述道：「我有請他做我的根本上師，當然仁波切他很慈悲嘛，他就說好。後來我又請他來這邊給信眾傳法，傳藥師七佛、觀世音菩薩、金剛薩埵（灌頂），還有蓮花生大士，還有格薩爾王（灌頂）。每年就來傳一個。」[169]

仁波切最初住在大殿前的木屋，後來寺院新建寮房後，仁波切就入住位於新寮房二樓的房間，透過窗戶可以看到寺院廣場和獨自矗立在一角的五輪塔。仁波切每回來金甯山寺都會主動在大殿修法並進行薈供。在傳法方面，除了向大眾傳授皈依、灌

168 非常感謝全佛文化提供的法會珍貴影音資料，讓仁波切的開示得以重現。

169 釋乘甯法師訪談，二〇一七年五月三十一日於台灣彰化金甯山寺。法師在本書的敘述均來自這場訪談，以下不再另註。

頂外，也曾向乘甯法師為主的少數弟子傳授大圓滿竅訣《椎擊三要》。仁波切在海外諸多國度傳法，但是從入門的皈依到九乘教法之巔大圓滿都曾傳授、且又曾多次駐留過夜的寺院，金甯山寺乃是世上唯一。

此外，乘甯法師在得知仁波切心繫重建多芒寺大殿後，也曾多次供養，她如是回憶當時的情景：

> 仁波切他就很慈悲、很客氣地跟我講：「我每次來妳都捐這些錢，捐這麼多錢給我，那妳有沒有辦法好好照顧妳的道場，妳的道場錢夠不夠用？」所以他真的是很會為對方設想。

法師也如是敘述仁波切在寺院停留期間的作息：「比方說晚上灌頂嘛，然後他白天就一直修法，我看他灌頂完了大概是十點左右，信眾全部回家，我看他好像有點累了，我去送茶水的時候，覺得他已

揚唐仁波切在金甯山寺大雄寶殿傳授灌頂的留影。中央站立者為釋乘甯法師（二〇〇九年）。照片提供／更嘎寧博喇嘛。

揚唐仁波切與更嘎喇嘛（左一）、諾布喇嘛（左二）及烏金智美堪布於金甯山寺大雄寶殿內修法（二〇〇八年）。攝影／德炯旺嫫。

經有點累了。他是修法方面是非常盡心盡力的人，而且他也不會簡略。所以每次這邊要灌頂法會，他就是會一直修前行法，至少都要從早上就要開始進行。」

根據乘甯法師的回憶，仁波切會在早晨下樓轉繞五輪塔。而仁波切圓寂時，乘甯法師原想等待仁波切的舍利塔建好後再前去錫金朝禮。然而因緣不可思議，後來台灣弟子們在金甯山寺籌建一座安奉仁波切顱骨碎片和舍利的舍利塔。這座塔就座落於大殿西北隅的五輪塔旁，從當初仁波切住的二樓房間窗戶，如今可以清楚望見齊高矗立的雙塔。

17 古修納嘎爾的淚水

一年[170]，釋迦仁波切和寧瑪仁波切帶著台灣弟子到南卓林，貝諾法王有天對他們兩人說，如果有時間的話就一起去古修納嘎爾（Kushalnagar）吃飯。古修納嘎爾是鄰近南卓林寺的小鎮，乃是各寺僧人採買和聚餐的熱門地點。釋迦仁波切如是回憶當時的情景：

揚唐仁波切也來了。洛桑群培和汽車司機先進餐廳點餐，就在古修納嘎爾巴士站附近。而我們坐在外面花園椅子上，揚唐仁波切坐一邊，貝諾法王坐在一邊，我們還有不少人在一起，揚唐仁波切就問法王說：「法王您的身體好嗎？」法王回說：「我身體不怎麼樣呀！我都不知道還有沒有一兩年呢。很麻煩的病呀！」法王話一說完，揚唐仁波切馬上就哭了。揚唐仁波切一哭，我們所有人也全哭了。仁波切那時心裡很難過，法王說只活兩年，結果真的不到兩年就圓寂了。

二〇〇八年，貝諾法王的病情加重，南卓林特請揚唐仁波切前去主持普巴金剛法會。隆多尼瑪喇嘛如是敘述當時的過程：「仁波切整天主法，三點到三點半休息後，三點半開始進行勾召段落時，閃電交加，大雨滂沱，雷聲大作，非常驚奇！平常下午三點哪裡會那樣天黑，那時是大殿一片漆黑，我認為那是仁波切大願之下的法力顯現。普巴法會修了好幾天。法會結束後，法王的病情好轉，就在學校那頭辦了一場歡宴。那場普巴法會相當令人驚奇，我們在大殿裡一起修法，跟平常法會有所不同，非常奇特。」

當時人在南卓林的香港弟子盧麗娟（以下稱Ms Lo）如是敘述法會時的情景：「一天有四座，仁波切很早就去準備了，每天開始的時候，他都比別人早到，坐在上面等他們。他有時候不會先上法座，會先坐在下面，等到有喇嘛、維那師們進來的時候才上座。他很早就在那裡等了，他不會讓你們等他的，只有他等你們，他就是這樣。」[171]

《依怙主竹旺貝瑪諾布法王傳——前譯聖教妙嚴》中記載：

> 那一年，依怙主法王與多芒揚唐仁波切在言談時，法王說道：「我雖打從心底有純淨動機，希望能稍許利益前譯寧瑪總體教法，乃至白玉利教利生之事，然吾病情讓我不得久住。」又說：「寺中有眾多堪布、祖古、上師和弟子們執持守護，故當不致衰退。」如是並未答應久住。此乃揚唐仁波切所說。[172]

仁波切在主持普巴法會之餘，在寢室中為香港麥先生和Ms Lo傳授大圓滿的竅訣《椎擊三要》要點。此外，貝諾法王曾數次囑咐揚唐仁波切認證祖古益西為蔣岡寺溫企美之轉世再

170 似為二〇〇七年左右。

171 Ms Lo訪談，二〇一八年五月三十一日於香港九龍。

172 《依怙主竹旺貝瑪諾布法王傳——前譯聖教妙嚴》藏文版，頁八十二。

Bisleri
Bisleri
Bisleri

貝諾法王與揚唐仁波切在普巴金剛法會結束後的歡宴中合影（二〇〇八年）。攝影／清哲祖古。

來人，揚唐仁波切後來在他寫下的認證信中[173]，提到不少與貝諾法王最後幾回私下見面互動的情景：

在那兩年多以後，法王身體狀況不佳，需要進行普巴金剛大法會，來電要我也去參加。於是我便馬上裝作去參加的樣子，卻未帶來絲毫幫助，法王病情每下愈況，不久之後，我又去菩提迦耶參加祈願法會。

有一天，聽說貝諾法王隔天就會來到祈願法會，我非常高興地去機場接機，但在親眼看到貝諾法王身體不好之際，眼淚就流了出來，我馬上用披單拭淚，想說不能在別人面前這樣，還把心思轉到它處讓自己分心待著。

以上所提的接機，約發生在二〇〇九年一月下旬。當時與仁波切同去伽耶機場（Gaya Airport）接機的台灣弟子香香，如是生動描繪道：「法王圓寂的前幾個月，我跟著上師去伽耶機場接法王，看他從機場裡面推出來的時候，人幾乎是昏的。本來佛爺（指揚唐仁波切）說接完法王以後要帶我們去喝咖啡，結果看到那一幕，就立馬回飯店修法。那是我最後一次見到法王，這一幕永遠留在腦中。」

就在仁波切回到旅館沒多久，法王的近侍便致電仁波切。仁波切本人如是敘述道：「之後，法王他抵達寢宮，我們雖已回到自己住所，卻馬上接到電話要我馬上過去法王那邊。於是我就馬上前去拜見，這時的狀況跟機場時相比，他的氣色好轉，也能好好說話，我就又高興了起來。」[174]

173 感謝祖古益西提供的認證信。祖古益西的訪談於二〇一九年四月二十五日在尼泊爾加德滿都進行。

174 出自益西祖古認證信。

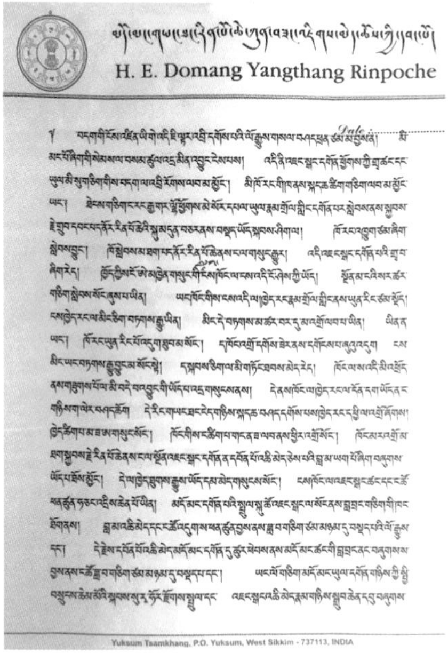
H. E. Domang Yangthang Rinpoche

Yuksum Tsamkhang, P.O. Yuksum, West Sikkim - 737113, INDIA

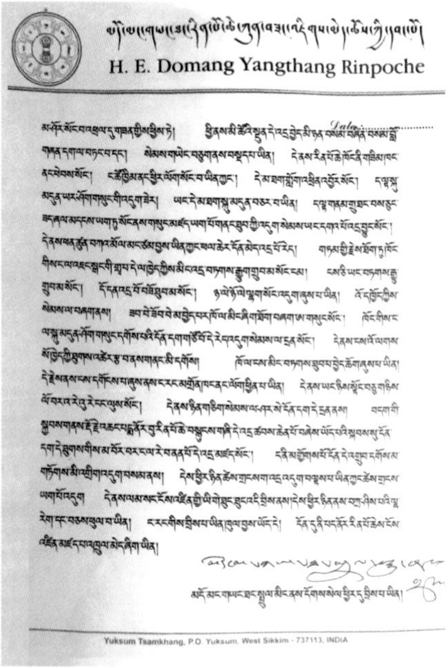
H. E. Domang Yangthang Rinpoche

Yuksum Tsamkhang, P.O. Yuksum, West Sikkim - 737113, INDIA

揚唐仁波切所寫之三頁認證信中之第一頁與第三頁翻攝。資料提供／益西祖古。

兩人交談許久，法王最後再次囑咐仁波切處理蔣崗寺的祖古一事，仁波切當時心裡想說，其實這才是法王要他來的主要緣由。他在認證信最後如此寫道：

> 之後，我回到我住的旅館，因為手邊事情繁忙，這件事一直拖到二〇一二年，然後有一天心裡突然想了起來，依怙主貝諾法王在如此病重時都沒有忘卻此事，並且慎重吩咐我處理，我想現在非得快點完成不可。於是我馬上寫下這篇短短的認證信，隔天附上吉祥哈達而寄出。雖然我裝作是我寫的樣子，但實際上這是貝諾法王所做的無誤認證。名為多芒揚唐祖古者，為遣除疑惑而寫。

貝諾法王在病重之際仍前去菩提迦耶，是為了讓弟子們明白祈願法會的重要性。然而，隨後病情就急轉直下。《依怙主竹旺貝瑪諾布法王傳——前譯聖教妙嚴》中如是記載：

> 西元二〇〇九年，在全球前譯寧瑪祈願大法會即將圓滿時，藏曆十二月九日，由於病情惡化，當天晚上抵達瓦拉納西的醫院後，又搭機前往南印度大城班加羅爾，入住哥倫比亞亞洲醫院。[175]

貝諾法王近侍班究如是回憶當時光景：

> 在還沒去菩提迦耶之前，在香港做檢查，透過X光掃描等等檢查，我們已經知道狀況並不好，但並沒有公開。那時我們都很沮喪。法王就問我們說：「醫生說了些什麼？」……那時從美國回來，在澳門舉行法會，然後到香港做檢查……我就在那邊哭，法王叫我不要那樣，還說：「一年當中還不會怎樣的。」

醫生他們是說只剩下幾個月了。所以法王說還有一年的時候，我就覺得還好，但是我們西藏人的算法，藏曆新年就是算新的一年了，之後回想起來，法王好像是擺了我們一道一樣。後來在菩提迦耶病況惡化，就去了瓦拉納西，在瓦拉納西做了很強力的治療，稍微好轉後再去班加羅爾，到哥倫比亞亞洲醫院大概住院十天了吧，總之在藏曆新年過後回到了寺院。[176]

根據班究的說法，當時在達蘭薩拉正要舉行各教派的領袖會議，貝諾法王因病不克前往，遂由堪欽貝瑪謝饒代理。於是堪欽貝瑪謝饒想先晉見法王，看法王對會議有什麼特別指示。然而見完法王後，堪欽憂心忡忡地對班究交代說：「看來情況不妙，可以的話，能請夏札仁波切或是多竹千法王來是最好了，但是他們都年事已高，沒有辦法過來。對我們來說，最實際的是，提出迎請就一定會來的人裡面，沒有比揚唐仁波切更好的了。我看你現在就做準備，先跟揚唐仁波切稟告一聲是比較好的……」班究繼續說道：

我們事先就這樣稟告了揚唐仁波切。後來法王真的圓寂後，仁波切原本應有很多行程，就全部取消了。譬如說法王今晚圓寂，事情一確定，我們就打電話去，像今天晚上圓寂，他隔天中午就已經可以啟程了。

175《依怙主竹旺貝瑪諾布法王傳——前譯聖教妙嚴》藏文版，頁九十。
176 班究訪談，二〇一七年八月五日於香港。

二〇〇九年三月二十七日，藏曆二月一日的傍晚六點半左右，貝諾法王從醫院回到南卓林寺，並於晚間八點過後示現圓寂。[177]班究繼續說道：

法王是在晚上八點左右的時候圓寂的。他們說法王進入禪定「圖丹」狀態，關起了門，安安靜靜地處理。老實說，說是上師進入了圖丹這樣的情況，但一個會看的人也沒有。然後仁波切來的時候，門是鎖起來的，仁波切進不去法王法體那邊。……仁波切對我們說：「什麼都不要說，情況會改善的。你們安靜就好，不要去跟人講什麼。」

仁波切由蔣參和寧瑪策旺隨侍，他坐在法王寢室門外，叫侍者們離開，我們就奉茶，仁波切一直坐著唸誦，然後回到住處。外面的人都以為揚唐仁波切進到法體所在那裡頭，他們看起來是這樣，可是房裡實際的情形是仁波切沒辦法進到法體那邊。仁波切唸誦時是獨自一個人，唸誦的地方是在法體所在的房間外，那是法王接見信眾的一個會客室。我們擺了坐墊，他就坐在墊上唸誦，大概坐一個半小時，然後喝個茶，對我們開示一下，然後就慢慢回去了。

像這樣大概到了第三天吧，他們進到房間裡看，發現房裡有一隻蒼蠅。說有時會飛到法體上，有時是在旁邊飛。他們就在那邊討論說法王已經結束圖丹了嗎？那隻飛蟲代表著什麼意思呢？穆松祖古、蔣康祖古還有堪欽貝瑪謝饒也來了，大家觀察之後，沒有一個人知道怎麼處理。我們就在旁邊用迂迴的方式說，揚唐仁波切人都請來了，又不讓他進去，啊你們是打算怎麼處理，我們就說了一些這種惹人厭的話……後來就這樣，仁波切得以進到裡面，大概是第三天的時候吧。

爾後，仁波切經過觀察後，確認了法王尚未出定。他首先指示在寢宮周邊環境安靜地進行灑掃。自此之後，仁波切依舊每天前往唸誦，並主導貝諾法王出定離開「圖丹」的相關法事。根據《依怙主竹旺貝瑪諾布法王傳——前譯聖教妙嚴》的記載，法王是在藏曆二月八日出定。班究則如是敘述說：「我是個在家人，沒有去到法體那邊，但是有聽到他們說，從法王鼻孔流出紅白菩提，在場確認者就是揚唐仁波切。」

在法王離開圖丹之前，僅有揚唐仁波切一人在法王寢室門外唸誦，而圖丹結束後，每天有蔣康、穆松兩大祖古和其他僧眾，一同在揚唐仁波切主法下修持上師供養法。曾在仁波切傳法時擔任「卻本」的嘎瓊喇嘛如是敘述：「依怙主貝諾法王結束圖丹後，在寢宮裡，以揚唐仁波切為首，另有兩大祖古以及其他堪布、祖古們，共同依照天法上師供養儀軌來獻供。」[178]

二〇〇九年四月九日，藏曆二月十五日，法王的法體在數千名僧尼和在家男女信眾夾道合十與泣聲四起的肅穆哀戚氣氛中，迎請到銅色吉祥山蓮師殿中安放。《依怙主竹旺貝瑪諾布法王傳——前譯聖教妙嚴》中如是記載：

> 銅色吉祥山大殿中，以依怙主噶瑪古千仁波切為首的大上師、名望人士以及法王的弟子眾，透過上師供養儀軌進行祈求發願之後，僧俗大眾瞻仰法體「固

177 見《依怙主竹旺貝瑪諾布法王傳——前譯聖教妙嚴》，頁九十四起。

178 嘎瓊喇嘛的訪談係透過網路社群媒體進行，二〇一七年。他於本書中的敘事均出於這場訪談，以下不再另註。

東仁波切」[179]。當天下午三點，三大寺中的色拉傑、色拉昧兩僧院[180]之四千多位僧眾特地前來進行圓寂供奉法會。當天共有一萬多名僧眾前來參加圓寂法會。[181]

圓寂法會後，法體移至銅色吉祥山蓮師殿樓上的化身殿中，安置近四年的時間。二〇一三年五月下旬，甫結束最後一趟美國行不久的揚唐仁波切，再度前往南卓林參加貝諾法王法體荼毗大典。近侍清哲祖古如是敘述當時的經過：

法體荼毗時，寺院做了盛大準備，仁波切的班機在傍晚抵達班加羅爾後，穆松古千和蔣康祖古他們安排仁波切下榻一間好旅館。仁波切去了旅館喝了一杯茶之後就說：「我們走吧！」仁波切交代堪布嘎瑪：「我晚上就去寺院，你不准跟任何人說喔！」……就馬上出發了，我跟仁波切說：「您這樣太勞累了吧？」他說：「不會不會！明天才去的話，他們又會在那邊列隊歡迎什麼的。今晚去的話比較方便。」我們晚上很晚靜悄悄到了寺院。到的時候沒有任何人知道……到了那邊才在找仁波切寢室的鑰匙。仁波切不論是去哪裡，完全不愛尊貴華麗那套，不喜歡寺院盛大迎接他。

荼毗法會的前一天，仁波切特別到蓮師殿樓上的化身殿中，朝禮貝諾法王法體，並在法體前進行唸誦祈願。荼毗大典當天，仁波切與達龍澤珠法王、噶瑪古千、頂果欽哲揚希仁波切等大仁波切們同場主持法會。

貝諾法王與揚唐仁波切兩人無話不談，甚至在法王病情日趨嚴重、明言不會久住時，揚唐仁波切也曾直接詢問法王關於轉世再來一事。札西徹令堪布敘述道：

仁波切跟我說過，他很擔憂法王如果不在的話，寺院有四千多位僧人，不知會變成怎樣。他就對法王說：「未來您的轉世祖古是否會來到印度呢？」法王卻回答：「我為什麼要來印度呢？」仁波切跟我說這段往事時，是法王轉世還沒有被找到的時候。

隆多尼瑪喇嘛的這段敘述，也是兩人無話不談的另一事例：「護法殿搬移時[182]，其實之前法王就已經對仁波切交代了很多，那些都如同授記未來事項一般，是我們所不知道的。蔣康祖古和穆松祖古向仁波切請示，在搬動護法殿時有沒有什麼要特別注意的，仁波切就在紙上寫下來交給他們，裡面提到法王過去對他交代過的事項。」

揚唐仁波切在二〇一六年應邀在南卓林傳法時，有天早上對著前來訪問貝諾法王生平事蹟的台灣弟子，娓娓道出法王的修證境界和弘法利生的功德。[183]我們就以這段談話的節錄內容來為本節作結：

179 高僧大德圓寂後的法體，在藏文中稱「固東」，加上仁波切一詞係表尊稱。

180 格魯派位於南印度的色拉寺，包含色拉傑和色拉昧兩個僧院。數千格魯寺僧如此為一代寧瑪高僧進行祈願唸誦，實為史上罕見。

181 《依怙主竹旺貝瑪諾布法王傳——前譯聖教妙嚴》藏文版，頁九十七。

182 二〇一六年三月下旬，仁波切應邀到南卓林傳法期間，南卓林寺進行護法殿遷移。

183 這場訪談於二〇一六年四月三日上午，在揚唐仁波切的寢室中進行。籌劃訪談的是張昆晟和吳瑞玲，主訪者為吳瑞玲。筆者當時協助現場口譯與攝影。

在修部八大法行[184]當中，（法王）大概都親見了，有些是透過覺受、有些是透過夢境、有些是親眼親見，大概都親見了八大法行。要得到授記就難了，授記是殊勝的本尊密意，親見本尊又得到授記的情形是困難的。在覺受、夢境和親眼所見之中，大概親見了八大法行。但是在授記方面，大概只得到了普巴金剛、馬頭明王和文殊閻摩這三尊的授記，其他尊則沒有。他對我說過，他直接得到了這三尊的授記。怎樣才是具格的上師？就是像他這樣！他在近修都達到證量。在修行方面，他於十五年的時間中，在上師尊前修行，包括白玉自宗大圓滿和大手印雙運修持。另外，在止的修行方面，奢摩它有具相止和無相止，他花了七年專修無相止。他達到了如此證量，不是只在近修方面達到證量，在專修無相止上面就用了七年。

白玉秋竹也為貝諾法王直指明覺，直指之後讓他好好了悟了大圓滿見地。頂果欽哲法王對我說了兩三次：「現今在見地上，沒有比貝諾法王還要更好的了。」頂果欽哲法王已經論斷了：「沒有比貝諾法王見地更高的人。」頂果欽哲法王是當代大師中的翹楚，而令他驚嘆的則是貝諾法王，他說貝諾法王是確確實實了達了見地。

貝諾法王自己口中大概有對我說過了達見地和本尊近修方面的事，像是在覺受和夢境當中曾經出現的情形。他口頭很緊，一生之中根本不會去談這方面的事，他對於自己的功德是很保密的。我們有時一起用餐，他有時候會對我說一些，像是大概都親見了八大法行或得到授記等等。在修行上他達到了證量，特別是文殊閻摩這尊，他一再在覺受和夢境當中親見並得到授記。本尊普巴金剛方面，有出現很多的徵相，像是放在壇城上的普巴杵自己動了起來等等，有出現很多徵相。夢中親見普巴金剛，覺受當中也親見普巴金剛，出現了很多這些情況。馬頭明王方面，也一再親見尊顏。……

有預言指出，如果他不立僧院，而單純在山中靜處修持，將會得到大遷虹身的成就[185]。可是他覺得自己一人得到大遷虹身容易，如果能利益教法則更好！於是他非得如此辛苦奔波。他辛勞奔波的原因主要在此，他偶爾有對我提過這些。他對我說：「白玉秋竹對我說：『如果你到寂靜處修行，可以成就光芒身。』」他剛開始有想說應該要這樣修持，可是為了教法而盡力奉獻。在康區有一位叫做章果祖古[186]的大成就者，這位不凡成就者與印度大成就者們之間是沒有差別的，貝諾法王到他尊前，他對貝諾法王說：「你如果一生在寂靜處修行，可能得以修成虹光身！」然而他並沒有把主要心思放在閉關上，而是為了利益聖教和有情而辛苦奔波，一直到圓寂為止。

剛來到印度的時候，他想待在印度聖域上師和許多成就者們待過的地方，決心要待在岩洞裡，有一陣子有這樣的想法，之後又想到佛教相當衰沒，他

184 八大法行包括了代表諸佛身、語、意、功德、事業的五尊本尊，加上差遣嫣嫫（又作差遣非人）、世間供贊、猛咒詛詈三尊，合稱八大法行。八大法行一般雖用以指稱「八大嘿如嘎」，然而八大法行包括寂靜尊與忿怒尊，故八大法行不宜譯作八大嘿如嘎。

185 虹光身成就的一種境界。

186 應為本書第二章中幾度提及的章巴珠千蔣巴卻增這位大成就者。堪布貝瑪拜其為師。

想說：「唉！佛教衰沒，不能這樣下去，要想辦法才是，我修不修得成虹光身無所謂，絕對不可讓佛教衰沒！」於是就開始建立寺院，這是他對我說過的。……貝諾法王從小時候起，便有不凡的行儀。他的依師之理、修持近修之法、準備灌頂之規，都在在顯現他的不凡。我對他這位與眾不同的上師是具有信心的，我相信他，主要是透過這些層面，讓我們對他生起信心。

你們要寫傳記的話，先寫一點前世的功德，從這開始，寫到他直到圓寂之前是如何為佛教而奉獻、他有如何的想法、他的發心是如何廣大，這些全都要寫下來。每個部分的功德，要能廣述內容。不論是有人口述，或是其他上師的敘述，都要全部寫下來。……

他也為我直指明覺。在他尊前，能夠聽到他的加持語，能夠憶念他所說的，會對我們有所幫助。除了這些之外，他跟我說了什麼，沒跟我說什麼，這些我不去說太多，秘密的談話我不能講，上師交代過不能說的內容如果還說出去，就有洩密的過失，所以不能說。除此之外，從各方收集的內容，要把這些功德寫在傳記裡。

他有說過：「不可以說吃的食物不好吃喔！我們能夠在這世上投生為人，吃到人吃的食物，這是第一名了！我們能得到這樣的身體是很困難的，能夠得到人身是第一名了，不論是吃到怎樣的食物，都要能夠接受。」他說的這點是給我們的教誨，這樣一段話就是教誨，要能把它聽成是教誨，在上師尊前聽到的一些話，如果把這些話當作是口訣，就變成是口訣了，沒如此來聽便不成口訣，就只是聊天而已。……

我們需要去了解上師的功德。如果不了解上師的功德，很難對上師生起信心。要了解如何修行佛法，不了解法功德的話，很難了解上師的功德。如果能夠與法符順，也就能分辨了知上師的好壞了。

傳記的寫法就是這樣，除此之外，關於上師對我說過什麼，我沒有可說的。

18 奈良的鹿、怡保的竅訣、婆羅浮屠的大雨

二〇〇九年春夏之際，揚唐仁波切再度前往台灣傳法，並於七月前往日本朝聖。同行的更嘎喇嘛如是敘述：「一位弟子多次邀請之下，仁波切就悄悄地去了。在台灣待了兩個月，之後申請日本簽證，然後前去日本，再從日本飛回印度。」

飛抵日本時發生了一個意外插曲：仁波切的行李箱因故未到，行李當中有修貢瑪智的家人供養仁波切的一個古老金剛杵。那金剛杵乃是蓮師二十五弟子之一努千桑傑耶謝所有，是具有歷史價值和加持力的珍貴聖物。根據《持明聖者修貢瑪智仁波切傳》的記載，修貢瑪智被公認為努千桑傑耶謝的轉世再來人，於二〇〇四年十一月二十四日示寂，傳記中如是敘述揚唐仁波切到場的情形：

> 旅居印度的多芒寺的漾唐活佛（百位伏藏大師之首，德欽朗巴之無誤轉世）[187]正好回到國內，聞訊也立即趕到修貢，感嘆地說：「瑪智仁波切實具無礙神通，多年前曾對我說，無論如何你一定要到修貢來一次。我亦在活佛[188]面前做了承諾，想來活佛定是預見此事，讓我來處理他的身後事，否則怎麼這麼巧我此間能回國！」活佛[189]做了仁波切出定之事宜，並主持祈願法會。[190]

弟子們非常急切設法找回仁波切的行李。所幸後來在日本機場人員協助下順利尋得。

更嘎喇嘛繼續說道：「我們開心極了！仁波切則是很從容，如果是發生在一般人身上，行李裡面有如此珍貴物品，肯定會心慌意亂，仁波切卻是泰然自若。」

這是仁波切一生唯一一次到訪日本，在約一個星期的行程當中，走訪關西的京都、奈良、高野山等地。其中，在京都朝禮參拜了高台寺、南禪寺、天龍寺、大德寺、知恩院、金閣寺、龍安寺以及東寺等知名寺院。更嘎喇嘛如是敘述仁波切在朝聖時唸誦發願的情形：「仁波切手拿著手杖（擊打節拍），唸誦〈普賢行願品〉，唸了很多願文，在每一個聖地仁波切都會唸〈普賢行願品〉、〈銅色吉祥山願文〉，會唸很多願文。」

日本弟子澤田佳恵所繪的觀音像，作為對揚唐仁波切的供養。圖中最上方即為揚唐仁波切在日本所造的〈蓮師祈願文〉，由祖古仁增貝瑪親書。攝影／劉論緋。

187 漾唐活佛即為揚唐仁波切，德欽朗巴指多傑德千林巴。然而多傑德千林巴並無名列百大伏藏師中，故此傳記中所言「百位伏藏師之首」，宜視作恭維之詞。

188 指修貢瑪智。

189 指揚唐仁波切。

190 《持明聖者修貢瑪智仁波切傳》中文版，頁九十七。感謝貝瑪當秋提供。

仁波切的足跡也沓至比叡山和高野山。在比叡山參見著名的不滅油燈；在高野山也參訪東密祖師空海大師的傳承寺院。仁波切十分喜歡高野山的環境和氣息，認為此地相當適合實修閉關。在高野山的普門院停留期間，仁波切應弟子祈請寫下一篇四句蓮師祈願文：

〈蓮師祈願文〉

至誠祈請烏金仁波切，此世來生中陰悲眷顧，
此生不欲違緣界中淨，祈請加持來生證菩提。
嗡阿吽班匝估如貝瑪思帝吽

以此一心專注祈求，將可去除障礙、得到加持。此蓮師祈願文乃應弟子之請，由多芒揚唐祖古寫於日本普門院。[191]

仁波切隨後前往奈良，期間朝禮藥師寺、安奉盧舍那大佛的著名古剎東大寺以及奈良公園。仁波切看到走動的鹿群便說：「真像是瓦拉納西鹿野苑呀！」

這一年，繼日本之後，馬來西亞成為仁波切初訪的另一個國度。二〇〇一年，揚唐仁波切在南卓林轉動多芒新伏藏法輪時，來自果洛的年輕「噶陀祖古」——嘉珠圖丹成利——拿著哈達初次拜見仁波切。爾後，他前去玉僧，在仁波切的座下一對一求得完整的《本智上師教授文》傳授，師徒緣分日漸深厚。後來長居馬來西亞的他，陸續在首都吉隆坡等地成立了中心，並於二〇〇九年十月迎請仁波切前去傳法。在這一趟大馬行期間，揚唐仁波切曾前往香港再回大馬，後又前去印尼朝聖再返大馬，如是在兩個月之內三度進出馬來西亞。揚唐仁波切抵達吉隆坡後，首先在靠近KLCC的一個會堂傳授了蓮師、觀音和格薩爾灌頂。

上／在日本朝禮寺院時浴佛一景（二〇〇九年）。

中／揚唐仁波切與更嘎寧博喇嘛在奈良望見梅花鹿（二〇〇九年）。

下／揚唐仁波切於奈良時的留影（二〇〇九年）。

照片提供／更嘎寧博喇嘛。

191 依據烏金智美堪布於臉書頁上分享的內容翻譯而成。

結束從十月九日到十一日三天在首都的傳法後，噶陀祖古安排仁波切北上吉打州的亞羅士打，於十六日到十八日三天，在真明法師的寶蓮佛堂舉行法會。三天的傳法活動包括放生、煙供、傳授多芒新伏藏阿彌陀佛灌頂、觀音灌頂，以及米旁仁波切傳承的格薩爾灌頂。

仁波切在停留亞羅士打期間，參訪距離亞羅士打市區數十公里之遙的遺址博物館（Lembah Bujang Archaeological Museum）。仁波切在一處遺址稍作停留，進行唸誦。根據當時帶路的李光明敘述，這裡的遺跡可以追溯到公元第三世紀到第十世紀，其中包括了佛教寺院的遺址。馬來西亞弟子寶雁也如是回憶仁波切朝禮遺址的一塊石頭：「他就在那邊磕頭，用頭去頂禮一顆石頭，我們也跟著去頂禮。」[192]

爾後，仁波切從香港二度來到馬來西亞，首先從十一月六日到八日，在吉隆坡沙登民眾大會堂傳法。其中，在傳完財神灌頂後，仁波切對大眾苦口婆心諄諄教誨道：

> 在場有非常多喜愛、虔信正法的馬來西亞民眾，這是非常好的。我看到有很多人來，如果不喜愛正法、沒有信心的話，是不會來的。對正法感到歡喜、恭敬，對三寶有信心，想到有來生，有在思考來生，有這些想法是非常好的，未來不要捨棄這樣的心。對三寶、正法的信心、恭敬，以及對於來生的思考，這些都是好的想法，希望各位往後不要捨棄這些想法，而要一再增長進步，即使沒辦法增長，至少要堅穩住，不要讓它們變糟。感謝大家！……
>
> 請各位好好發心，在斷惡行善時，一是對於個人，二是對馬來西亞所有有

情，特別是對於南贍部洲的有情，不只如此，還對於等同虛空的一切有情，暫時上能安康喜樂、無病長壽，究竟上能得到佛果。如此為了一切有情的安樂，各自去行善斷惡，要有這樣菩提心的動機，最後再回向發願。在斷惡行善時也不要散亂，也不要炫耀，是真的各自以一片清淨心來行善，這樣是很好的。為了向他人炫耀，在別人看得到的地方弄得漂亮、裝作行為高尚，這是不好的。要真正謙下，透過一片清淨心，在專注虔信之下來修持佛法、行持善行，這會是非常好的。修行佛法，絕對不要為了炫耀，絕對不要為了讓別人看起來好看的樣子，若能一片清淨心來修持佛法是很好的。……

平常不要漫無目的地講話、看電視、逛市場。我們都已經老了，既然老了，就不會待太久，大家要想說：我們就快要拋棄這個世界而走了。然後用嘴巴來唸六字大明咒、蓮師心咒，或是阿彌陀佛心咒、度母咒，各自會唸什麼就對著那位本尊祈求、向三寶祈求。

老人們都快要走了，我自己也八十一了，在場的老人們也是快走了，不要去想長遠的事情，不要去想什麼十年後我要幹嘛，我們沒那個時間了，還不如去思考離開世界之後該怎麼辦。

年輕人也不要想說自己不會死，不要去想還會活很久。現在這個時代，即使是年輕人也可能不會活很久，也是有白髮人送黑髮人的情形，有發生父母年邁而兒女先走的情形。所以年輕人不要想說自己不會死，什麼時候會死是說不準

192 李光明及寶雁的訪談，二〇一七年十二月五日於馬來西亞亞羅士打。感謝Oliver的引介與安排，並謝謝葉雪芳的協助。

的，今天還在的，明天還在不在就不知道了，今年還在的，明年還會不會在也不知道。年輕人要趁自己年輕有力的時候，要思考的話，心可意持，身有體力，在這樣情況下來修持佛法和行善的話，這是能做到的。……

各自在工作之餘，不論是早上還是晚上，有時間時，年輕人要去修行佛法或是去行善。如果想朝聖，在印度聖域或是像尼泊爾，都有圓滿聖地可以朝聖，或是這個國家等等，世上有很多圓滿聖地，是往昔蓮師加持過，或是釋迦牟尼佛加持過，或是往昔諸佛和阿羅漢聖者加持過的圓滿聖地，各自可去朝禮、去發願。為了此世安樂，也為了來生安樂，各自好好發願、好好行善。大家透過身來頂禮、轉繞，透過語來進行課誦，在朝聖時參見身語意聖物、聽聞佛法等等，透過意來培養信心和恭敬心，最好的情形是學習打坐、禪定，不然就好好在心中生起慈悲心和菩提心。凡此種種，要透過身語意三門，不論會什麼，都要用在善法上面，這是我的期許。[193]

仁波切在吉隆坡停留期間，應邀到開幕不久的賣場栢年廣場（Brem Mall）主持煙供。煙供法會當天正值藏曆九月二十二日，即佛陀天降紀念日。根據迎請仁波切的馬來西亞弟子溫蒂（Wendy）敘述，她在認識仁波切以前就曾在夢中見到仁波切，本身在栢年廣場工作的她之所以想請仁波切修煙供法，是因為聽說賣場有不少無形眾生，於是想請仁波切到場度化那些眾生。法會前一天，她夢到眾多天女蒞臨賣場，雲霧繚繞，香氣滿堂。而溫蒂的先生也說：「仁波切不論走到哪裡，總是散發一股香味。」[194]

接著，仁波切北上到霹靂州首府怡保，自十一月十三日起一連三天，在怡保斗母宮會堂傳授千佛灌頂、普巴金剛灌頂以及格薩爾灌頂，這場法會是由馬來西亞佛教總會霹靂州分會聯合其它八個佛教團體共同舉辦。

仁波切在怡保停留期間下榻於舜苑酒店（Syeun Hotel），並於十一月十六日這天，在酒店的會議廳裡為五六十位有緣弟子，傳授了他本人著作的大圓滿竅訣《見修行略攝》，是為仁波切首次公開傳授此法。二〇二〇年，這間曾為仁波切轉動大圓滿法輪的舜苑酒店，因疫情而熄燈停業。

揚唐仁波切在栢年廣場主法時的留影，右為噶陀祖古（二〇〇九年）。照片提供／Wendy。

193 非常感謝Oliver與噶陀祖古提供的法會影片，讓仁波切的開示得以重現。

194 Wendy夫婦訪談，二〇一八年四月十八日於馬來西亞吉隆坡。感謝李光明的引介。

仁波切復從馬來西亞特地前去印尼爪哇島朝禮婆羅浮屠佛塔。相傳印度祖師阿底峽尊者以及傳授他菩提心法的金洲大師曾經蒞臨此地。噶陀祖古如是敘述朝聖的情形：

我們一同去婆羅浮屠待了三天，就住在婆羅浮屠旁邊一間很好的旅館。仁波切早上供了很多燈，也做了廣大薈供和煙供。仁波切爬到婆羅浮屠最上面，他的腳行走不便，他拿著手杖爬上去，我們想攙扶他，他就訓斥說：「我自己的罪障要由我自己去淨除，別人怎能幫忙淨罪！」

當時傍晚下了一場大雨，有個喇嘛拿著一個大雨傘要替仁波切遮雨，仁波

右／揚唐仁波切與噶陀祖古於印尼婆羅浮屠大塔頂端的合影（二〇〇九年）。照片提供／Oliver。

左／揚唐仁波切在馬來西亞怡保公開傳法後，主辦單位製作的感恩狀。資料提供／Oliver。

切說：「我不要撐傘，不管雨怎麼下，也沒有什麼關係。」……雨下得很大，一個僧人拿著一個大傘，仁波切揮著手杖訓斥說：「不用拿過來，下雨又沒有關係！」

我們是早上天亮時去那最上面，傍晚也到最上面發願，我們在最上面時，仁波切光是「殊勝菩提心珍寶，猶未生者令生起，令已生者不衰退，輾轉增上恆增長」這個願文就用手杖擊打節拍唸了非常多遍，唸了好幾個小時。……

隔天為了緣起，我就向仁波切請求說：「我能跟仁波切一起來婆羅浮屠實在很幸運，請您一定要寫一篇願文。」我就獻上哈達向仁波切請求。仁波切答應了。隔天中午他就給了我。……

以下，我們就以仁波切在婆羅浮屠寫下的這篇願文來為本節作結：

奇妙哉！

無等本師釋迦王佛尊，及其所化烏金海生尊，
開導顯密教法二導師，祈以大悲快速眷顧我。
聲聞羅漢菩薩諸聖眾，八十大士廿五王臣等，
印藏智修一切善知識，祈以大悲快速眷顧我。
往昔聖眾加持諸聖地，金剛座和吉祥桑耶等
世上無餘所有大聖地，祈以大悲快速眷顧我。
現今惡業所轉凡夫眾，雖然遭受三苦猛煎熬，
不厭輪迴歡樂轉增盛，加持吾心生起厭離心，
如今群聚此地我等眾，至尊金洲大師所加持，
婆羅浮屠大聖地當中，由於昔願善緣而聚首，
以此供養以及善願力，揚棄對於輪迴業貪著，
願以堅穩心志調吾心，尤其殊勝菩提心珍寶，
於心生起為度如母眾，脫離輪迴痛苦之大海。
願我三門勤行諸善業，從今直至得到菩提藏，
生生世世不論如何轉，恆常值遇殊勝正法後，
親見純正嚮導善知識，絕妙三重侍奉令師喜，
現前實證大圓滿實相，四相修行達至究竟後，

願我堅穩執持原始地，爾後度脫無邊一切眾。

本人和喇嘛、馬來西亞在家男女信眾十三人，於二〇〇九年來到印尼參拜至尊金洲大師駐錫地時，噶陀祖古圖丹仁波切獻上吉祥哈達和聖像，囑託說：「請寫一篇願文。」僅在無法回絕之下，名為揚唐祖古者寫下此文。願成善！195

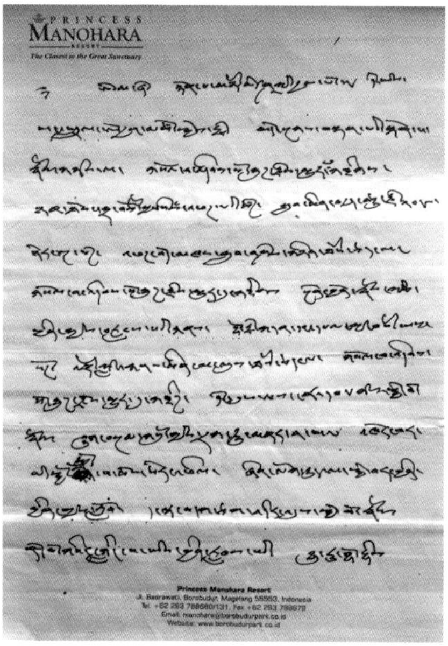

上圖、下頁／揚唐仁波切在印尼婆羅浮屠寫下的祈願文原稿。資料提供／噶陀祖古圖丹成利。

195 感謝噶陀祖古提供這篇願文。

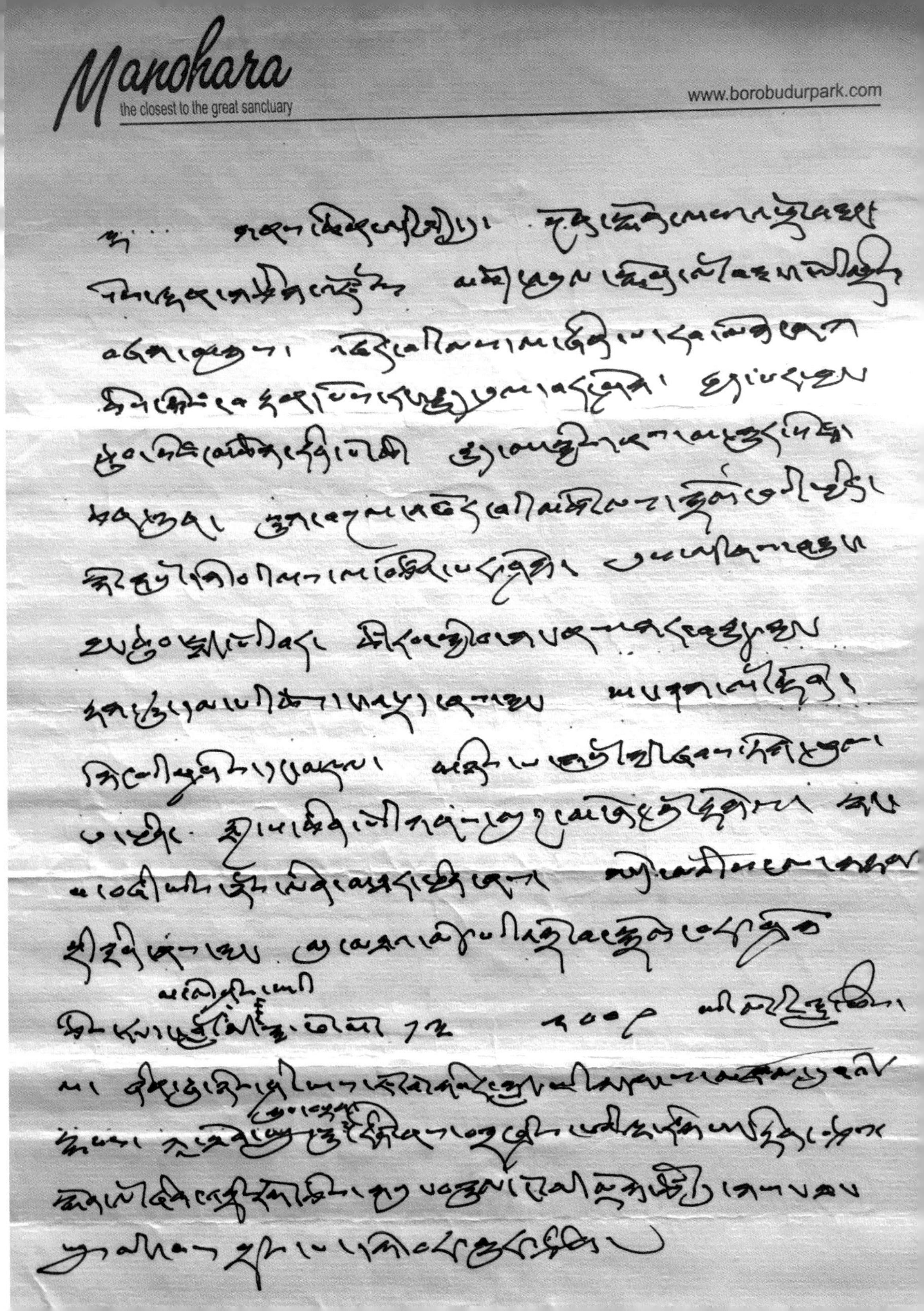

[illegible]
[illegible]
[illegible]
[illegible]
[illegible]
[illegible]
[illegible]
[illegible]
[illegible]
[illegible]
[illegible]
[illegible]
[illegible]
[illegible]
[illegible]
[illegible]
[illegible]

19 菩提迦耶的法輪與亂流中的翠鳥

出身南卓林的堪布昂旺洛桑從一九九九年起，發想成立維繫寧瑪教傳法脈的組織，幾經奔走努力下，終在二〇〇八年於菩提迦耶正式成立「前譯教傳法脈傳召護持會」。二〇〇九年，傳召護持會初辦傳法活動，迎請堪欽貝瑪謝饒在菩提迦耶講授《文殊真實名經》。那年稍後，貝諾法王示寂，揚唐仁波切成為寧瑪派碩果僅存的長老之一，也成為各大寺院及團體迎請傳法的對象。堪布昂旺洛桑如是敘述向揚唐仁波切請法的情形：

> 我們向揚唐仁波切祈求……前譯教法的根本是教傳、伏藏以及淨相。而教法的根基是「嘎瑪」教傳，我們想要復興嘎瑪的灌頂、口傳和竅訣。在請求揚唐仁波切傳授教授時，他說：「我可以傳嘎瑪的灌頂和口傳。」我們就非常開心。……二〇一〇年，我們就有機會籌備大型的嘎瑪灌頂傳法。[196]

二〇一〇年，仁波切在菩提迦耶寧瑪寺大殿中開始傳授嘎瑪，這是仁波切繼近十年前在南卓林傳授多芒新伏藏後，再次對為數上千的信眾傳法，也是仁波切首度在此佛陀成道聖地公開傳法。受法者除了南卓林的眾多僧尼外，還有來自印度、尼泊爾、錫金、不丹等地的僧

196　昂旺洛桑堪布訪談，二〇一八年五月二十六日於尼泊爾加德滿都。他在本書的敘事均來自這場訪談，以下不再另註。

俗二眾，以及來自歐美和台灣等地的外國弟子共近兩千人，其中包括上百位祖古和五六百位堪布、洛本。灌頂期間遇上藏曆新年，由於貝諾法王圓寂不久，仁波切指示不會為了慶賀新年而暫停傳法。堪布昂旺洛桑敘述道：「仁波切都沒有休息，仁波切的傳統就是只要開始了，之後要找一天來休息的話，他是沒有休息的傳統。藏曆大年初一也沒有休息。」

常住台灣的烏金智美堪布和更嘎寧博喇嘛也前往菩提迦耶領受嘎瑪灌頂。他們在行前請仁波切卜卦，看此行有無特別要注意的。仁波切打卦後說：「沒有什麼太要緊的，但是心理方面不是很安適。」

嘎瑪灌頂結束後，兩人前往錫金，在朝禮秘境各大聖地後，復與仁波切一同返回台灣。航程的規劃是先從鄰近錫金的巴格多格拉機場（Bagdogra Airport）搭乘印度國內班機到加爾各答（Kolkata），再從加爾各答轉乘國際班機經曼谷飛往台灣。其中，從巴格多格拉飛往加爾各答的這段航程，特別讓人記憶猶新。更嘎喇嘛如是敘述道：

訂的是Kingfisher（翠鳥航空）的班機，寧瑪策旺（寧瓊）和仁波切坐在一起，我坐在仁波切前面一排，我旁邊坐了一個印度人，仁波切和寧瓊的另一邊坐著堪布和蔣參。飛機在飛行時，仁波切就唸誦很多，我座位後面就是仁波切的桌子，就聽到仁波切「扣扣扣」的敲打聲，唸了很多。我們一點也不怕坐飛機，要去哪裡都不會憂慮，仁波切早上就在那邊「札札札札」唸誦著。……大概有半個小時的時間，飛機都飛得好好的，然後不知道怎麼回事，飛機晃得非常厲害，那就讓人害怕了。機艙裡好像停電一樣，整個機艙裡都是黑漆漆的，可是還是勉強航行，然後又很猛烈地墜落，墜落得很厲害。機內一片驚叫，我也覺得自己大概是快死了……仁波切一人很大聲地唸著〈蓮師七句祈請文〉：「吽！烏金國境西北隅……」在下墜時，仁波切大聲唸誦，飛機就又往上攀升，上升到脫離雲團，從窗戶往外看，看到閃電霹靂的，閃電交加、暴雨直下，我們嚇得不得了。仁波切很大聲地唸誦〈蓮師七句祈請文〉，飛機就從雲團中掙脫了，掙脫之後，我往窗外一看，已經快到加爾各答了，我就對我後面的仁波切說：「喔！從雲團中出來了！從雲團中出來了！」我們嚇到不行，要不是仁波切的大悲大恩，早就完蛋了。……堪布和我兩人當時請仁波切卜卦印度旅程，結果很準，我們兩個確實是心理方面遇到狀況……

真的是一碰上緊要關頭，仁波切就展現不同的一面，很大聲地唸七句祈請文，仁波切很大聲唸的「吽！烏金國境……」都還在我耳中、心裡迴盪。……仁波切一直在唸，大聲的就唸那麼一次。我們碰到危急的時候，哪裡還想得到要唸？……我除了想到自己快死了以外，那時沒有別的念頭了。遇上飛機緊急狀況時，什麼也沒想到了，連嘴巴也說不出話……仁波切在我背後桌子敲打唸誦是小聲的，別人什麼也聽不到，可是當墜落很厲害時，仁波切就很大聲地唸誦，所有人都聽到了。

坐在仁波切身旁的寧瓊喇嘛如是敘述：

一開始就看到雲霧，天候不佳，仁波切用手打節拍唸誦很多，我坐在仁波切旁邊，仁波切唸了很多，我也有點害怕起來，想說是怎麼回事。不過仁波切就在旁邊，我想應該不會有事，就安心了下來。

飛機要降落時，因為雲層很厚而沒辦法降落，下墜上升晃得很厲害，我就叫得很大聲，還一把抓住了仁波切的手臂，仁波切就說：「沒關係的！沒關係的！來唸皈依！不會有問題的！」我就把手放開，在仁波切旁邊唸誦起來。嚇到不行！

我從未在飛行中遇到這種狀況，驚嚇之中馬上抓住仁波切。之後，其他人都在笑我，我可是超害怕的。……更嘎大概有聽到仁波切大聲唸什麼吧，我是嚇到什麼都沒聽到。仁波切開始有唸一點，後來是慢慢地唸，我是什麼都不知道。……仁波切則一點也不害怕，他非常從容不迫，沒有害怕，就在飛機晃動時馬上打節拍唸誦，唸了很多。……其他人就大叫小叫的，小孩子在哭，所有人都在驚聲尖叫，我怕到去抓住仁波切，而仁波切卻完全不害怕。[197]

更嘎喇嘛繼續描述降落後的情況：

那天降落在加爾各答機場後，仁波切有說：「今天我們朝下一生走了半步了。」他很高興地說，「我們要好好吃一頓！」而我們腳踏在地上非常開心，先前在飛機上真的很害怕，一不小心就死了。

有些印度乘客下了飛機後，特別去向仁波切致謝，他們認為是仁波切助他們逃離劫難。更嘎喇嘛說：「有印度人雙手合十對仁波切致意，他們還跪下來用頭來頂禮仁波切的鞋子。」

197 寧瓊喇嘛訪談，二〇一七年三月十六日於錫金玉僧。

20　我的淨土到了

一年，堪布桑給朗炯在寧瑪祈願法會期間拜見揚唐仁波切，請求仁波切傳授甘珠爾口傳。堪布如是說道：

仁波切那時答應了，時間還沒有確認。隔年，我就請仁波切確認時間，仁波切說：「我太老了，要傳整個甘珠爾大概挺困難的，我答應過你的，有點答應錯了。我看就傳個《般若十萬頌》吧！」我就說可以，於是迎請仁波切傳法。

二〇一〇年春夏之間，揚唐仁波切再次訪台，於五月下旬為位於雲林元長鄉的「雙塔」——貝諾法王舍利塔及明珠多傑舍利塔——主持開光。雙塔建設發起者乃是曾在菲律賓及新加坡的白玉中心合計待了十餘年、爾後長居台灣的嘎桑仁波切以及喇嘛蔣洛[198]兩人。人稱「康太太」的一位台灣弟子先前在貝諾法王訪台期間，在嘎桑仁波切陪同下拜見法王，請示防止台灣地震和颱風等災害的方法。法王指示說：「要預防四大衍生的自然災害，需要一個特別的所依，需要建造一座珍貴的佛塔。建造佛塔除了需要如法建造、裝藏之外，還需要上師開光加持，這些條件都具足的話，將能帶來幫助。除此之外，雖然一般來說修法也

198 台灣信眾稱喇嘛蔣洛為吉米喇嘛。

有幫助，但佛塔帶來的利益更大。」之後，貝諾法王遂囑咐嘎桑仁波切在台建塔。

二○○九年春天，貝諾法王在南印度圓寂。嘎桑仁波切心懷法王那番建塔的囑咐，遂發心建造法王舍利塔。此前數年，貝諾法王在美國進行膝蓋手術，法王近侍洛桑群培將法王部分膝骨贈予嘎桑仁波切，這塊膝骨成為後來這座法王舍利塔中安奉的主要聖物之一。嘎桑仁波切後來決定在建造法王舍利塔之外，另造白玉祖師明珠多傑的舍利塔，並迎請祖古仁增貝瑪親自監造「菩提塔」形象的貝諾法王塔，以及「尊勝塔」形象的明珠多傑塔。[199]

貝諾法王圓寂一週年才過不久，嘎桑仁波切分別從西藏和錫金迎請白玉祖寺圖松法王[200]與揚唐仁波切，到元長共同為兩座新建的舍利塔開光。兩位上師在對大眾的開示中，不約而同策勵貝諾法王的弟子們應摒棄成見、和諧相處。揚唐仁波切也在講說中，讚賞嘎桑仁波切和喇嘛蔣洛兩人，儘管不是有名氣的大人物，但仍能努力完成這兩座舍利塔，著實令人驚嘆。根據嘎桑仁波切的回憶，揚唐仁波切如是開示道：「開始時，他們有跟我說過這兩座佛塔建立的動機，我認為很好。中間在實際操作時，完全知曉佛塔各部位比例尺度以及如何建造者，在當今這個時代，沒有人比得上祖古仁增貝瑪了。他在兩個月中從啟建到完工，親自坐鎮監造，值得我們的信任。而今天由諸位上師和僧眾共同具格開光，大家如果有信心的話，將有助於得到加持。他們造塔，說是為了預防四大自然災害，會有幫助的。

除此以外，對於疾疫、饑荒以及戰亂，乃至對於國家本身等任何方面都會有幫助。請大家好好生起信心、好好繞塔。」[201]

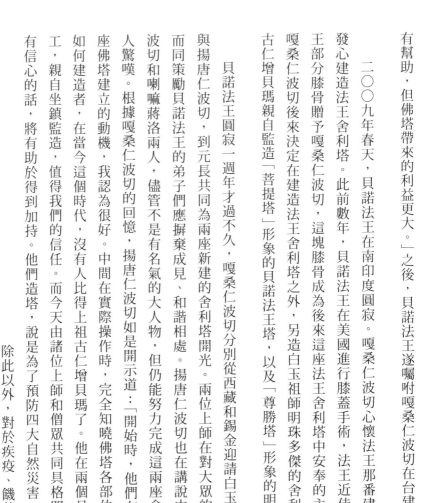

199 以上造塔因緣引用自嘎桑仁波切訪談中的口述，二〇一八年六月十七日於台灣台北桑千偉薩卻林。

200 中文又作土絨仁波切、土登巴絨仁波切、圖桑仁波切。

201 引用自嘎桑仁波切於訪談中的口述。

上／座落於台灣雲林元
雙塔，左為明珠多傑塔
為貝諾法王塔。攝影／卻

下／圖松法王與揚唐仁
主持雙塔開光時的留影（
一〇年）。攝影／張昆晟。

喇嘛蔣洛則如是回憶道：

仁波切叫我們兩個進去……仁波切對我們兩人說：「你們兩位平實的喇嘛，能夠建這樣的塔實在是太好了，我向你們兩位說聲謝謝！」仁波切用他的頭觸碰我們的頭，並且給我們一人一條哈達以及一萬元台幣。不只如此，他還交代我們兩個好好進行薈供，他又給我們一萬元作薈供之用。……像仁波切這樣的大上師，對我們這樣開示，給了我們很大的安慰。[202]

二〇一〇年夏天，仁波切重回多芒寺。自從在一九九二年至九六年間完成佛學院和閉關中心建設後，仁波切直到二〇〇四年十一月才再度回到多芒。該年回到多芒前，仁波切已經耳聞大殿年久失修、恐已不堪使用的消息，於是在二〇〇三年囑咐台灣弟子黃紫婕前去多芒寺拍攝照片。黃紫婕如是回憶道：「我專程去爐霍多芒寺，去勘察仁波切的寺院。它的背景因緣是這樣：在這個之前，仁波切是在台灣，而且一樣是在深坑，我們常常有空就會去看仁波切……聊著聊著他就說他想回多芒寺，因為多芒寺有點老舊，可能有些地方要修建之類的，但是去一趟，路又有點遠……那個時候仁波切年紀也大了，而且其實仁波切的肺部只有一半的功能而已，所以心裡一聽到他要長途這樣只是為了回去看是不是要重修還是要重建，我心裡有點不捨。我就主動跟仁波切說：『那我幫您回去看好不好？』仁波切就說好。」黃紫婕在多芒拍下許多照片，帶回台灣給仁波切過目。仁波切看完之後只說了一句：「重建！」

一九八〇年代後期由祖古帝刹興建的多芒寺大殿，到了二〇〇三年已顯得殘破，並被視為危樓。攝影／黃紫婕。

202 喇嘛蔣洛訪談，二〇一八年六月十七日於台灣台北桑千偉薩卻林。

上左、上右／揚唐仁波切前往亞青寺拜見阿秋喇嘛的留影（二〇〇四年）。攝影／貝瑪當秋。

下／阿秋喇嘛所寫的揚唐仁波切長壽祈請文親筆字跡。資料提供／柔札祖古。

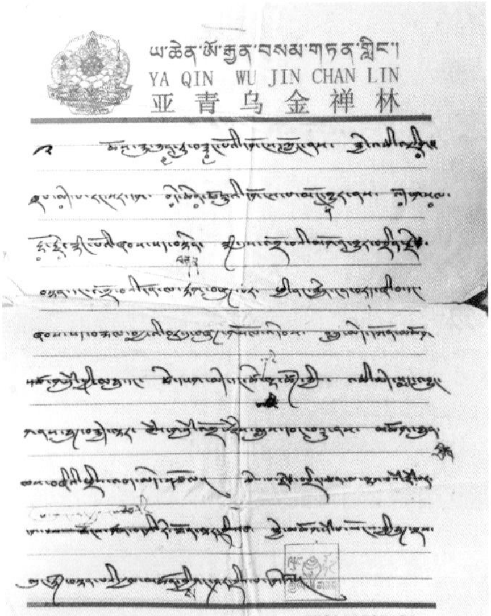

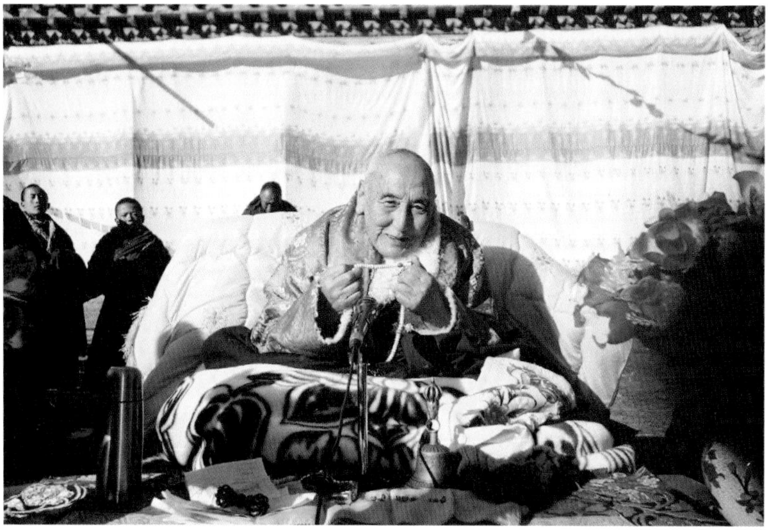

上／揚唐仁波切在多芒寺留影（二〇〇四年）。

下／揚唐仁波切與多芒寺拉雪堪布（左）與德巴堪布（右）於多芒寺佛學院合影（二〇〇四年）。

攝影／貝瑪當秋。

二〇〇四年，仁波切帶著外甥女的女兒昂固以及祖古行康一同回到康區，期間除了主持修貢瑪智大師的出定事宜外，也前往亞青寺拜見阿秋喇嘛。根據柔札祖古的敘述，仁波切在行前交代不可事先通報，直到車子駛達亞青，柔札祖古才前去向阿秋喇嘛稟告說：「揚唐仁波切來了！」阿秋喇嘛得知仁波切來訪的消息後，於驚喜之中說道：「喔！蓮師真身蒞臨了！蓮師蒞臨了！」

上／揚唐仁波切於二〇〇四年冬天在多芒寺戶外傳法一景。攝影／貝瑪當秋。

下／揚唐仁波切於多芒寺寢室內留影（二〇〇五年）。攝影／德炯旺嫫。

阿秋喇嘛旋即俯身從寢室一路爬到室外。當時揚唐仁波切手上拿著哈達正準備拜見他，卻看到阿秋喇嘛彎身於他足前禮敬。仁波切在驚訝之餘不斷地說：「請您起身！這樣不行的！請您起身呀！」[203]兩位當代大師相互恭敬的風範，給予在場弟子們深刻的身教。

仁波切在這一年向多芒僧俗二眾傳授了多芒新伏藏極樂世界灌頂、千佛灌頂以及大悲觀音遍空自在的灌頂，並主持四天的六字大明咒持誦法會。[204]

二〇〇五年，仁波切再返多芒，啟動重建大殿的工程。期間中國弟子吉林向仁波切請求傳授《上師心滴》灌頂，仁波切遂在寢室當中，向吉林為主的漢族弟子以及拉雪堪布為主的多芒寺僧共約十人傳法。[205]

二〇〇六年，台灣弟子德炯旺嫫與仁波切一行人從成都一同前往康區。從康定到爐霍的路上，仁波切用漢語向同車的德炯旺嫫介紹沿途所經之地。一般人面對會帶給自己磨難的人事物，總有負面回憶和情緒，乃至有不願觸及的創傷。但當車子行經新都橋監獄時，仁波切用手比向窗外，用漢語對德炯旺嫫說了令她印象深刻的一段話。她如是回憶說：

203 柔札祖古訪談，二〇一七年七月五日於爐霍縣城。揚唐仁波切曾寫下一篇題為〈棱珠的歷史〉的短文，文中認證柔札祖古為多芒棱珠的再來人。

204 根據《藏紅花束》初稿藏文版第十二節。

205 吉林訪談，二〇一七年六月二十日於中國成都金色檸檬酒店。他於本書中的敘事均來自這場訪談，以下不再另註。

到了新都橋，路的兩旁都是綠樹，遠遠的什麼都沒有看到的時候，坐在前座的仁波切比向窗外說：「我的淨土到了！」我邊說「在哪裡？」邊探頭找的時候，蔣秋在一旁用英語說：「監獄！」我先愣了一下，覺得很驚訝，也不能理解，然後想到監獄的痛苦而忍不住流下眼淚。

但仁波切微笑著說：「是我的淨土喔！最好的淨土！」[206]

二〇〇七年回返多芒期間，仁波切傳授了多芒新伏藏中的《淨除道障》及斷法灌頂，並於多芒朵對僧俗二眾傳法。[207]總之，仁波切從二〇〇四年到二〇〇七年，每年都回到多芒，在這段期間也幾乎每年造訪台灣。根據更嘎喇嘛的說法，仁波切每回在台灣待兩個月，除了應邀在一些中心傳法之外，大多時間乃應信眾之請，前往信眾家中修法。每次在台停留期間，修法次數上看四五十回之多。按此類推，仁波切多年下來在台灣信眾家中的修法次數，恐不下於兩三百回。如此挨家挨戶修法所得的供養金，幾乎全數用於重建多芒寺大殿。更嘎喇嘛如是敘述仁波切在台灣修法的往事：

一早就有很多人來見仁波切，仁波切九點會出去修法，傍晚五六點回到深坑，那時也有很多人來見，有時候都要排隊。……需要修法的人，大部分會來安排時間，每個人會稟報各自的問題，然後需要卜卦，仁波切卜卦後會按照卦相來修法。仁波切主要為了他們從事的工作能夠順利成功，乃至去除修行佛法障礙、壽命的障礙、增財致富，他們修法主要是為了這些。仁波切都發很多願，唸了很多。

仁波切修法不會簡略帶過，每天修法就是修一整天，他是不喜歡草草唸過

揚唐仁波切與多芒寺僧合影（二〇〇五年）。攝影／德炯旺嫫。

的。他來台灣，有的人說上午沒空，下午再請仁波切修法，但是仁波切不喜歡那樣。他會說：「你們沒空的話，先走沒關係，我留下來修法。」……除了特殊情況，像是一些地方要唸誦願文和修頗瓦之外，在私人家中修法，是每天都修一整天的。……

仁波切為了建設多芒大殿，大概也沒有用什麼別的方法，沒有什麼宣傳，也沒有去賣寶瓶。仁波切自己去宣傳的那種事，大概從來沒發生過。……

仁波切需要建設寺院。我們會想說有什麼不費心力就可以募款的方法，想弄得很華麗。像仁波切去餐廳時，其實仁波切是大上師，在康區來說是非常大的上師，我們覺得大家都不知道，所以覺得好像需要我們去扶持一樣。在餐廳時，就用

206 德炯旺嫫訪談，二〇一八年六月二十日於中國成都。本書書名即來自她這段珍貴而感人的敘述。

207 根據《藏紅花束》初稿藏文版第十二節。

上／揚唐仁波切與多芒寺索達吉堪布（左一）、拉雪堪布（右二）以及德巴堪布（右一）在多芒寺的合影（二〇〇六年）。

下左／揚唐仁波切視察多芒寺大殿重建的畫面（二〇〇五年）。

下右／揚唐仁波切與眾人討論多芒寺大殿建設一景（二〇〇六年）。

攝影／德炯旺嫫。

漂亮的布去裝飾仁波切的桌子，仁波切看到就訓斥了一頓，抓起那塊布就丟了。仁波切是不喜歡那樣的，他訓我們說：「好的事情你們不會，不需要的事情倒是很會！」

多芒寺的建設經費大多來自修法，也有人特別供養。仁波切在傍晚五點回到中心，有很多人來拜見，大多都是供養給仁波切個人，說要供養多芒寺建設的人很少。大家都知道仁波切在建寺，有些人會特別供養，而大多來自仁波切去修法。不論是供養仁波切個人的還是供養寺院的，仁波切都一起匯到多芒。

二〇〇八年北京奧運年起，仁波切連續兩年未回多芒。二〇一〇年，多芒寺大殿完竣，仁波切特別回到寺院主持開光落成。從爐霍回返多芒的路途中，索達吉堪布為首的多芒寺僧及在家信眾籌劃了盛大的迎接場面。車輛及機車均以旗幡為飾，形成壯闊莊嚴的車隊。據爐霍農區鄉民說，這種場面堪比達賴喇嘛尊者到來的景象。[208]

多年在海外奔走，所有的發心、願力和辛勞，終於化為眼前巍巍莊嚴的殿堂，多芒寺大殿是仁波切繼九〇年代初中期在多芒寺建設佛學院和閉關中心後，再度完成的多芒寺重要建設。拉雪堪布如是敘述揚唐仁波切對多芒寺的付出：「多芒寺大殿完全朽壞，揚唐仁波切在重建時賜諸順緣。……為了多芒寺，他在資金和勞心勞力兩方面均不辭辛苦。如果說用自己一塊肉、一滴血可以幫得上多芒寺和教法的話，他也在所不惜。」

208《藏紅花束》初稿，藏文版第十三節。

多芒寺新大殿內，安奉三世佛、三怙主以及堪師君三尊等聖像。八月十七日起一連三天，值藏曆七月初八至初十，仁波切與拉雪堪布、德巴堪布暨多芒全體寺僧，共同依多芒新伏藏《正法貝瑪寧體》為大殿及聖像開光。八月二十日，仁波切在新大殿主持心經驅魔法會，寺方則依回遮空行迎接法，向仁波切獻上長壽祝願。爾後，仁波切傳授多芒新伏藏的《淨除道障》灌頂、《任運成就十三羯摩》灌頂等法門，是為仁波切於新大殿中的初轉法輪。然而，二〇一九年夏天，由於主體結構嚴重損害，開光不到十年的大殿不得不拆除重建。仁波切自一九九二年起，在近二十年之中陸續建設的佛學院、閉關中心以及大殿，今日均已不復得見。

此回康區之行，仁波切也受邀到爐霍恰龍寺傳授《龍欽寧體持明總集》灌頂，並應志札祖古之請，在木雅大傳授聞即解脫灌頂。接著又於康定多札寺傳授多芒新伏藏藥師佛灌頂及《醫明甘露精髓》等口傳。[209]

康區行程結束後，仁波切的腳步仍未停歇。同年九月九日至十月三日，藏曆八月一日到二十五日，仁波切在堪布桑給朗炯位於尼泊爾揚列雪的寺院，傳授《般若十萬頌》、《陀羅尼總集》的口傳以及多芒新伏藏的三根本灌頂。[210]堪布桑給朗炯提到了法會過程的一件趣事：「在傳授口傳的時候，開頭一兩天我們在仁波切到場時，會列出僧鬘來迎接，而他完全不喜歡僧鬘。由於不喜歡僧鬘，他趁我們都還沒起床，（清晨）四點就起來去寺院裡頭待著了。」

十一月下旬，仁波切應嘉初仁波切之請前往美國，在阿拉密達傳授《大寶伏藏全集》灌頂，這是他第一次傳授大寶伏藏，也是唯一的一次。距離仁波切的前一世多傑德千林巴在衛藏直貢寺傳授大寶伏藏，相隔了超過八十年的光陰。

209 同前註。

210 感謝桑給朗炯堪布提供的傳法資訊。

多芒寺新舊大殿的對照。

上／舊大殿（二〇〇三年）。攝影／黃紫婕。

下／揚唐仁波切所建的新大殿（二〇一一年）。攝影／德炯旺嫫。

21 阿拉密達的大寶伏藏

二〇一〇年，距初訪美國已屆二十載的這一年冬天，同年已於菩提迦耶傳授嘎瑪灌頂、在多芒寺為新大殿開光、在揚列雪傳授《大般若經》口傳的仁波切，在他第五度訪美的旅程中，首先於加州傳授《大寶伏藏全集》灌頂。揚唐仁波切總是如是談起答應傳授大寶伏藏的原因：「嘉初一直堅持要我去，說他跟我是同寺院的，我如果不去的話，他又會生氣了。」

二〇一〇年十二月一日，高齡八十二歲的揚唐仁波切在天色未亮之時，就已經登上烏金金剛座（Orgyen Dorje Den / O.D.D.）大殿的法座，開始修五六個小時的灌頂前行法，為午後展開的灌頂做準備。傳

揚唐仁波切傳授大寶伏藏時的法訊。Orgyen Dorje Den製作。

法首日，他傳授了伏藏師孃尼瑪偉瑟的《八大法行如來總集寂靜尊壇城灌頂前行》。第二天，他傳授了八大法行寂靜尊壇城和忿怒尊壇城的正行灌頂，以及德達林巴的伏藏法《敏珠林傳規金剛薩埵》灌頂、伏藏師嘎瑪林巴的《嘎林寂忿尊》灌頂。仁波切每天清晨六點前上座修前行法，午後開始傳法，一路傳到傍晚，有時甚或到七八點才結束。如此日復一日，從二〇一〇年十二月初到二〇一一年的二月上旬，仁波切在近兩個半月中，傳授共約一千個灌頂。

根據桑傑康卓的回憶，以往都會儘早確認傳法日期、提前宣傳，好讓平日工作的各地弟子可事先請假前來。但此次行程較晚確認，她們擔心前來參加者會很少。而仁波切則這麼說：「我不在乎，即使只有幾個人，我也是一樣會傳灌頂。」桑傑如是說道：「開始的時候也許有一百位來參加，隨著持續進行，到了十二月和一月，正是人們的假日時節，通常是聖誕節和新年與家人出遊共度的時節，最後有兩百、兩百五十到三百位每天來參加。甚至聖誕節快到了，我們問大家要不要休息，他們說他們不用休息，仁波切對此感到開心且印象深刻。」

揚唐仁波切在烏金金剛座傳法時的留影（二〇一三年）。© Vimala Treasures。

智美羅珠喇嘛如是敘述仁波切在傳法期間的每日作息：

很多人肯定在那時有跟仁波切說：「仁波切，您一定要休息，您太辛苦了！」因為仁波切在黎明前就會起來做他個人的修持，然後他會在六點下樓做灌頂的準備，然後他會修一整個早上，接著會在法座上吃午餐，然後他也許會下座去上廁所，然後回到法座，在下午一點開始傳灌頂。他從一點開始，有時候會到晚上六點或七點，中間都不會下座。接著仁波切會上樓回房接見信眾。他從來不關門的，不管是誰都可以進來，他們來求卜卦，或就坐在他面前求加持。他就是這樣毫無疲倦地傳授，一天又一天。……

僅僅看到這樣的榜樣，如此的上師，這樣層次的上師，在這世上已經不多了，有如晨星般稀少。

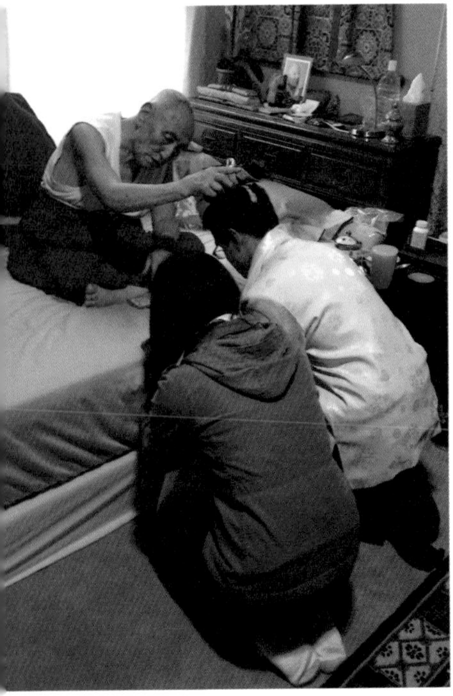

揚唐仁波切在烏金金剛座寢室中，以多傑德千林巴取藏出的蓮師金剛杵，為來訪信眾加持（二〇一三年）。照片提供／智美羅珠喇嘛。

法會當中擔任法事組主要成員的美國弟子艾拉（Ila Reitz），在涕泣之中如是回憶灌頂過程的點點滴滴：

揚唐仁波切在O.D.D.傳授大寶伏藏，我只是協助一點法事。他每天早上六點會下樓，他那時大概八十多歲了，他走下螺旋階梯來到大殿時就喘得很厲害。他會靠著侍者攙扶，看起來很老邁。他會走過壇城，然後很緩慢地進行三頂禮。看著他，會覺得他很老邁、很虛弱。然後他會繞行法座，再爬上法座，腳步很沈重。然後他坐下去，而他就變成了佛陀了！一整天！他就一直坐在那邊，唸誦灌頂法本，進行修持，充滿了能量。其他所有人都累癱了、都病了，而他卻很開心，一直進行下去，那實在很驚人！……基本上他就從早上六點坐到晚上六七八點，只會在午餐時間下座去上廁所一次。他會在法座上午休一下。六點到十二點、十一點半，他會進行他個人部分的修法，然後他會休息一下，再從一點開始灌頂，一直到六七八點。……

他非常非常嚴格，每件事都要按照傳統，像是所需物品、朵瑪，每件事都要做對。他用那標準來要求他自己，他把上師該做的部分都做好，而他也用那個標準要求我們。……他展現出對傳統的信心，完全按照蓮花生大士的伏藏法本，他不會便宜行事，他不會說：「喔，我們可以弄得容易一點！這是美國，所以我們可以弄簡單一點，我們可以通融一下！」完全沒那回事！……我覺得那對外國人來說是個令人驚奇的榜樣，因為當較長的修持和法會來到西方時，大多上師都會試著把它們弄得容易和簡單一些。而且當我們在學習那些時，我們很多西方人也會說：「喔，有沒有任何方法可以把它弄得容易一點？我們可不可以不用做朵瑪？有沒有辦法可以把儀軌弄得簡單一點？」……而揚唐仁波切本身做得很好，也要求他人嚴謹做到。儘管他本身是成就者，也許並不需要為自己那樣做，但他為了我們而做了。他真的展現給我看說：是的！我們是需要正確製作朵瑪！我們是需要正確地進行法事！在那之中，有驚人的加持和力量。

現今要找到上師來做這些苦差事已經很難了。他不會便宜行事，即使是在傳整部大寶伏藏，乃是很困難的。每天有那麼多灌頂，他仍不會便宜行事，不會去省略任何事情……就是完全很徹底，那樣的能量持續貫徹到底。……

這場傳法也為O.D.D.帶來助益。我們買下O.D.D.之前，它用作太平間好幾年了。我們買下之後，有的人就說鬧鬼啦，有什麼磁場啦。慢慢變得比較好，我們也安奉了佛像等等，不過一直到大寶伏藏，所有事情才徹底變「乾淨」，從此不再有鬧鬼的故事。……嘉初仁波切覺得有些骯髒或是負面的磁場、讓人感到干擾的能量，而仁波切每天修法、做了那麼多護法供養，他做了很多煙施，當然還有灌頂，在那之後整個就乾淨了。[211]

主責各項法事的喇嘛諾布也如是談起仁波切準備灌頂的情景：

仁波切從早上五點直到中午十一點、十一點半午餐時間都在做灌頂準備，完全不會早早修完去休息。……連九點鐘的喝茶時間都是忙碌的，換成其他上師，大概就會喝個茶輕鬆一下，仁波切則完全沒有這樣，趕快喝一下茶就馬上繼續做準備。一天有十到十五個灌頂他是這樣做準備，如果這天只有一個灌頂，想說他會早早就結束準備，但這種事沒有發生在仁波切身上。就算只有一個灌頂要傳，他一樣是從早上五點到十一點修前行法。……

那時每天有很多灌頂，有時候一天二十個灌頂，他就四點下樓，到十一點半，有多少個灌頂就修多少個前行。他還是會不滿意地說：「沒能唸很多咒。」他心裡從來就不會覺得自己已經修很多了。

從台灣特赴美國協助朵瑪製作的尊助桑波喇嘛如是敘述仁波切的日常：

我們會說仁波切什麼時候睡覺什麼的，可是他應該是不睡的吧。但是以上床的時間，那是晚上九點。早上幾點起床我們就沒辦法說了。在美國大寶伏藏期間，早上五點、五點半肯定會到場修前行法。在那之前，仁波切一定會先喝杯奶茶，喝完後才下樓，下樓就是開始做灌頂準備，五點半就開始，到七點為止。大致上我會在七點準時奉上早餐，然後我再去另一個房間製作朵瑪。……然後早餐後到十一點、十一點半，或是直到距離十二點還有十五分鐘的時候，他都在修前行法。然後下午一點準時灌頂，三點的時候，有十五分鐘的喝茶時間，總之到傍晚四五點都在灌頂。灌完之後，再讓信眾一個一個上來領灌頂加持物。一般來說，領完加持物，其他的上師就會先離場了，但是揚唐仁波切不會這樣，直到所有灌頂物品放回壇城、唸完迴向發願文後，他才會告一段落，有時候到晚上七八點。

仁波切在傳授灌頂、口傳的時候會跟你說累，我是根本沒聽過的。……在傳灌頂、傳法的時候，他的心裡面從來不會覺得很疲累。

211 艾拉訪談，二〇一七年十二月九日於美國加州半月灣（Half Moon Bay）。感謝Samantha的協助。

智美羅珠喇嘛如是敘述仁波切的傳法行儀帶給他的感受：「不論何時，他在講法還是在傳授灌頂，從開始到結束，他都是完整無誤，沒有完成就不會喊停，可以說是他的一個傳統。……他是這樣一位珍貴的上師，如佛現前，但是以顯現的姿態來看，他仍然展現如此精進給我們看。不論是唸誦，還是傳授灌頂，還是講經說法，都展現了如此精進。我們去思考的話，真的會覺得自己沒什麼意思，自己並沒有精進，心裡會有悔意。」

長住美國多年，與桑傑康卓共同從事翻譯的藏人喇嘛卻南（Lama Chonam）如是道出他的觀察：

在西藏以外，是有許多美好的上師。但是說到古老的傳規，他們則是另一種風格了。在西藏以外的上師，我們可以說風格有點現代，他們有修行、有在傳法，但那是不同的風格。而那些直接從西藏來的、經歷一切的，他們見過了舊時代，他們也看到了新時代，有一份獨一無二的功德。即使他們可以過得輕鬆自在，但是他們並不著重身體舒適，就像揚唐仁波切，還有我的根本上師堪布門色。高齡七十、八十歲，身體沒有很糟，也不強健，但從不抱怨，不論是在傳法還是給予灌頂，他們就是全神貫注。……

揚唐仁波切在這麼多個小時中傳灌頂，他從沒把焦點放在身體狀況上面。……當你坐下來跟他用餐聊天，那就像家人一樣，非常友善舒服，但是大多時候他都在實修打坐，而我們普通人都是跑來跑去在抬槓，當你看到他這樣，你很自然會感到羞赧。……譬如說在灌頂時，每個上師都會有傳法時間和休息時間的區隔，但是仁波切告訴他的侍者不要阻止任何人，他們可以來見他。就算傳法結束、晚餐用完之後，他們還是可以來問任何問題、求口傳，或是來要加持繩、求加持物等等，這樣的上師是相當少的。在西藏，他們這一代真的就是把一生奉獻給眾生和佛法。[212]

參與這場法會的信眾，除了大多在美國生活的白人和華人弟子，也有少數台灣、香港、墨西哥乃至厄瓜多等地的信眾遠道前來。法會中有英語和華語同步進行口譯，為期近兩個半月的傳法期間，只有稍事放假約三四天而已。仁波切偶爾會突然在灌頂過程中給予開示，例如在二〇一一年一月六日，灌頂的第三十六天，在灌頂結束、大眾唸誦所有迴向發願文時，仁波切從容地唸完灌頂儀軌最後結尾的吉祥詞，爾後，在信眾排隊一一上前領加持物前，仁波切給予一段數十分鐘的開示，以下為開示的節錄內容：

> 灌頂結束了，這地方的人在思想上有進步，這是很好的。好像在佛法方面思想有進步，我心裡也蠻開心的。怎麼說呢？那天我們碰到節日時，他們說不用放假，說比較希望受灌頂，碰到新年時，又沒有想要過新年，說喜歡參加灌頂。這些表示所有西方信眾的思想達標了，我覺得這是個很好的徵相，我也感到非常高興。
>
> 有很多上師來到外國，所有上師平常都有解說很多關於「暇滿難得」、「壽命無常」、「輪迴過患」、「業因果」的道理。以前的話，好像是上師講得太多一樣，我也講過一大堆，外國人感覺都不想聽暇滿難得那些內容，只想要阿底瑜

212 喇嘛卻南訪談，二〇一七年十二月十二日於美國棕櫚沙漠。感謝威爾的陪同。他於本書中的敘事均出自這場訪談，以下不再另註。

伽、阿努瑜伽，都不想聽暇滿難得那些了，聽不進去了。但是，看起來是有幫助的，各位現在喜愛佛法，並且扭轉了對於輪迴的貪著，有展現出一點扭轉對輪迴法貪著的徵相。四轉心法就是要扭轉對輪迴的貪戀，為了要扭轉對輪迴貪戀的想法，所以要用四轉心法。各位的上師們講授那些內容看來有些幫助了，成果有顯現出來了。四轉心法的成果，就是扭轉對輪迴的貪著，並且讓心思趣入佛法。各位已經待了很久，已經過了一個多月了，人也沒有變少，我想說中間人會變得越來越少，結果人也沒變少，而且對佛法有些好樂、有些毅力，這些我都看到了。各位對於佛法，仍然有在上師尊前求法，有呈現出在心裡實修四轉心法的一點成果了，沒有比這個更好的成果了。……

在這之後，也不要把四轉心法給丟了，各位現在已經來到高等的層次，都已經到大手印、大圓滿的層級，所以都很喜愛生起次第瑪哈瑜伽、口傳阿努瑜伽以及大圓滿阿底瑜伽。但是不論是修瑪哈瑜伽、阿底瑜伽還是阿努瑜伽，在開頭的時候先來個四轉心法是很好的。每天要思惟一遍，不能丟棄了。……

在進入上部之道——密乘之道——之時，不能丟棄一切下部的法門。就像我們如果要爬上一棟大樓的頂樓，不能捨棄下層階梯。下層階梯一丟，就爬不上頂樓了。所以不能丟棄下層階梯，才上得了頂樓。在下部道路的別解脫的層次，主要需要的是什麼呢？就是要厭離對輪迴的貪著。這是外別解脫道的一個主要要點。所以厭離輪迴貪著對我們是很重要的，要朝上部道路走的話，厭離輪迴貪著是很重要的，倘若無法厭離對輪迴的貪戀，不論修什麼法，修小乘也好，修大乘也好，只要沒能厭離輪迴貪著，所修之法就不會是純正的。……

我們現在進入大乘道，已經從瑪哈瑜伽開始進到阿底瑜伽了。灌頂是瑪哈瑜伽的入門，從那裡開始，我們所有人幾乎都走到阿底瑜伽了。但是談到所要證悟的目標，就連小乘聲聞的所證都還沒證悟，成果都還沒有拿到。小乘聲聞所要證悟的是什麼呢？就是確定所謂的「我」是根本不存在、是空性的。貪、瞋、癡、我慢、嫉妒等煩惱的根本，就是「我」。他們完全斷除我執，五毒煩惱都完全消失了，已經得到這樣的成果，證悟這樣的所證，了悟廣大的無我內涵。而我們已經走到上面的大圓滿道，卻還沒證悟無我，五毒煩惱也沒斷除，我們還落在小乘後面呢！

大乘之道，就是要有慈心、悲心。大乘行者要修持菩提心，了知等同虛空一切如母有情都曾是自己父母，能夠對一切有情生起悲心，就有如此世父母一般。……對於所有六道眾生生起慈悲和菩提心，完全只想讓他們在暫時上遠離輪迴和惡道的怖畏，以及究竟得到佛果。大乘菩薩們，就算只是做一個善行，也是只為利益眾生而去行善。我們進入密乘後，不能丟棄菩提心，若沒了菩提心，我們修本尊也好、持咒也好，還是修持大圓滿內涵，如果已經丟棄了菩提心，那就完全不是純正的法。我們進入密道後，絕不能丟棄菩提心的思維。直到得到佛果之前，都絕對不可以丟棄菩提心。要一而再再而三的去長養它，要去讓菩提心增長，不能丟掉菩提心。不要想說「我是走密乘道的，不需要菩提心」，而要好好執持菩提心。

菩提心有「世俗菩提心」和「勝義菩提心」兩者，世俗菩提心又有「願菩提心」和「行菩提心」二者，這大家都已知道了。而勝義菩提心則有如阿底瑜伽。而我們全都在那邊想了解勝義菩提心，然後把世俗菩提心晾在一邊。願菩提心、行菩提心，為了利益一切有情，要慎重地培養願心和行心。所以，不要丟棄了小乘的厭離輪迴與大乘的菩提心這兩者，要把這兩個作為基礎，然後走上密乘的頂樓，這樣就會很好。如果把這兩個基礎給丟了，那就像沒打地基而想蓋房子一樣，要好好打好基礎，要不然房子就會倒下來。小乘的厭離輪迴和根除我執，以這兩個作為基礎，在這之上，安置菩提心，在這之上安置密乘道而走上去的話，就會變得非常穩固。[213]

在這場近四十分鐘的開示最後，仁波切笑著說：「除了這些之外，沒別的要說了。時間也浪費掉了，本來今天有多出一些時間，結果又被我浪費掉了。」在現場哄堂大笑之下，眾人一一上前，在仁波切帶領唸誦四灌頂咒的咒聲之中，排隊接受灌頂的加持。

二〇一一年二月，《大寶伏藏全集》灌頂圓滿之後，仁波切前往奧瑞岡州的吉祥法洲，途中在阿什蘭的一家餐廳用膳，並受邀到藏人弟子圖日多傑家中作客。隨行的喇嘛卻南如是敘述當時仁波切突然脫口而出的一番話：

我們去了奧瑞岡阿什蘭的一家亞洲餐廳，是韓國菜的餐廳[214]。一切都很閒適，像家人般聊天。我不太記得是在那個餐廳還是在圖日多傑家的客廳了，他就問我說嘉初仁波切幾歲了，我說不久就要九十了，揚唐仁波切就在那邊計算他的歲數，然後對我說：「我大概還會活六年，就這樣了，我就只要活到那個時候。直到那個時候，我都可以行動，我會好好的。」那就是一番閒聊，並不是特別分享什麼給我。我們閒聊的主題是嘉初仁波切和其它事情，而當他講出那一番話時，我有一點不知道該接什麼話，我不知該如何應對。

常住美國的藏人圖日多傑，早在一九八五年便在尼泊爾初見揚唐仁波切。在前面章節中曾提及，嘉初仁波切該年帶著一群西方弟子前往尼泊爾，巧遇失散二十六年的揚唐仁波切，還邀請仁波切為那群西方弟子傳法。當時的傳法地點就在圖日多傑的租屋。根據圖日多傑的回憶，揚唐仁波切在一九九一年也曾在他位於尼泊爾博達的家宅住上十天左右的時間。而他在美國阿什蘭的住屋，也同樣幸蒙仁波切到訪過夜數次。他說道：「他來我們這裡好幾次，住在我們樓上的佛堂裡。……他入睡時也沒有關門，早上很早就起床，我們是住在樓下，他在樓上大概早上兩三點起床，寫了很多東西，早上起床看到他寫了很多頁，晚上應該是沒睡吧，應該是根本沒有在睡。」[215]

總之，二〇一〇年是仁波切佛行事業相當密集的一年，首先在世尊聖地菩提迦耶傳授嘎瑪全集灌頂，接著在多芒寺為新大殿舉行盛大開光，又在尼泊爾蓮師聖地揚列雪傳授《大般若經》口傳，最後跨越二〇一〇和二〇一一年在美國傳授大寶伏藏灌頂。此時，正是仁波切在西藏、印度、尼泊爾以及歐美、亞洲等海外國度的弘法事業步入最後高峰之時。

在阿什蘭說出那一番話的五年又八個月後，揚唐仁波切在海德拉巴德示現圓寂。

213 出自Holiday Message by Yangthang Rinpoche（DVD），Vimala Video發行。感謝Vimala Video同意使用開示內容。此處係由仁波切於影片中的藏語開示直譯為中文。

214 餐廳名為Sesame Asian Kitchen，仁波切在此享用韓國石鍋飯。這家餐廳今已歇業。

215 圖日多傑訪談，二〇一七年十二月十四日於美國奧瑞岡阿什蘭。

22 宏拉的見修行與最後的台灣行

二〇一二年，仁波切在菩提迦耶寧瑪寺傳授《嘎瑪全集》口傳，[216]原本這場傳法是規劃在二〇一一年舉行，因仁波切赴美傳法而順延一年。在傳授嘎瑪口傳二十多天當中，仁波切每天上午、下午都給予口傳，共計口傳二十四函。每當仁波切登上法座，上千位僧俗信眾會向仁波切三頂禮。從世間習俗來看，學生尊師重道乃天經地義。而在佛教當中，弟子向傳法上師頂禮也是理所當然。但根據參加者的敘述，仁波切當時如此說道：「在場有很多具備功德的祖古、堪布們，而我本人毫無任何功德，所以各位向我頂禮是不應該的。不過我在桌前擺了法本經函，各位在頂禮時其實是向經函頂禮，這樣就可以了。」仁波切的近侍清哲祖古也說：「很多僧眾向他頂禮的時候，仁波切會在前面放一尊世尊像或是蓮師像，他們頂禮時就等同是在向聖像頂禮。」

這一年，仁波切的傳法行程也十分緊湊，菩提迦耶的傳法結束後不久，便前往尼泊爾偏遠地帶傳法。一位來自尼泊爾與西藏邊界宏拉山區（Humla）的祖古，在一九八〇年代曾隨母親在加德滿都初見揚唐仁波切。八〇年代中期，他曾私下向仁波切求得米旁仁波切《中觀莊嚴論釋》的講授，成為仁波切獄後攝受的最早期弟子之一。這位祖古，就是祖古貝瑪里沙。

216

二〇一〇年傳授嘎瑪灌頂，二〇一二年則為口傳。

上／揚唐仁波切在寧瑪寺傳授嘎瑪全集口傳一景。

下／揚唐仁波切在菩提迦耶朝禮正覺大塔旁的「哈哈貴巴」尸陀林後，與弟子們茶敘時的留影（二〇一二年）。

攝影／麥家瑜。

祖古貝瑪里沙在揚唐仁波切駐錫貝林璨康時期，前去求得《七寶藏論》口傳，自此與仁波切建立深厚法緣和師徒情誼。他後來多次前往錫金，在仁波切座下求得包括《四心滴》完整灌頂和口傳在內的甚深法教。他如是生動描述有一回在玉僧拜見仁波切的情景：

我到玉僧後，有一個佐欽的喇嘛[217]來拜見仁波切。我也是早上去向仁波切頂禮。他就待著，然後請仁波切傳一個口傳，仁波切就準備傳那個口傳，我就問說那是什麼口傳。仁波切說：「他一直堅持要我寫，我就寫了，等下要傳這個的口傳。」我就問說：「我可不可以一起求這個口傳呢？」仁波切說可以。

仁波切在傳口傳時，僅僅耳朵聽聞到口傳，我整個身體都撼動了起來。想說，哇塞，如此強大的加持！那位喇嘛堅持要仁波切寫一個竅訣，仁波切就寫了。我一看那個法本，我本身是沒有什麼學問，可是真的覺得那就跟《椎擊三要》沒有差別。於是我馬上獻上哈達，供養仁波切一萬元印度盧比。不只供養仁波切，我還拿了大概三千元印度盧比供養給那位請法者。我對他說：「你真是有業緣的弟子，能夠請到這麼好的法，真是非常有業緣的人！」我也獻給他一條哈達。我跟仁波切頂禮，想說在這樣的時代，能夠見到有如《椎擊三要》的這個《見修行略攝》的強大加持法門，真是不可思議的幸運！而宣說此法門的上師仍然存在，真是不可思議！我就生起了不共的信心。我對仁波切直話直說：「仁波切，這應該不是您寫的吧！這個是您的意伏藏吧！這應該是蓮師所講說的法吧！」仁波切就否認說：「不是不是！這是我自己寫的啦！可能裡面還有錯誤，你如果覺得有需要改正的地方，你可以進行校正。」

仁波切所寫的這篇《見修行略攝》，是專門闡釋大圓滿見、修、行的竅訣。祖古貝瑪里沙雖非請仁波切造此竅訣的請法者，卻在因緣和合之下，成為仁波切首傳此法的受法者之一。如同祖古貝瑪里沙所形容，這篇《見修行略攝》，文風簡練，深義入心，對大圓滿的見、修、行三者做了精要而清晰的指引，有緣求得此法的弟子眾，視之有如仁波切的意伏藏。[218]這篇竅訣的開頭即如質樸無華的道歌，娓娓道來對弟子的教誨：

> 唯一明點元始本初主，諸部遍主上師金剛持，
> 猛力虔信一心誠祈請，意傳直達於心祈加持。
> 汝已獲得難得人身，已生難生出離之念，
> 已遇難遇具格之師，已值難值勝妙之法，
> 如此良善所依之身，當常憶念難得之趣。
> 已獲之身若成無義，有如無常風中之燭，
> 于此無有長時寄託，若死中陰無解脫信，
> 來世之苦豈不可怖。漂泊無邊輪迴之際，
> 思此本質則心淒淒，若於此生獲得把握，
> 吾人對此深深感佩，此乃吾對汝之期許。

217 來自康區類烏齊的喇嘛策旺。

218 曾經有位弟子在向仁波切求得此法後，詢問仁波切是否需要再求其它竅訣。仁波切立刻回答說：「這不就是竅訣了嗎！」

汝若欲見心性明鏡，莫朝外看返觀於內，
朝外觀望乃成迷妄，返往內在觀照自心。

二〇〇八年，仁波切在台灣傳法期間，又依祖古貝瑪里沙之託，特為他寫下《利益此世來生教言》一文。此文一如仁波切其它著作一般，自在寫意的道歌形式讓人想起拉尊，質樸簡練的文風又教人想起多傑德千林巴。這篇文章中段如是寫道：

輪涅無餘所有一切相，無所從來亦無去何方，
無住何處菩提心廣界，菩提界中觀幻化展演。
菩提心之殊妙超言詮，菩提心之莊嚴不思議，
實為無二唯一明點界，盡收無餘輪涅大圓滿。
此乃執持自解本來地，童子寶瓶身中奇妙哉，
此世來生輪涅苦樂等，一切皆賴此心性之故。
若證心性此世來生樂，未證心性此世來生苦，
是故利益此後本口訣，調自相續之外無它法。
調伏自心乃需聖正法，除卻正法無可調自心，
無等大恩釋迦王如來，為調心續宣說四法藏，
汝之心中已然坐擁之，較之猶勝口訣吾人無。
汝因前世所積善業力，如今得獲殊勝人身寶，
自年幼時即入正法門，於諸法藏經論盡聞思，
無遇障礙學習達究竟，顯密經論義理得定解，

依止眾多具格之上師，求得諸多灌頂口傳訣，
無有鬆懈實修近修法，並具高尚正法行儀等，
上半生之作為甚賢良。[219]

二〇一二年，甫於菩提迦耶圓滿嘎瑪口傳的揚唐仁波切，於五月應祖古貝瑪里沙之請，前往位於尼泊爾宏拉山上的南卡穹宗寺，傳授《四心滴》灌頂及口傳。由於地處偏遠，前往過程格外艱辛。五月五日，仁波切從加德滿都搭機飛抵尼泊爾貢吉（Nepalgunj），在此過夜後，隔天改搭直升機從尼泊爾貢吉飛行一個小時到宏拉區行政總部所在地斯密闊特（Simikot）。接著，從該地搭第二趟直升機，飛行不到十分鐘直抵南卡穹宗寺所在地——當地人稱月望（Yolwang）的亞邦村落(Yalbang)。[220]若加上仁波切從玉僧乘車到最鄰近錫金的印度城市西里古里，以及從西里古里前往加德滿都的旅程，光是錫金到南卡穹宗的單趟交通時間就需要四天。在南卡穹宗寺留存的影像紀錄中，可以看到仁波切乘坐的直升機降落時的畫面，螺旋槳捲起的滿天塵沙當中，仁波切下了直升機，眼前是以祖古貝瑪里沙和德嘉祖古為首，歡迎仁波切蒞臨的盛大僧隊。根據祖古貝瑪里沙的親兄弟桑傑仁波切敘述，包括祖古、堪布、僧尼、三年閉關行者以及瑜伽士、在家男女信眾，共逾三千人穿著當地傳統服飾前往迎接。祖古貝瑪里沙則如是敘述：

219 感謝祖古貝瑪里沙與桑傑仁波切提供的藏文版。此外，揚唐仁波切亦曾為祖古貝瑪里沙著作的The Great Secret of Mind: Special Instructions on Nonduality of Dzogchen 一書賜序。中譯版書名為《直顯心之奧秘：大圓滿無二性之殊勝口訣》。

220 感謝桑傑仁波切提供的詳盡行程資料。

> 經過多年堅持請求，仁波切在二〇一二年來到了宏拉，傳授《寧體根本函》完整灌頂和《四心滴》，以及（多芒）新伏藏中的一些灌頂。……我們寺院地處偏遠，規模也不大，雖有僧院但也不大，我們是盡力地用「僧鬘」列隊歡迎，仁波切沒有往僧鬘的地方走去，他完全不想去！他對我說：「你們弄那個做什麼？」
>
> 我就跟仁波切懇求：「仁波切拜託啦，我們真的花了很多心力！」我這輩子可沒有這樣雙手合十像對仁波切懇求這般去求過別人……最後仁波切終於走向僧鬘那邊了。……仁波切對於這種刻意安排敲鑼打鼓喧譁的場面，並不是裝作不喜歡的樣子，而是打從心底不喜歡！……他完全不喜歡這種富麗堂皇的東西，也完全不喜歡高廣法座。[221]

仁波切在這位追隨他二十多年的弟子所住持的寺院待了將近一個月。五月七日，仁波切給予大眾加持繩及甘露法藥，並在完成灌頂前行準備後，於五月十日至五月十三日，依次傳授《四心滴》的《空行心滴》、《空行極髓》、《上師心滴》、《卑瑪心滴》以及《深奧心滴》的正行灌頂。在稍事休息一天之後，復從五月十五日起，一連數日傳授《龍欽寧體根本函》灌頂。

除了寧體上下部為主的灌頂之外，仁波切也在宏拉轉動大圓滿法輪。五月二十三日起，他一連三天分別講授《椎擊三要》當中「見」、「修」、「行」的竅訣。其中，仁波切在第一天講授之前，首先提醒弟子們三殊勝的重要性：

宏拉僧俗信眾盛大恭迎揚唐仁波切蒞臨的畫面。照片提供／南卡穹宗／桑傑仁波切。

221 錫金弟子旺嘉朵登及祖古羅卓在訪談當中，均提及揚唐仁波切有一回前去甘托克皇家寺院「祖拉康」前，特別交代不要聲張。然而到場時，祖拉康的僧眾已排出僧鬘列隊、吹奏法樂迎接仁波切到來。仁波切當場嚴厲斥責了旺嘉朵登。

祖古貝瑪里沙在宏拉南卡穹宗大殿向揚唐仁波切獻供的畫面（二〇一二年）。照片提供／南卡穹宗／桑傑仁波切。

對於經論，我什麼也不懂，各位學經論很多年了，而且這裡有修行很好的大修行人，在修行後得到成果的人大概也很多。所以我沒有比大家更厲害的東西要說的。但是祖古貝瑪里沙仁波切要我講，我就答應了……我就按照自己了解的來講解，我是沒什麼東西可以說出來幫得上各位。不管如何，一切佛法的開端，應用「三殊勝」很重要。上至求灌頂、求法教還是什麼，三殊勝是很重要的。除此之外，不論修什麼大小善根，都要先應用三殊勝，這是正法的走法。就算只是課誦、唸一圈唸珠的六字大明咒、唸一圈唸珠的蓮師心咒，還是唸一圈唸珠的皈依文，或只是禮拜、轉繞，運用三殊勝是非常重要的。若無三殊勝攝持，我們的善就成了「有漏善」。有漏善馬上會耗竭。如果有用三殊勝攝持，就成了「無漏善」，無漏善是直到獲得佛果之前都不會耗盡的，只會無盡地繼續增長。所以說，既然要行善，就要看能否做到無漏善。如果善馬上就耗盡，實在沒有什麼意義。……老太太們行善時需要三殊勝，而喇嘛們不論修生起次第還是圓滿次第，三殊勝也很重要。[222]

五月二十六日，仁波切復傳授他所造的《見修行略攝》，這是繼二〇〇九年在馬來西亞怡保舜苑酒店後，仁波切再度公開傳授此法。他在開場時如是說道：

> 接下來是傳《見修行略攝》，這是我的假東西。貝瑪里沙叫我一定要傳這個。我說不要，他又不聽。不傳的話，他會生氣，所以我就稍微傳一下。《四心滴》和《寧體根本函》有如大海一般，結果現在像是來到了海邊卻放著大海不管，反而顧著一灘口水。

揚唐仁波切在宏拉南卡穹宗期間，祖古貝瑪里沙將收藏的聖物展示給仁波切過目時，請仁波切戴上江貢瑾巴諾布（夏嘎措珠壤卓的主要弟子之一）的法帽，並且穿上第一世德嘉祖古的衣服（二〇一二年）。此為翻攝自當時照片。

222 非常感謝桑傑仁波切提供的錄音，讓仁波切的法教開示得以重現。。

接著，仁波切開始闡釋《見修行略攝》的內容，以下收錄仁波切透過文首「唯一明點元始本初主」一句來闡述三重傳承的內容：

> 所謂「唯一明點」，是自己的心性基如來藏，這是輪迴和涅槃之基。「元始本初主」也好，還是「基如來藏」，指的都是「基普賢王」。接著，現起了「任運八門」之相，長時間中不知其乃自相。舉例來說，小嬰孩剛出生，對於所現之相，毫無好壞之分。長久之中，對於任運八門之相無有執取，未明了是自相，故未能解脫，未執為它相，故未流落輪迴。……後來因一切有情的福德力，有一補特伽羅明白任運八門之相即為自相，便透過六大殊勝而成佛，這位成佛者稱為「最初普賢王」，其升起之基乃是「基普賢王」。「最初普賢王如來」成佛後，照見三界輪迴眾生，彼等均因未能明瞭自相而漂泊輪迴，為欲利益他們而欲轉動法輪，於是依其身、語、意、功德、事業幻化出五方佛作為眷屬，作為傳法的對象。普賢王如來在對眷屬五方佛轉動法輪時，僅憑意念傳法，以心傳心，不靠宣說言語和象徵表意，是為「勝佛密意傳承」。接著，五方佛傳給三怙主等，是為「持明表示傳承」。接著，彼等傳予噶拉多傑等弟子，是為「補特伽羅耳傳」，有此三個傳承。

五月底，寺僧向仁波切獻上蓮師八相金剛舞，隔天，仁波切搭直升機返航飛抵斯密闊特，在喇嘛文化中心（Lama Cultural Forum）的安排下，對兩千多名信眾傳授六字大明咒、蓮師心咒口傳以及長壽灌頂。宏拉區首席官員、地方發展官員乃至軍警單位等政府長官均前來拜見仁波切、領受加持。爾後，仁波切再乘直升機抵達尼泊爾貢吉，由於天候不佳，接續的航班被取消，故而在尼泊爾貢吉的悉達多旅館過夜後，翌日再搭機返回加德滿都。

結束宏拉行程、回到錫金後不到兩個月，仁波切在夏天又赴海外傳法。七月下旬，他應邀到法國傳法，這是仁波切首次踏上歐洲土地。我們將在下一節對法國的傳法活動做進一步的敘述。

上／揚唐仁波切、祖古貝瑪里沙與眾人共同觀賞金剛舞時的留影（二〇一二年）。
下／南卡穹宗寺德嘉祖古跳金剛舞的留影（二〇一二年）。
照片提供／桑傑仁波切。

秋季，仁波切在玉僧的市集一處完成了經輪殿的建設。這塊地乃由外甥女蔣秋獻給仁波切作建設經輪殿之用，此為仁波切一生的最後一項建設。經輪殿中安放十八個大型轉經輪，各轉經輪裡安置不同的陀羅尼咒，其中包括釋迦牟尼佛、蓮師、藥師佛、阿彌陀佛、不動佛、長壽佛、尊勝佛母、三怙主、大白傘蓋暨心經與獅面空行母、馬頭明王與普巴金剛、金剛薩埵、度母、財神等天尊的咒語，以及專置緣起心咒、淨除信財障之咒語、淨除罪障咒、淨諸惡趣咒、迴向願文暨吉祥文等十八種不同的陀羅尼咒。揚唐仁波切曾經說過：「十八個轉經輪裡，包括十八種不同功能力量的咒語，所以來轉經輪就形同修法了。」儘管轉經輪在西藏是信仰活動重要的一環，玉僧當地鄉民由於對轉經輪的功德利益缺乏瞭解，平時前來轉動經輪者寥寥無幾。而仁波切則說：「沒有關係，就算只利益到一兩個人，就是有意義的。」

這一年冬天，仁波切再訪台灣。札西徹令堪布於十一月十一日迎請仁波切蒞臨位於西門町一帶的大方廣講修學會，為佛堂開光及傳授《消除緣起過患》灌頂。

仁波切十二月十二日在台北五峰山開示的「心性教授」，至今仍令許多台灣弟子記憶猶新。仁波切在開場按照請法主的請求，闡

左／揚唐仁波切在大方廣講修學會以蓮師補處伏藏像給予加持（二〇一二年）。攝影／張志忠。

右／揚唐仁波切所建經輪殿中的大型轉經輪一景。攝影／卻札。

釋在基如來藏之上，如何因明瞭自相而解脫成佛，以及因執為它相而成迷妄眾生之理。接著，仁波切話鋒一轉，給予弟子諸多訓示。仁波切直言來台弘法二十多年，實際在佛法修持上有進步的弟子實為少數，多數信眾仍著眼世間瑣事，未能於法精進增上。隨後，仁波切以相當的篇幅提策弟子厭離輪迴、揚棄世間八法，並期許弟子每日早上要修四轉心法，每晚睡前要練習想著自己就要死去，發願往生極樂，以此願心入眠。平時所修善根，應當迴向投生彌陀淨土。對於有在修持本尊的弟子，仁波切也提醒道：對本尊有堅定的信心比費心觀想本尊形相來得重要。對於有心實修大圓滿者，仁波切指示應當勤修上師瑜伽、受四灌頂，在師心與己心無二無別中趣入大圓滿禪定。[223]這一番出自肺腑的教授，為許多弟子難忘。

223 以上開示內容乃根據卻札當天的聞法筆記。

十二月十四日，仁波切應阿南仁波切的邀請，在台北全德傳授格薩爾王灌頂，是為在台灣最後一次傳授格薩爾法。十二月十五日，仁波切蒞臨寧瑪堪布的蓮花光佛學會，為中心開光並主持廣大薈供。仁波切在此開示「投生極樂淨土四因」時說道：

主要應修彌陀法門。若去修持艱難的法門，在這一生想即身證悟應該無法達成，但如果依阿彌陀佛來修行，則能在這一生即身成辦。即使是初業行者也可實踐。各位都是初業行者，即使是初學，倘若皈依阿彌陀佛、向阿彌陀佛祈求，這一生不需很長的時間，在死前三四年間若能向阿彌陀佛祈求，我想是得以投生阿彌陀佛淨土的。所以說，如果著眼於我們能修成的彌陀淨土，大概是較合適初業行者的法門。

要投生阿彌陀佛淨土，有四個因，這是比較容易的。四個因當中，首先是「明觀資糧田」，二是「集資淨障」，三是「發菩提心」，第四是「迴向發願」。這四個因是容易的。第一個因是「明觀所依資糧田」，要在心裡清楚現起極樂淨土景象。可以參考極樂淨土的唐卡畫像。極樂世界的環境佈局是不可思議的，幅員非常遼闊，一個人想要測量的話，是無法度量的，就連菩薩也無法度量這廣大的地方。在這個地方，大地都由珍寶所成，踩踏則微陷，起腳又回彈，而我們世界中的高山深淵險地，在此完全不復見。此地極為柔軟平整，小山均為珍寶所成的寶山，草地怡人，河流美麗，具八功德水，山中有種種寶樹，上面又有各種形態與顏色的鳥兒。如此這般怡人地帶，中央有滿願樹直通天際，其底部有怙主阿彌陀佛主眷三尊，中央是怙主阿彌陀佛，觀世音菩薩在右，大勢至菩薩在左，周圍

揚唐仁波切與蓮花光佛學會的住持寧瑪堪布（二〇一二年）。攝影／噶瑪善念法師。

有不可思議無可計數的菩薩們圍繞安住。

> 在此投生者，都是幻化生於蓮花中，出生即身披三衣，雖無佛陀圓滿相，但仍有隨分相好莊嚴，如是出生之姿，與我們世間人有所不同。甫出生即明白斷惡方法和修行正法理趣，不像我們是在不淨當中出生的小嬰兒，所以投生在極樂世界是非常愉悅的。[224]

十二月十六日，仁波切應新店白玉中心之請，傳授嘉村寧波《三寶總攝》伏藏法中的長壽灌頂以及《消除緣起過患》的儀軌口傳。這場在新店的傳法，是仁波切一九九〇年於密藏院初轉法輪起，來台弘法二十二年的最終法輪。仁波切在傳授灌頂時，再次述說貝諾法王的不凡功德，並且囑咐弟子善加守持三昧耶誓言：

224 非常感謝呂廷昱提供的錄音資料，讓這段珍貴的開示得以重現。感謝林穎青居中協助。此外，台灣弟子許宗興老師彙編的《通往淨土的階梯》一書中，結集了仁波切在台灣的數場淨土教授，其中也收錄了在蓮花光的這場開示內容。而此處收錄的開示內容係根據仁波切藏語開示重譯為中文。

貝諾法王是與眾不同的上師，是「持三戒金剛者」：外別解脫戒沒有衰損，內菩薩戒沒有衰損，密咒三昧耶誓言耶亦無衰損，是為持三戒金剛者。……是位發心、大願無有邊際的上師。如此的上師我們是得不到了，想去尋覓也找不到了。而我們得以見過他、聽到他的開示，也得過他的法教，就該好好守持三昧耶誓言。不能在上師圓寂後就把三昧耶給忘了。要如同上師猶然在世一般守護誓言，這樣上師加持方得傾注。[225]

最後，仁波切以這段話為他逾二十載的台灣弘法生涯作結：

我本人是貝諾法王的弟子，各位也是貝諾法王的弟子……之後各自對於該做的事情，應當加以思考，要依此暇滿人身取得一點實義，懇請大家在未死之前盡其所能修持善業，懇請大家好好守護業因果，讓我們在臨終時無有畏懼，這是我的懇求。

我也即將離開了，很感恩大家，台灣人都有很大恩德，對印度聖域諸多寺院做出許多奉獻服務，對西藏的很多寺院也都有護持奉獻。我自己也建了寺院，這當中也有很多來自各位的奉獻。所以我在此對大家如此盡心盡力的奉獻致上感激之意。我也懇求大家從此以後持續護持佛陀聖教。教法並非由某個人可來執持，有的人覺得那是上師們的事情，有的覺得那是堪布們的責任。然而佛陀的聖教並不是僅憑上師來執持，也不是僅靠祖古來執持，……應當由我們共同來執持，一個上師是無法持教的，一個老僧或是一個僧人也無法持教，這要由大家共同來執持。……最後祝福大家吉祥如意，除此以外，沒別的了。

揚唐仁波切離開台灣前，在機場與前來送機的嘎桑仁波切合影。這是仁波切在台灣的最後身影（二〇一二年）。攝影／張志忠。

225 非常感謝呂廷昱提供的錄音資料，讓這段珍貴的開示得以重現。感謝林穎青居中協助。

23 從法蘭西的寧體到洛桑的鼓音

如前所述，在康區因推行「民主改革」而陷入動盪之數年前，揚唐仁波切似已預知未來局勢，在堪布貝瑪大興多芒學風之際，反而數次計畫返回家鄉錫金。

在暴風雨前的寧靜中，亦有其他大師預知動亂。一九五五年藏曆六月夏日，蔣揚欽哲旺波的轉世——蔣揚欽哲確吉羅卓——從康區啟程到衛藏，[226]不到半年後，民主改革引發的戰火延燒康區各地。蔣揚欽哲確吉羅卓在衛藏停留一年多後，向南跋涉到錫金。此後不到三年時間中，在錫金多地弘揚法教，其中包括一九五八年在貝瑪揚澤寺傳授拉尊南卡吉美的《持明命修》完整灌頂與口傳。

一九五九年藏曆五月六日，蔣揚欽哲確吉羅卓在錫金甘托克示現圓寂，甫從西藏流亡到不丹的頂果欽哲法王，在不丹聽聞噩耗。[227]藏曆十一月上旬，為了利益錫金教法和眾生，法體迎請到白岩札西頂，頂果欽哲法王、多竹千法王等眾多大師均參加了荼毗法會。一九六〇年藏曆二月，蔣揚欽哲確吉羅卓紀念塔在札西頂圓滿開光。時至今日，這座外上金漆的佛塔，依舊比鄰拉尊三百年前所建的「見即自解脫」塔旁，共同座落於札西頂的塔林區。[228]

蔣揚欽哲確吉羅卓圓寂後，其佛母[229]——康卓策仁卻准——繼續安住錫金祖拉康。揚唐仁波切在一九八一年回到錫金後，曾多次拜會康卓策仁卻准。索甲仁波切如是敘述兩人情誼：「康卓是個話很少的人，她不太說話。她是蔣揚欽哲確吉羅卓的佛母，被尊為殊勝的空行母。揚唐仁波切對她有相當多的尊敬與仰慕。康卓策仁卻准總是居住在甘托克的皇宮寺院祖拉康，她住在蔣揚欽哲確吉羅卓的佛堂，那是蔣揚欽哲確吉羅卓一九五九年圓寂的地方。那裡有蔣揚欽哲確吉羅卓的法體固東，而康卓一直虔誠地坐在那裡、住在那裡。很多很多上師都來拜訪她，那就像是很多上師們的家一樣。每當揚唐仁波切來，他會停下來喝杯茶和用膳，他們會聊天，成為真的很親的朋友，尊敬彼此。康卓是位與眾不同的佛法修行者，她謙遜低調，她總會吸引真正的修行人……當揚唐仁波切來時，當時我還是個孩子，我還記得他們會一起聊天，我有在那兒看過他好幾次。」

多年之後，索甲仁波切在法國南部設立名為「列饒林」的道場（Lerab Ling），並將康卓策仁卻准帶往法國長住。索甲仁波切接著敘述後來邀請揚唐仁波切的緣由：

> 我前前後後好幾年當中都有遇到他，但是我沒有真正和他結上緣，沒有真正和他說到話。……當康卓策仁卻准來到這裡，她在二〇〇六年病得很厲害，宗薩欽哲仁波切將她從錫金帶到比爾，我們都很擔憂。烏金托傑仁波切帶她去德

226 阿闍黎慈誠嘉措，《當代西藏上師聖士夫於秘境哲孟炯之佛行極簡傳》藏文版，頁八十六。

227 見雪謙冉江仁波切敘述，《明月：頂果欽哲法王自傳與訪談錄》中譯版，頁二五〇。

228 揚唐仁波切曾應烏金托傑仁波切之請，為這座舍利塔再次開光。

229 佛母在此處意為男性修行者的伴侶。

里做了所有醫療檢查。他們沒發現什麼問題，可是她很不舒服，有事情正在發生，她變得跟平常不同，好像活在這世界以外一樣，幾乎所有平庸的感知都在消融，她很削瘦和脆弱。……我是她的侄兒，我不能讓她獨自在那裡，而烏金托傑仁波切和醫生也都說，如果她能去西方、去法國的話，可能對她健康會很好。於是我們就請求薩迦法王卜卦，他說那會很好。烏金托傑仁波切就去請示宗薩欽哲仁波切，他便同意了。於是我就得以帶康卓到西方，那我一直以來的夢想。我想她是在二〇〇六年來到這裡的。……事實上她的健康有很驚人的改善。當人們問她想不想去印度，她會說：「我想有一陣子不會吧。」她很愛這裡。

然後烏金托傑仁波切說：「如果能邀請揚唐仁波切來這裡會很好，因為那會對康卓的長壽很好。他可以修法，而且他是位殊勝的上師，他可以傳授灌頂。」……

我在甘托克見到他（指揚唐仁波切），他在為一個喪失至親的錫金家庭進行法事。透過這個場合我就前去真正結上了緣，我也請求他為我們修普巴金剛法會。他也同意了。然後我也祈求他過來，我就一直堅持，他算是同意了，但是花了一些時間。我也一直想要邀請依怙主多竹千法王，不過他曾來過幾次，事實上這個「列饒林」，是他來到這裡，加持並選定這裡的。頂果欽哲法王和多竹千法王兩位都說這是我們建設根本道場的地方。多竹千法王來過很多次，傳授完整龍欽寧體……但後來他不再旅行，他只去麻薩諸塞的摩訶成就者，所以仍有很多弟子未能得到龍欽寧體灌頂，多竹千法王是傳承持有者。

所以沒有人比揚唐仁波切更好了，他真的與多竹千法王很親，他們親如兄弟，而且揚唐仁波切在多竹千法王座下得到非常多灌頂。

二〇〇九年春天，貝諾法王示現圓寂。同一時間，仁波切的錫金弟子炯嫫卻紀也在一場車禍中亡故。仁波切在南卓林主持貝諾法王出定並參加完圓寂法會後，便馬上回到炯嫫卻紀位於錫金甘托克的里濱宅（Libing House）主持後事修法。索甲仁波切便是在這時前來拜見仁波切，並正式邀仁波切去法國傳法。但在接受邀請後，仁波切因行程頻繁，數年之間未能前往法國。索甲仁波切如是說道：

嘉初仁波切有邀請他去美國傳大寶伏藏，我記得揚唐仁波切說過：「嘉初仁波切從不放過我！」

雖然索甲仁波切最初邀請仁波切的原因與康卓策仁卻准有關，但她在二〇一一年便在法國圓寂，仁波切則直到二〇一二年夏天才終於踏上法國土地。七月二十六日下午，仁波切搭機飛抵法國馬賽，隨即乘車前往列饒林傳授《龍欽寧體全集》灌頂。這是繼同年五月在宏拉傳授《龍欽寧體全集灌頂》後，仁波切二度傳授此法全集，亦為在西方世界的唯一一次。

七月二十八日，藏曆六月十日，正逢蓮花生大士聖誕。這一天，揚唐仁波切登上大殿法座，開啟龍欽寧體壇城，首傳之法乃是持明總集的灌頂前行。他在開場時，對五六百位參加「加行閉關」（Ngondro Retreat）的弟子們如是開示道：

今天要我來傳持明總集灌頂。索甲仁波切請我一定要來傳灌頂，我只是不想違背他的意思，所以就來了。然而灌頂所需的學識、行儀、良善三種功德，我是完全都沒有。灌頂者本身需要具備很多功德，從我的角度來看，我知道自己毫無透過灌頂來帶給他人利益的能力，但是全都是認識的人叫我來，不來又不行，所以就來了。今天要我傳持明總集，我就來傳持明總集灌頂。

今天是好日子，是（藏曆）六月十日，要傳的是持明吉美林巴的法教——持明總集。這是很好的，為什麼呢？藏曆六月正是過去持明吉美林巴親見蓮師的節日。以前蓮師在桑耶時說過：「猴年猴月初十時，親見吾人烏金尊。」這是在桑耶留下的、對吉美林巴日後親見蓮師的預言。

猴月就是六月，為什麼呢？因為後來持明吉美林巴是在六月親見蓮師，這兩者對照之下，頂果欽哲法王等大師們就確認猴月就是六月。而今天是六月初十，正值持明吉美林巴親見蓮師的節日，我們在今天要傳吉美林巴的法教持明總集，我認為這個時間點是很好的。

今天是好日子，而灌頂的來源，我在頂果欽哲法王尊前，求得這個灌頂十二、十三次，可能持明總集的灌頂還不止這個數目。我也在多竹千法王尊前求得三次。在這之前，我也在多竹千仁增嘉呂多傑，即竹千朗珠、人稱朗珠的尊前得過一次。所以我得過非常多次持明總集灌頂。而這些傳授灌頂的上師全都是真正的佛，從傳承來看算是很好的。

除此之外，我灌頂也沒什麼要開示的，平時索甲仁波切有對各位轉法輪，有轉業因果法輪，也有轉密咒金剛乘法輪。另外還有像是堪布南卓和堪布貝瑪謝繞平常都有蒞臨講法，各位耳朵已經聽聞很多法要了，我現在沒必要再增補些什麼，所以我想各位在聽聞佛法方面應該是已經滿足了，已經是到了實修的階段。[230]

上／揚唐仁波切與索甲仁波切在列饒林大殿合影（二〇一三年）。© Terton Sogyal Trust。

下／揚唐仁波切加持康卓舍利塔建地。照片提供／ Seth Dye。

230 非常感謝列饒林的Isabella Schlenz提供當時的開示影音資料，讓這段珍貴的開示內容得以重現。感謝秀亘居中協助。此處係由影音中的仁波切藏語開示直譯為中文。仁波切在列饒林的開示內容出處皆相同，以下不再另註。

接下來三天中，仁波切在索甲仁波切的私人佛堂修普巴金剛除障法，並在寺院內各處及大殿旁的康卓策仁卻准舍利塔建地灑淨加持。八月二日，仁波切開始對約一千兩百位參加「大圓滿閉關」（Dzogchen Retreat）的信眾傳授灌頂。仁波切在傳《龍欽寧體文武百尊》灌頂前行時，如是開示修持本尊方面的重點：

> 今天只有少少的灌頂，是灌頂的前行，也就是灌頂的準備，是為了明天灌頂正行做的準備。……
>
> 我到外國，不論是哪個國家，外國人都會有點疑惑，會想說：新上師來給灌頂的話，這個上師不知會怎樣，明天會不會立下新規定？會不會指示要唸什麼艱難的本尊咒語？會不會指示什麼不一樣的灌頂三昧耶？外國人會有這些疑惑，我已經知道了。
>
> 我沒有「新灌頂就要新三昧耶」這種情形，求得密咒金剛乘灌頂後，三昧耶全都一樣，沒有不一樣的地方。達賴喇嘛尊者也有蒞臨此地，四個教派的上師都邀請過了，四大教派的上師們都應邀來此傳授了灌頂、教授，已經講了很多法，所以沒包括在四大教派灌頂裡的什麼新三昧耶和新灌頂，我是沒有的。……
>
> 「得到一個灌頂就要修那個本尊」是完全不需要的。不論傳什麼灌頂，我們都還是修自己各自原來的本尊，自己本來是依哪個本尊，是不可丟棄的。開始依止殊勝本尊後，最好的情形是獲得殊勝和共同的成就，就算沒有，自心也要平時不離本尊、好好守持。除此之外，並不需再依止別的本尊。就算得了一百個灌頂，修一個本尊也就可以了。如果得了一百個灌頂就要修一百尊，那實在太困

難了。一百個灌頂，修一尊就好了。各自不論是依止普巴，還是馬頭明王，還是修部八大法行的本尊，不論是依止寂靜尊還是忿怒尊，抑或是依止蓮師為唯一上師，還是依止至尊度母、大悲觀世音等等，不論依止哪一尊，在未死之前都不可丟棄，在自己斷氣之前都不可丟棄殊勝本尊。依了一個丟一個，又換另一個本尊來修的話，除了是在造「棄法」的業以外，沒什麼好的。一個本尊不行，還要修另一個，這樣也不好。依了一個本尊，接著要想著：「在這個本尊當中，一切上師、本尊、勇父、護法都總集在這一尊的本質當中了。」以這樣的想法來修持的話，就得以「依一尊、修百尊」了。[231]

八月四日，在進行《龍欽寧體大吉祥總集》灌頂前行時，仁波切給予以下的開示：

我早上很早就來了，所有人都在我還沒來之前就到了。有些人在好好地打坐，像在進行實修，有的人好像是還沒有做完五加行，有在做大禮拜，很多人在做大禮拜，有些人在轉繞，我有看到這些好狀況。去年我去美國[232]，那邊的情形大致也是這樣，雖然沒有像這裡這麼多人，但是在那裡我需要更早去做灌頂的準備，我五點就要去了。在我還沒到之前，他們也很多人到場，有的在做大禮拜等等。外國不論是哪一個地方，情況都算是很好。

231 出自列饒林提供的影音資料，出處同前註。
232 指大寶伏藏灌頂法會。

之前我去了尼泊爾一個很偏遠的地方[233]，那邊也是與眾不同，非常好！他們全都很好地修行佛法。有很多人唸完一千萬遍的蓮師心咒，很多唸完三千萬遍，還有很多唸完一億遍。跟他們比起來，我們還差了一點。特別是那些不是身為喇嘛的一般人當中，有很多人在閉關，在石窟當中閉關，不住在房屋，而是在洞穴中苦行，吃的喝的都很差，我看到這般非常好的情形。

如今各位都已得人身，我看大家都稍微有「人身難得」、「得到了人身是意義重大的」、「我不可糟蹋這難得人身」的想法了。我看大家都喜愛佛法，在「不浪費人身」方面，我看算是有點成果、算是不錯的。[234]

爾後，仁波切提醒弟子們守護業果的重要，並且宣說了空性的義理：

世尊佛陀所說之法，初轉法輪乃為主要法要之一，其中就是業因果的道理，我前幾天忘記講了，善加守持業因果，乃是主要重點之一。

之後佛陀宣講二轉法輪的時候，宣說了空性義理。要好好思惟空性的內涵。各位進入了佛門，不僅進入別解脫道，而且進入了菩薩道，不僅進入菩薩道，還進入了密咒道，不僅進了密咒，還進了大圓滿之道。既然已經進了大圓滿道，如果還沒好好了悟下面的空性內涵，要趣入大圓滿會很困難。好好了悟空性乃是最初所需的根基之一。咒乘和大圓滿的層級非常高，而空性是顯教宣說的，既然已經到了高層級，下面的空性卻還沒了悟，這是不好的。

我們首先了悟下面顯教的空性，然後像爬階一樣逐步增上。首先需要了悟空性，然後在空性之後來發菩提心，發菩提心後再趣入大圓滿的道，所以首先證悟空性很重要。

關於空性，要好好了解「顯空雙運」的道理。外在一切萬法，眼之對境的形色、耳之對境的聲音、鼻之對境的氣味等等，在五根上，有五相現起作為對境。這一切儘管顯現為眼之對境的色、耳之對境的聲，在眼睛看著色體、耳朵聽著聲音的當下，要了解：實際上外在所顯並不實際存在。

我去了不少地方，也聽到不少人說的話，有些人理解的空性是很奇怪的。怎麼說呢？說外在的顯現，實際上並非空性，說它們剛開始並非空性。我們應當了知：外在一切顯現從本以來就是空性的。它們從本以來就是空性，並不是這才要把它們弄成空性。但是有些人這樣想，並不了解一切外相是空性，而是在累積資糧、淨除蓋障之後才變成空性的。這樣的理解是錯誤的。

從本以來即為空性這點，我們未能了悟，正在顯現的現象即是空性，正在聽到的聲音即是空性，五根正在感知的對境都是空性。要了知彼等本質乃是空性。那究竟是誰把空性弄成不是空性呢？就是我們弄出來的！我們的心去增益為「有」之後，弄成不是空性的正是我們！

如果外相本來不是空性，不論你造多少善，它也不會變成空性，就算唸了一億遍百字明咒，外相也不會變空性。如果外相本來不是空性，那任你做幾十萬個禮拜，它也不會變成空性。一切外相從本以來，就是離戲空性，遠離一切戲論

233 指宏拉。

234 來自列饒林提供的影音資料。

邊。是我們不明瞭，而執為「有」，這是我們製造出來的錯誤。然而，透過修行佛法、行善斷惡，到了淨化二障塵垢之時，二執之相被淨化時，自己的妄相被淨化時，就會知道外相是空性的。

舉例來說，譬如昨晚我們舒舒服服待在家睡覺時，做了個夢，夢境出現恐怖景象，像是被大火燃燒，還是自己被大河沖走，這些夢境是不存在的。我們是待在舒適家中的舒服床上，而夢境是從哪裡來的？它們沒有來處。這不是你們心的幻變嗎？在作夢時，你把它執為真實，大火燒時你感到恐懼，大河沖激時你也害怕了不是嗎？夢到賺大錢時就開心了，這些生起的喜悅感受、痛苦和恐懼的感受，這些是你在作夢時執為真實，但其實你知道那些不是真的。

外在現象從本以來就不是真實存在的，我們必須透過修持佛法，在聞思修之後，了悟到：那些以為是真實存在的，其實從本以來並非真實存在，而是遠離戲論。……有的人會有錯誤的理解，各位有沒有錯誤的認知我是不知道，但是有些人跟我說了很多，他們有錯誤理解，請各位不要有錯誤的理解，那些是很大的錯誤。我沒有說你們有那些錯誤喔，是說如果有這些錯誤的話，應當要修正。

索甲仁波切如是敘述揚唐仁波切傳法的情景：

他會在早上六點進來準備灌頂，他從不感到疲倦，在進行準備灌頂、自受灌頂期間，弟子們會到來，我們會做所有修持，〈山淨煙供〉、索甲伏藏師的特別伏藏法《消除緣起過患》，然後我們會進行整個龍欽寧體、護法供奉、根除地獄等等。有時候我認為那些對他來說太多了，他會說：「不會不會！」然後他會在下午傳授灌頂，然後傍晚我們在進行結行修法時，他還是坐在那邊，從不疲倦！從不疲倦！太驚人了！……他來到這裡，傳授了完整的龍欽寧體的灌頂，沒有傳口傳，我們非常珍視，而弟子們與他建立如此的連結，那很美好。

接著我請求他在隔年再來傳授《四心滴》灌頂，我們曾從貝諾法王得到過兩次，一次在倫敦，還有一九九五年在這裡。貝諾法王講授了相當殊勝的解釋，我是當時的翻譯。……依怙主楚西仁波切在二〇〇五年來到這裡，寺院外觀已經完成，他給予《四心滴》的口傳以及當中的主要灌頂。……新的弟子們尚未得到，為了他們以及已完成三年閉關的弟子們，我們請依怙主揚唐仁波切在隔年傳授殊勝的《四心滴》灌頂。

龍欽寧體的傳授於八月九日圓滿，揚唐仁波切在隔天清晨便驅車前往馬賽，搭機返回印度。回到錫金不久，復又前往台灣，進行最後一次台灣弘法之旅。

自二〇一〇年在菩提迦耶大轉法輪起，仁波切的弘法行程馬不停蹄，在二〇一三年達到了另一個高峰。仁波切首先第六度前往美國，從三月十一日起，在超過兩個星期時間中，於阿拉密達傳授了教傳嘎瑪完整灌頂。在灌頂圓滿的開示中，仁波切對於美國弟子們多年下來對佛法的好樂、信心表示肯定與感激，並再次提策關於「四轉心法」、「深信三寶」、「善守業果」等修行要點。緊接著，仁波切又傳授《多芒新伏藏全集》灌頂，這是仁波切第五度傳授此法全集灌頂，也是第二次在美國傳授此法。

四月中旬，仁波切在吉祥法洲傳授巴楚仁波切著作的《前中後三善法語》。四月下句，仁波切應喇嘛塔欽之邀，來到位於加州聖塔克魯茲（Santa Cruz）的「蓮花光明洲」中心（Pema Osel Ling）傳授大圓滿竅訣《椎擊三要》，依巴楚仁波切的註釋《智者師利嘉波殊勝法》進行講授。[235]在結束教授後，仁波切如是開示道：

> 《椎擊三要》口訣算是講完了。在場諸位大概都是喇嘛塔欽的弟子，有些是待在關房當中，實在是很令人感激。在閉關中心待上一年也好，或是待上兩年三年，應要達到待在關房的目的。如果待在關房而未能達到目的就沒有意義了。身軀在關房，而心思飄去城鎮的話，這樣待在關房就沒意思了。在關房待著，而關房有很多東西可以看的話，心思也會散亂，不論是生起次第還是圓滿次第，都變得沒意義了。現今有很多東西可以看，不是嗎？即使沒有影片可以看，手機裡面都還有很多。……巴楚仁波切有說過，有個受用信財的喇嘛去一戶人家修法，儀軌裡面的真正精華是持咒的部分，結果到了持咒的段落，他又跟人家談天說地，在持咒的段落，他都只在講話而已，後來才知道已經過了不少時間，就開始裝模作樣唸「嗡班匝阿岡……」來進行供養。就像這樣，我們待在關房裡頭，在座上修的時間裡看那些節目的話，然後在看到修持時間快結束時，才在那邊修一下，那麼待在關房就沒多大意義了。所以不論待在關房幾年，如果是修生起次第、持誦本尊咒語，就算不懂純正的生起次第，也要想著：「本尊與己心是無別的，在了知彼為自心的狀態下，看要唸多少咒語就盡力去唸誦。如果是打坐實修，那就如同《椎擊三要》那樣，好好掌握要點，要認識明覺，好好認識明覺，然後無誤地進行所有「修」、「行」，這樣在關房待三年，人生就很有意

義了。我們難以獲得如同這回得到的人身，要往上還是往下走都端賴自己。如果墮落下去的話，就會很辛苦了。……不要糟蹋了現在這個擁有佛法修行機會的人身，不要依著這個人身而往下走了，而是要越來越朝上進步，我懇求大家去看看能否如此修持正法。

在實修時，要能讓大圓滿中的「本性空」、「自性明」、「大悲周遍」三者不相分離。三者不相分離而實修是很好的，分離的話就不好了。寧體有所謂「外心部」、「內界部」和「密竅訣部」這三部。「外心部」主要對「明分」有所執著，有此一過患。「內界部」的話，對於心的「空分」過於看重，這也是一個過患。而我們現在的《椎擊三要》是「密竅訣部」的續典，對空分無有執著，對明分也不過於執著，是「明空雙運」的實修，且在與大悲心相連之下，「本性空」、「自性明」、「大悲周遍」這三者，不相分離地在同一本性——如來藏——當中。以「本性空」、「自性明」兩者雙運而行，在此之上，以大悲心為助伴，如此實修，便是純正的大圓滿見地了。各位實修要能無錯謬地實修，這樣就能夠達到目標。如果想要實修，卻又不能達標，或是心不篤定，實修就徒勞無功了。[236]

四月二十一日，仁波切來到智美羅珠喇嘛位於聖荷西的德清穰中心，傳授伏藏師噶瑪

235 根據蓮花光明洲現任住持喇嘛索南的口述，仁波切先前已曾來到此地一兩回。喇嘛索南訪談，二〇一七年十二月十日於蓮花光明洲。另根據蓮花光明洲中心職事人員的說法，仁波切在二〇〇三年來到這裡時，也曾傳授過《椎擊三要》。

236 非常感謝Pema Osel Ling提供的開示錄音，讓這段珍貴的開示得以重現。此處依錄音中的仁波切藏語開示譯為中文。

揚唐仁波切在美國聖荷西的德清穰傳授灌頂時一景（二〇一三年）。
照片提供／智美羅珠喇嘛。

林巴的文武百尊伏藏法灌頂，並且給予中陰相關教授。爾後又前往東岸，在相隔逾二十年後，再次來到馬里蘭州的白玉普賢法洲傳法。

四月二十三日下午，仁波切在戶外搭設的帳棚內給予開示。他以六道眾生無一未曾做過我們父母而開啟了這場演說：

> 他們在當我們父母時，全都恩德深重。一切有情都當過我們的父親、我們的母親，也曾都當過我們的敵人。我們自己也都當過一切有情的父母和敵人。我們現在修行正法時，不應思惟以前曾作為敵人的過往。在修持正法時，要對所有敵人修忍辱，修忍辱就是一個法門。不論是過去世的敵人，還是此生的敵人，敵人來傷害我們，我們則不應該有回以傷害的想法，而應修忍辱，對敵人修忍辱乃是一個正法法門。不應去想此人過去生曾與我為敵，也不應去想說此人在這一生當中跟自己作對，而應去思惟過去生對方當自

己父親時的恩德，以及當自己母親時的恩德來設法報恩。我們如今得到人身，除了得到人身之外，還進入了正法之門、知曉了業因果，在得到人身時是能夠去幫助他人的。要想著：我現在應當報答一切如母有情過去當我父母時的恩德！所以為了自己和等同虛空一切如母有情暫時上得到安樂，以及究竟上得到佛果，想著要為暫時和究竟雙重目的，在聽聞正法時要有如此廣大意樂、菩提心的動機。要以良善而廣大意樂、菩提心的動機來聽聞正法。[237]

仁波切隨後以相當大的篇幅講說業因果的道理，其中談到了正直品德的重要：

揚唐仁波切在普賢白玉法洲的帳棚內開示一景（二〇一三年）。
照片提供／ K.P.C./ Ani Aileen

237 非常感謝阿尼NBC提供的開示錄音，讓這段珍貴的開示內容得以重現。此處係由仁波切藏語開示直譯為中文。

若想修持正法，在尚未入佛門以前，還是個世間凡夫時，也需要有良好品行。世上有些人心地很好，有些人則個性低劣，完全無法轉變，有些人一開始就心地善良，不論對誰都很好，不是個只在乎自己的人。而有些人個性偏差，盡在傷害眾生，內心滿是憤恨和嫉妒，有些人最初出生時是個性惡劣的。……在凡夫階段，擁有良好個性是很好的，佛陀說世上有兩條道路。這兩條大路是什麼呢？就是直路和歪路。直路是什麼呢？就是心正直、身正直、語正直，表裡如一、心口如一。有好好守持業因果者，就會是正直的。所以應該要心口如一、表裡如一。心口如一和表裡如一就是所謂的正直。心口不一、表裡不一的，就是所謂的歪曲。尚未入佛門的人，應當是個會走直路的人，應當要心口如一、表裡如一。這樣的人，以世間人的角度來看，即使沒有入佛門，都是個純淨的人，若能進入佛門，則會成為修持純正佛法的人。

在這場兩個小時的演說之後，白玉普賢法洲所在的蒙哥馬利郡（Montgomery County）郡長依賽亞・雷格特（Isiah Leggett）起身頒布文告，為了表彰仁波切的德行及來到蒙郡傳授佛法，他特別宣布這一天——二〇一三年四月二十三日星期二——為「尊貴的揚唐祖古日」（His Eminence Venerable Yangthang Tulku Day）。

右／揚唐仁波切與郡長依賽亞・雷格特的合影（二〇一三年）。照片提供／ K.P.C./ Ani Aileen。

下／「尊貴的揚唐祖古日」文告。資料提供／ K.P.C./ Ani Aileen。

Proclamation

Montgomery County Maryland

WHEREAS,	His Eminence Venerable Yangthang Tulku is a highly revered Lama in the Nyingmapa Lineage of Tantrayana Buddhism; and
WHEREAS,	in Tibet, before the Cultural Revolution, Yangthang Rinpoche was head of the Dhomang Monastery; and
WHEREAS,	during his 22 years of Chinese imprisonment, he helped his fellow prisoners and became a spiritual guide for some guards; and
WHEREAS,	he is internationally recognized for the quality and depth of his spiritual realization, the power of his attainment, and the purity of his transmissions; and
WHEREAS,	the Kunzang Palyul Choling Center for Study and Practice in the Vajrayana Tradition of Tibetan Buddhism has brought Yangthang Tulku to the countryside of Montgomery County, and invited everyone wanting to improve their lives and the life of our world;
NOW, THEREFORE, DO I,	Isiah Leggett as County Executive, hereby proclaim Tuesday, April 23, 2013, as

HIS EMINENCE VENERABLE YANGTHANG TULKU DAY

in Montgomery County. I encourage our residents to join me in welcoming the revered Buddhist Master and enjoying the gift of divine peace.

Signed this 23rd day of April in the year 2013.

County Executive

這天晚間，仁波切傳授多芒新伏藏當中的《淨除道障》灌頂，再次以多傑德千林巴的蓮師伏藏像來給予信眾加持。爾後，阿尼艾琳駕車載仁波切前往紐約，入住錫金皇室成員班登南嘉的家中。在紐約停留期間，仁波切於皇后區一處會堂，為兩三百位藏人為主的信眾傳授財神灌頂。這場傳法標示著仁波切在美國的最後法輪，紐約也於焉成為仁波切自一九九〇年初訪美國起，二十三年當中六度美國行之最終站。

不久後，仁波切在同年夏天二度踏上法國土地，應索甲仁波切之請傳授《四心滴》完整灌頂。八月七日傳法首日，他在列饒林對約一千三百位參加大圓滿閉關的弟子如是開示：

今天的《四心滴》，在顯、密二者當中屬於密法。在密法當中，這是大圓滿法。在大圓滿法當中，這是阿底瑜伽。阿底瑜伽當中有「外心部」、「內界部」、「密竅訣部」三者，此為「密竅訣部」。在「密竅訣部」之中有兩部分，這是「最密無上部」。各位在領受灌頂時當明觀「五圓滿」：處圓滿、導師圓滿、眷屬圓滿、法圓滿以及時圓滿。由於這是最密無上部，外內所顯現一切萬法，都僅為自心的遊戲，完全無有存在，各位應當如是加以決斷。不要落入所謂「心」的妄念之中，而是讓心它自然安住，在無所緣而通徹、毫無所緣的狀態中安住。若是下續部，會有觀修本尊等所緣，像阿努瑜伽有很多關於氣脈的觀修，而這裡完全沒有這些觀修。大圓滿法是無所緣而通徹的，應當完全沒有所緣、所執，就是無所緣而通徹，毫無所緣地自然安住而已。心沒有所要觀照的對象，如果心有觀照處，就不是純正的大圓滿見地。心要無有觀照、無邊無縛地安住。心不要有任何執取，無有執取和所修，這是無執自解脫。心它本身的狀態不受任何染污，不受妄念和造作的染污。心本身是什麼本質，應當不受染污。此等是為大圓滿的特點。

從這天起到八月十一日，仁波切傳授圓滿《四心滴》前行和正行灌頂。八月十七日，仁波切傳授格薩爾灌頂，並在灌頂後講授了他本人造的《見修行略攝》，是為第三度公開傳授此法。

在傳授竅訣時親任口譯的索甲仁波切，如是回憶仁波切開示心地法門的特色：「在二〇一三年八月十七日，我請求他傳授心地法門。他給予了一個美好的教授。他從四轉心法、前行開始講起，他在教導時是相當經驗性的，非常有力量，直達人心。……然後他以《消除緣起過患》中的簡略大圓滿指引來作結。」

仁波切在傳授《消除緣起過患》的竅訣前如是說道：「以前我在堪布吉彭（即晉美彭措法王）尊前得過《消除緣起過患》口傳。之後我有粗略唸誦過，那裡面有這個（竅訣）。這個中心的名字是列饒林，而這是列饒林巴的言教，您（指索甲仁波切）這位上師也是列饒林巴的化身。[238]在這八句話裡面包含完整大圓滿修持的見、修、行三者。各位未來依此來實修是很好的。」

在傳授竅訣後，仁波切給予弟子一段開示，是為他在西方世界的最後談話：

238 晉美彭措法王與索甲仁波切為列饒林巴轉世的再來人。

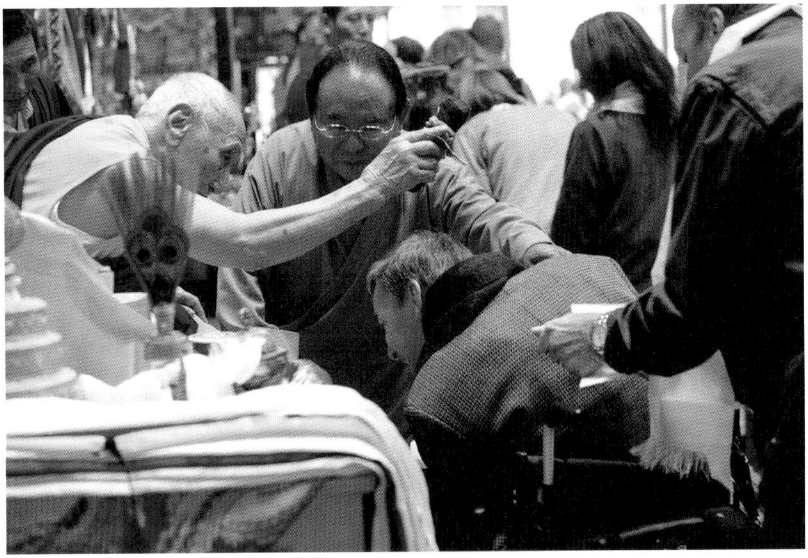

上／揚唐仁波切在列饒林大殿傳法時的留影（二〇一三年）。© Terton Sogyal Trust。

下／揚唐仁波切在列饒林大殿，以多傑德千林巴取藏出的蓮師金剛杵，給予信眾加持的畫面（二〇一三年）。© Terton Sogyal Trust。

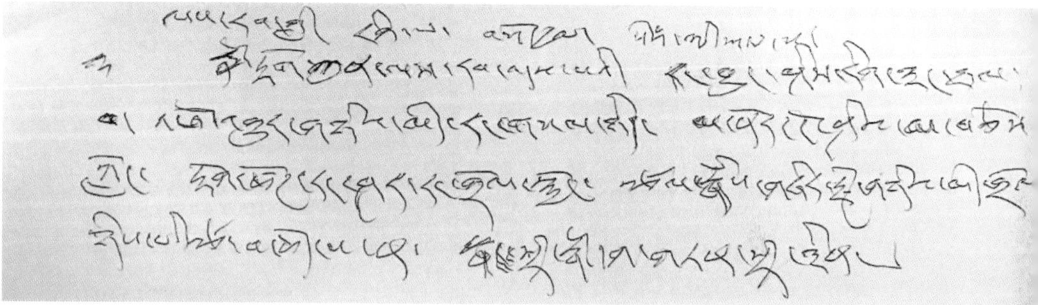

列饒林巴八句竅訣。揚唐仁波切手書。資料來源／玉僧璨康。

請各位要稍微斷除輪迴，佛法的心要就是要斬斷對輪迴的貪著。我們沒辦法像往昔的上師們一般揚棄輪迴，但是要明白輪迴是沒有實義的。長久長久以來，從無始以來到現在我們都在輪迴漂泊，我們就這樣一直待著而沒得到什麼實義，沒得到佛果，什麼實義都沒得到。我們是沒時間活很久的，到了一個時間點就會死去，必須把地方、家庭拋棄而走，必須拋棄一切財富金錢而走、拋棄軀體而走。然後去其它地方，要不就在地獄受苦，要不就是在三惡道受苦。即使投生人間，又是在不同的家庭出生，又是要看管輪迴事，又在那邊想：「能不能變得富有、能不能得到名聲、能不能得到地位。」投生在不同家庭，又要開始辛苦了。然後又死去，又在輪迴中出生，又在不同的地方再開始辛苦一遍。就這樣繼續辛勞著，毫不間斷。要不是在地獄、餓鬼、畜生道當中受苦，要不就在人間投胎，換了家庭和地方，雖不是個痛苦的地方，但是在出生到死亡之間都要看顧輪迴瑣事。在未得佛果之前，如此實在很辛勞。現在如果有個家庭讓你覺得討厭，你死後搞不好就投胎到那個家去了，你在那邊出生的話，又要把那個家給撐起來，那就不能再討厭它，反而是要為了它而付出心力。如此長時間思惟，世間輪迴真的沒有實義，不是嗎？

現在我們得到很好的人身，在這之上，明白輪迴無有實義後，若能好好修行佛法，最好的情形可以去實修大圓滿，做得到的話是很好的。做不到的話，佛陀還有宣說很多特別殊勝的陀羅尼咒，若去持誦，慢慢也能成佛。即使不會大圓滿，還有很多可以口誦的。……

佛陀宣說很多可以讓我們唸誦來淨除罪障，乃至究竟得到佛果的內容。如此精勤唸誦是很好的。或者像紐涅八關齋戒也有很大功德利益。如果能夠紐涅做八到十六回合等，如果能夠完美做個八回，首先前行發心，中間正行，最後再好好迴向發願，這樣完美做八回合紐涅的話，將可投生到極樂世界。可以唸誦像六字大明咒和蓮師心咒等很多特別的陀羅尼咒。此外，像唸誦《金剛經》、《大解脫經》都有很大的功德利益。若能唸誦此等經典，可以切斷投生的續流，不需再投生到地獄、餓鬼等惡道中。若能勤於唸誦此等特別經咒，將不需再投生三惡道中，而且得以投生人道或天界，漸次增上。現在要成佛是困難的，但避免墮落下去是做得到的。不需墮落而能投生三善道中，漸漸可以朝上前進，這樣是很好的。若投生到三惡道，需要在那邊經歷很長很長的時間，脫離無期。如今得到了人身，要使它變得有意義，如果能避免生於三惡道是很好的，請把這個放在心上。有很多錫金人在唸《金剛經》和《大解脫經》，他們什麼都不了解，不知道怎麼思惟，也不會實修佛法。可是他們一生就光唸《大解脫經》和《金剛經》，死時都走得很好，有出現徵相。

自己為自己而進行思考是很好的。自己為了自己而設法不落惡道是很好的。你的地位搞到很高的層次沒什麼了不起，你的財富不論弄到何等富有沒什麼了不起，你炒作得到很大名聲也沒什麼了不起，而如果你能避免來世落入惡道，那你就是個了不起的人！Number One![239]

239 仁波切當場是將Number one講成「One number」。

此次停留列饒林期間，仁波切曾在索甲仁波切私人佛堂修格薩爾法。索甲仁波切回憶道：「我記得揚唐仁波切有說，頂果欽哲法王傳了一個很特別的格薩爾法給他，而他也傳給我們，在上面佛堂這裡他修了一場格薩爾法，所有的朵瑪都還在那裡，給了許多加持。這個地方受到晉美彭措法王很多加持，他在這裡待了十一天，然後貝諾法王在九五年待了很多天，還有薩迦法王，而達賴喇嘛在二〇〇〇年待在這裡九天，還有康卓策仁卻准，依怙主楚西仁波切來到這裡五六次，還有很多很多殊勝的上師蒞臨。最後是受到揚唐仁波切的加持，他在那邊修法，他讓我很感動。他傳授格薩爾灌頂，那是頂果欽哲法王特別傳給他的，可以說他是那法門的傳承持有者，我想他是在《四心滴》結束之後傳授給大眾。」

另有一天空檔，索甲仁波切想帶仁波切到附近走走逛逛，根據邀請仁波切到瑞士傳法的南卡仁波切回憶，仁波切起初沒有意願出門，後來是為了利益眾生而答應出門：

> 有一天是空檔，索甲仁波切到仁波切尊前說：「仁波切，今天是假日，到外頭走走吧！」仁波切回說：「不用不用，我不去，您們去吧，我就待在這裡。」清哲祖古就說：「仁波切，今天去走走比較好喔，今天是假日，所有人都在看仁波切要不要去走走。」仁波切又說：「不用不用，我不去，我要待著。」他們就只講出去走走而已，也沒敢講是去山上還是海邊。我就慢慢到仁波切跟前說：「仁波切，今天去海邊走走，在海邊發個願、灑加持米，這樣對於海裡所有生命都會有幫助。仁波切，去海邊走走吧。」仁波切就說好。於是我們就到海邊，[240]在沙灘有個長椅，坐那長椅要給五塊錢，仁波切就坐在那裡，沒脫鞋子，沒脫披單，就穿著僧服坐著。[241]

法國傳法圓滿後，仁波切隨即前往瑞士。瑞士弟子朱利安（Julien Bettler）在行前一天即從瑞士洛桑（Lausanne）獨自開長途車到前來，隔天一早便迎請仁波切上車，一路驅車從南法開往洛桑。他如是描述仁波切在列饒林上車時的情景：「大概有一百還是一百五十人來送行，那是清晨非常早的時候，大概五點半左右。他們展現出來的虔誠和信心很令人感動。」[242]

途中，仁波切在法國城市阿訥西（Annecy）的一個湖濱餐廳用午餐，爾後再乘車約四十公里，通過法國和瑞士的邊界，在近一個小時的車程後，抵達南卡仁波切位於瑞士洛桑的中心——勝乘洲（Thegchok Ling）。

南卡仁波切的父親在九〇年代後期過世前，曾向南卡仁波切交代遺言說：「我死後一年之內，要把我往生的消息告訴多芒揚唐仁波切和桑嘎仁波切兩位上師。你如果能做到，就算有報答我的恩了。如果做不到，那麼儘管用盈滿三千世界的黃金來供養，也不算是報恩！」在圓滿父親過世四十九天的後事後，南卡仁波切啟程前往印度，先到達蘭薩拉尋找揚唐仁波切，但尋人無果。他隨後再赴菩提迦耶的寧瑪祈願法會尋人。他回憶當時在正覺大塔繞塔時的情景：

240 這是位於南法蒙彼利埃（Montpellier）的海灘。

241 南卡仁波切訪談，二〇一七年七月二十六日於西班牙持明虛空堡烏金空行洲中心（Rigdzin Namkha Dzong Orgyen Khandro Ling）。感謝洛桑喇嘛的安排。南卡仁波切於本書的敘事均來自這場訪問，以下不再另註。

242 朱利安訪談，二〇一七年十一月四日於尼泊爾加德滿都。

> 我在塔區內圈繞塔，有認出依怙主竹旺貝諾法王，曾有看過很多他的照片。然後在前面右側，有位上師坐在那邊，一看到他就不由自主心生歡喜。……旁邊有個老人跟我說：「那是多芒揚唐祖古。」

於是南卡仁波切前去獻上哈達，在對話當中，仁波切得知此人是自己多年熟識的一位信眾之子，便要他在法會後到他下榻的旅館相會。在這場奇妙的初遇後不久，仁波切根據頂果欽哲法王曾經交代的指示，認證南卡仁波切為多芒寺祖古耶喜多傑的轉世。

南卡仁波切後來旅居歐洲，成立「持明社群」（Rigdzin Community），在數個國家設立佛法中心，主要修持的法門為敦珠新伏藏。他曾在二〇〇九年迎請達賴喇嘛尊者，在洛桑一處大會堂講授《三主要道》。二〇一三年也曾迎請薩迦法王到洛桑勝乘洲中心傳法。而揚唐仁波切在來到洛桑之前，曾經交代南卡仁波切不要為他準備高廣法座。南卡仁波切如此敘述：

揚唐仁波切參加菩提迦耶祈願法會時，坐在貝諾法王身旁一景。似為一九九〇年代後期所攝。照片提供／道孚家庭。

揚唐仁波切抵達瑞士洛桑的勝乘洲中心時，南卡仁波切及弟子們前往恭迎。照片提供／Rigdzin Community。

仁波切在列饒林時就對我說：「（到瑞士時）不要迎接我喔！不要弄高高的法座！」清哲祖古也對我說：「沒照做的話，肯定會被好好訓一頓的。」我回去之後就想說：如果不迎接又不能準備高高的法座，我心裡不舒坦，被罵的話就當作淨除罪業吧！為了上師而迎接、準備高法座，應當不會有緣起上面的過失。如果緣起錯誤就糟了，被罵是沒有關係啦！我就在外頭鋪上紅毯，畫了八吉祥，在中心裡面準備了最高的法座，是達賴喇嘛尊者坐過的，就這樣等著。仁波切下車的時候我是有點怕怕的，我們有很多人，很多藏人跑來了，拿了旗幡寶蓋等等很多東西，結果仁波切就笑著直接進去了，我那時候沒有挨罵。仁波切坐法座上很歡喜，完全沒有訓我一頓。

仁波切在洛桑停留數日，期間住在南卡仁波切家中，在勝乘洲傳授觀音、蓮師以及格薩爾三個灌頂，並與西方弟子共同在搖動手鈴、鼓的法音中，共修敦珠傳承的黑忿怒母斷法儀軌。在灌頂過程中，仁波切分別簡要闡釋了觀音、蓮師以及格薩爾的歷史以及各自法門的殊勝：

各位可以來唸誦六字大明咒和蓮師心咒，一來是加持很大，二來是持誦容易。……

觀世音是一切諸佛的「語」之本性的總集。一切諸佛「身」的本性總集是文殊師利，一切諸佛「語」的本性總集是觀世音，而一切諸佛「意」的本性總集是金剛手。這「三怙主」是一切諸佛的「身代表」、「語代表」和「意代表」。由於聖觀音是「語」之代表，祂是一切諸佛的語化身，祂的語就具有特別的加持。聖觀自在的任何陀羅尼咒，由於祂是一切諸佛的語之本性，祂的語就具有加持、與眾不同。

祂的六字真言——嗡嘛呢唄咩吽——就只有六個字而已。但是光是透過「嗡」這一個字，得以淨除我們從過去到現在因我慢所造的一切罪障，關閉投生天界之門……因我慢而造下的業會導致投生到天界，而「嗡」字可避免投生到天界。……「嘛」可以淨除從無始以來到現在，因嫉妒所造業和罪障，由於嫉妒是投生為阿修羅之因，「嘛」字便可關閉投生阿修羅之門。……人是因貪欲而投生為人……「呢」字可以淨除所有因貪欲而造的業，並且究竟關閉投生到人間之門。「唄」淨除無始以來因吝嗇所造的業……究竟得以避免投生為餓鬼。「咩」是淨除無始以來因癡所造的一切業。癡指的是不明白取捨的要點，不明

揚唐仁波切及南卡仁波切於勝乘洲合影（二〇一三年）。照片提供／Rigdzin Community。

白業因果，在不明白之下所造的業，就是因癡而造的業。不明白業因果而造業的話，便是因癡而造的業。……「咩」字是避免來世投生為畜生之字。「吽」淨除無始以來到現在因瞋所造下的一切業，究竟而言不生於十八種地獄，關閉投生地獄之門。是故「嗡嘛呢唄咩吽」可關閉投生六道之門，並且淨除透過貪、瞋、癡、我慢、嫉妒、吝嗇所造的罪業。……既然不投生到六道去，自然就會投生到極樂世界了。……關閉了六道之門後，就得以投生到極樂世界去。……是故這六字大明咒加持相當大的，之後大家要修持佛法，有很多可以唸，而六字大明咒容易唸誦，各位如果能唸誦是非常好的。[243]

243 非常感謝南卡仁波切及勝乘洲中心Lhundrup Dorje提供的開示影音，讓揚唐仁波切的開示內容得以重現。

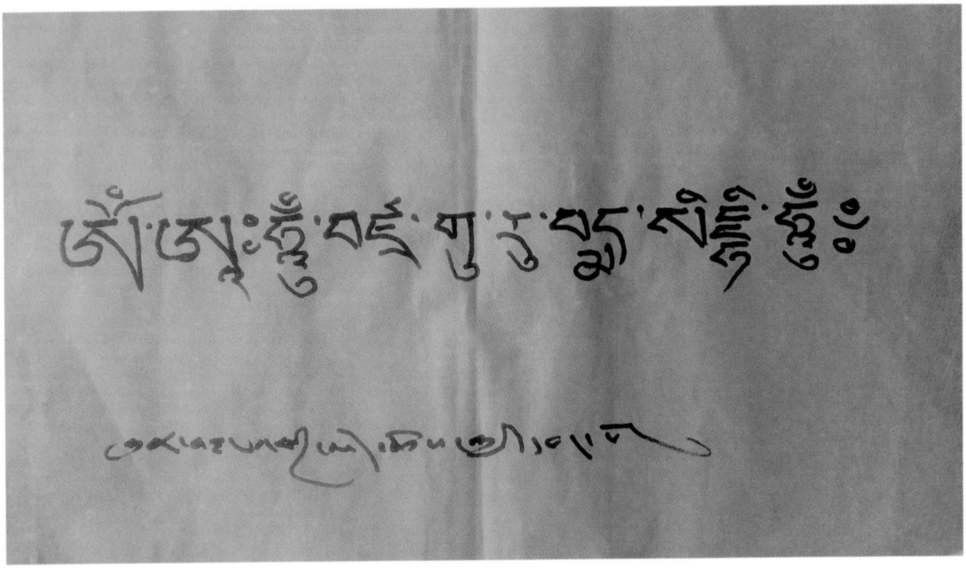

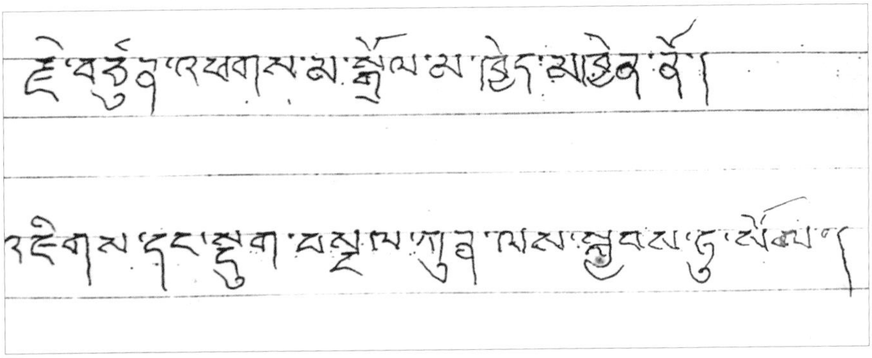

上／揚唐仁波切親筆寫下的蓮師心咒以及「袞桑吉美卻紀旺波」之署名。資料來源／柴河。

下／揚唐仁波切寫下的度母祈請文。資料來源／吳瑞玲。

左頁／揚唐仁波切親書的觀音心咒及「袞桑吉美德千偉瑟多傑」之署名。資料來源／柴河。

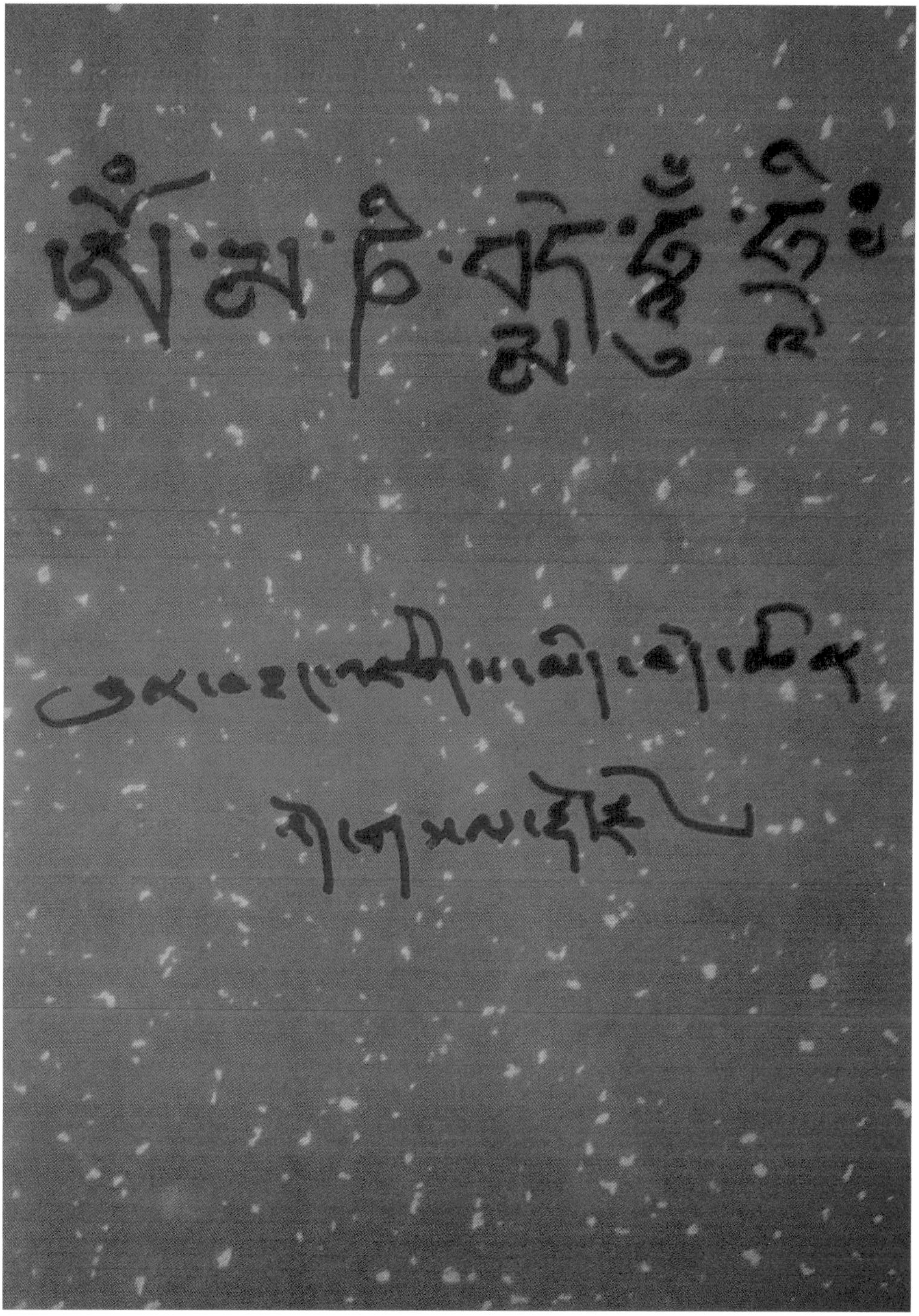
ཨོཾ་མ་ཎི་པདྨེ་ཧཱུྃ་ཧྲཱིཿ

揚唐仁波切在勝乘洲傳法下座時的留影（二〇一三年）。照片提供／ Rigdzin Community。

接著是關於蓮師心咒的開示節錄：

蓮花生大士是三世諸佛本性的總集。他是一切過去佛的化身、一切未來佛的來源以及一切現在佛的代表。他是三世諸佛加持的總集。……

佛陀在涅槃之前，弟子眷屬在旁哭泣，在他們極為悲傷之時，佛陀就說：「我涅槃之後，會有比我更超勝的士夫出現，比我更超勝的這位士夫出現時，會成辦你們所有人的利益，所以不需要悲傷。」那所指的就是未來在湖中幻化而生的蓮花生大士。那些弟子們心裡有所懷疑：「比釋迦牟尼佛更超勝的士夫是怎麼樣的呢？」佛陀知曉他們心中的疑惑，便說：「不需疑惑，他比我更為超勝，與我不同的是，他將會在蓮花中幻化而生。未來傷害佛陀教法和眾生安樂的，不論是人、非人，不論是有形的人還是無形的神鬼，都會無餘被他降伏。我所未能調伏的，都將被他調伏。跟我完全不同。在雪域西藏那未有佛法傳揚的地方，將會由他讓佛法於彼傳揚。」……佛陀即將圓寂時宣說了如是許多授記，在甘珠爾當中有記載，不是我編出來的。所以說，釋迦牟尼佛的真實化身就是蓮花生大士。他是一切上師、本尊、勇父、空性總集的本性。是故唸誦他的心咒「嗡阿吽班匝咕如貝瑪思帝吽」，一切上師的咒語、本尊的咒語、空行的咒語，全部都總集在裡面了。……所有上師、本尊、勇父、護法以及佛的法身、報身、化身等，還有所有陀羅尼咒，都總集於此咒。我們沒有時間去唸那麼多咒，在教傳和伏藏當中有許多陀羅尼咒，沒有時間去唸誦全部；而這個咒語總集一切陀羅尼咒，唸誦起來容易。末世五百年，濁世當中，我們所當依靠的天尊，就是蓮花生大士。……

揚唐仁波切離開巴黎的前一天，前往參訪艾非爾鐵塔的留影，是為在歐洲的最後身影（二〇一三年）。照片提供／ Seth Dye。

結束瑞士傳法後，仁波切於八月二十二日清晨從洛桑搭乘火車，約經五個小時的交通時間，於午間抵達法國巴黎里昂車站（Gare de Lyon），在索甲仁波切弟子家中用膳後，又到索甲仁波切在巴黎郊區庫爾伯瓦（Courbevoie）的住處安頓。這天下午，正在法國參訪的嘉日仁波切[244]也前來拜訪仁波切。

二十三日早上，仁波切前去索甲仁波切的Rigpa巴黎中心加持中心弟子，並為中心灑淨開光。爾後在法國弟子賽斯（Seth Dye）等人的陪同下，參觀巴黎的地標艾菲爾鐵塔，並於羅浮宮旁洋溢典雅歐風的Le Cafe Marly餐廳享用午餐。這天晚上，嘉日仁波切再度來訪，與仁波切共進晚餐。二十四日上午八點，仁波切離開了庫爾伯瓦，午前在戴高樂機場搭乘班機返回亞洲，巴黎於是成為仁波切在西方世界的最後駐足地。[245]

244 嘉日仁波切（維基百科作Lodi Gyari）曾為第十四世達賴喇嘛尊者派往美國的特使。他是錫金「《七品祈請文》十萬遍唸誦法會」創始人之一，相關內容見本書第四章〈七品祈請文與芮氏規模七點九之下的三世佛前〉一節。嘉日仁波切在二〇一八年逝世於美國。

245 非常感謝賽斯提供的行程資訊。

24 努日的證悟老人與博達的天法

二〇一三年，仁波切的傳法行程十分繁忙，在結束春天的美國行和夏天的歐洲行後，秋天又應札西徹令堪布之請，前往位於尼泊爾秘境努日的白玉分寺傳授《吉美林巴教言全集》口傳。

揚唐仁波切曾問堪布：「為何要在偏遠的努日山區建寺？」他回答：「這乃是奉貝諾法王的指示。」一九七九年，堪布在加德滿都參加了由頂果欽哲法王灌頂、多竹千法王口傳的《大寶伏藏全集》後，漸次前往南卓林修學。他繼續說道：

我去的時候，法王不叫我札西徹令，所有人都叫我「努日」。我是南卓林最初來自努日的人。在放假期間，我每年會帶五個、十個、十五個僧人，有時候三十人，有一次我帶了七十人過去。我一個人總共帶了一百八十個人過去。在那之後，法王說：「你未來就在那邊建個白玉分寺。」法王就這樣指示。我就這樣回答揚唐仁波切。仁波切說：「喔喔是法王指示的。你有時候會辛苦的，但是辛苦的時候不要氣餒，法王的願力會助你成事的。」

仁波切才從巴黎回到錫金不過數星期，便又前往加德滿都，搭乘直升機前往座落於馬納蘇魯雪山[246]下的努日白玉分寺，這座雪山又稱為「波堅雪山」，海拔達八千公尺以上，而

Manaslu，世界第八高峰。

上／從努日分寺仰望波堅雪山一景。攝影／林稻香。

下／揚唐仁波切停留努日期間，一天現出雙虹的景象。照片提供／林稻香。

寺院所在地海拔則約三千五百公尺。仁波切在此傳授《吉美林巴教言全集》口傳的對象，除了一百多位年輕寺院喇嘛外，還有堪布札西徹令堪布台灣弟子為主的一群台灣信眾。由於地處偏遠，水、電等各方面條件均十分不易。仁波切在傳法過程提到，一來為了不讓遠道而來的信眾過於辛苦，二來不捨寺院法會開銷過多，故希望盡早完成口傳。於是他在八十五歲高齡、只有一個肺正常運作之下，於上午和下午兩個時段，無有疲倦地給予口傳。過程中時而咳嗽，復又繼續口傳，就連嗓音早已沙啞仍不中斷。在唸誦口傳時，仁波切也非草草帶過，他對於任何唸到的段落文義都能清楚掌握，以至於有經函缺頁情形時，就會馬上停下來做記號，要求弟子尋得遺漏的紙頁，以免口傳不完整。

在圓滿傳授了《吉美林巴教言全集》後，仁波切應堪布札西徹令和台灣功德主之請，加傳《本智上師》。接著，仁波切給予了一段約三十分鐘的開示，他如此開場道：

揚唐仁波切在努日白玉分寺的留影。攙扶他的為札西徹令堪布（左）與昆桑堪布。照片提供／林稻香。

傳授完畢了，好像是十六天是不是？……我要對大家說聲對不起。一方面我老了，二方面我的眼睛也沒辦法看清楚，第三是聲音沙啞……以前年輕時不會拖這麼久。在這樣的情況下，花了好多天才完成。本來就住在這邊的人倒還好，就算時間延宕很多也沒什麼要緊。但是如果我拖延，他們就會增加開銷，每天都有支出的。還有就是亞洲人來到這裡是蠻辛苦的，不適應這個海拔高的地方。……所以要跟大家說對不起，我也盡全力唸了。各位待得辛苦，而他們又要支出，我是盡力唸了，可是花了十六、十七天的時間。口傳是十六天，加上灌頂是十七天，實在是拖了很久，讓各位待得十分辛苦，我要說聲對不起。[247]

接著，仁波切闡釋修行佛法的扼要處，首先談到了斷除對輪迴的貪著以及業因果的重要：

《本智上師》的口傳唸過去應該就可以了。堪布昨天說，有些是老修行，所以如果他們能得到口傳是可以的。……我慢慢唸的話，就可以同時作為教授和口傳了。頂果欽哲法王說過，所有教授類的法門必須慢慢唸，不能夠唸得很快，所以我會慢慢地唸，這樣可以同時作為教授和口傳。各位之後再來研讀，這裡面也沒有看不懂的文字，像是如果想修這裡面的「吽字修訣」等等是可以的。如果沒

247 非常感謝林稻香提供的開示錄音，讓這段珍貴的開示得以重現。本節收錄的努日開示，均依林稻香提供的錄音，由仁波切的藏語開示直譯為中文。

有想修的話，有「基立斷」，下面還有「道頓超」，基立斷簡略而修是可以的，在現今這個時代，懂經論的人相當稀少，懂了經論還能實修的人又相當稀少。所以若要簡略言之，我們主要平常應要思惟「暇滿難得」、「壽命無常」、「輪迴過患」和「業因果」這四點，而不是哪天看過一遍就可以丟在一邊了，不能想說「我很久以前看過一次了」、「我已經修過一天了」。對於「暇滿難得」等四點，我們從剛入佛門一直到正法修持未達究竟前，都需要修這個。每天早上一早就該思惟一遍。一天一遍。最好是一天思惟三遍；做不到這個的話，就一天兩遍；這也做不到的話，至少要一天思惟一遍。像是在加行法裡面有關於這些內涵的文句，我們在唸文句時要想到裡面的含義，去思惟「暇滿難得」等內容。要修持正法，其根本在於要逆轉對輪迴的貪著。在初劫時，所有上師透過思惟「暇滿難得」、「壽命無常」、「輪迴過患」和「業因果」等等，扭轉對輪迴的貪著，完全斷除輪迴瑣事，在山間森林和石窟當中修行後，一生即身成佛。而我們現逢五濁增盛之時，無法斷除輪迴事，也沒辦法前去山間，在森林裡也待不下去。但是我們應該要想到：「輪迴沒有實義，輪迴毫無實義，我當厭離對輪迴的貪著！」內心當有這樣的想法。若有這個，那就立下了修持正法、修持善根的基礎了。

如果想要修持正法，但是對於輪迴的貪著卻越來越強，就是修行的真正障礙！無法扭轉對三界輪迴的貪著，反而讓輪迴貪著越來越強，這就是你的修行沒帶來幫助的徵兆。所以說，自己要觀察自己。自己的修行純不純正，是要如何觀察呢？看看自己過去未入佛門前對輪迴的貪著如何之大，而在入佛門後，透過思惟「暇滿難得」、「壽命無常」、「輪迴過患」和「業因果」之後，想到輪迴乃

揚唐仁波切為努日白玉分寺的貝諾法王塔開光時的留影（二〇一三年）。攝影／卻札。

無有實義，若是這般自己信任自己，那就表示正法修行真的已經開始了。如果未入佛門之前跟修了一年之後兩相比較起來，對於輪迴的貪著還是差不多的話，這就代表了自己是心口不一。自己要檢視自己：「喔我進佛門修了也一年了，對於輪迴的貪著卻完全沒有拋下，我這樣是要怎麼修行呢？」這正是自己給自己考試的時候。……

以前頂果欽哲法王對我說過：「我是不知道你會不會去外國，如果去傳法的話，應當首先講授業因果。」……他說他在國外傳法感到失望，他是去美國回來以後對我說的。所謂的大圓滿，變成看輕業因果，好像進入大圓滿之後，就不太需要什麼業因果了，殺生、非梵行好像都可以了一樣。進入大圓滿道，就看輕業因果，這代表我們根本沒有尋得佛法之道，完全不明瞭佛法。正等正覺的佛陀在轉法輪時，首先宣說的就是業因果，初轉法輪是「四諦法輪」。這初轉法輪就是業因果，是關於輪迴的業因果和涅槃的業因果，所以我們從凡夫階段開始，一直到大圓滿未達究竟之前，無錯謬的正法道路就是業因果。正法的門是什麼呢？是皈依三寶。正法的道是什麼呢？就是業因果。皈依三寶和遵循業因果就是如同正法的門和道。我們非常需要檢視和修持的就是這個了，認知此點很重要。

仁波切停留努日期間，堪布札西徹令與少數長年閉關者，私下求得米旁仁波切《直指心之面目》立斷、頓超的相關竅訣。仁波切也對大眾公開闡釋米旁仁波切所造的竅訣《證悟老人》。在努日停留期間，仁波切也為貝諾法王舍利塔開光。在為大眾傳授長壽灌頂、圓滿所有傳法後，寺僧們獻

左／揚唐仁波切觀賞金剛舞時與札西徹令堪布的合影（二〇一三年）。照片提供／林稻香。

右／仁波切在努日加持信眾一景。攝影／卻札。

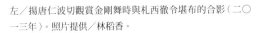

上了金剛舞。最後，仁波切復乘直升機返回加德滿都。

從加德滿都回到印度西里古里後，仁波切在醫院進行健康檢查時，發現血糖指數上破四百。雖然仁波切本身未感不適，醫生為求謹慎，讓仁波切住院三四天進行觀察。自此之後，仁波切每天需施打胰島素控制血糖，飲食方面也做了調整。特別是從這一年起，仁波切的視力大不如前，在傳授口傳時尤其顯得吃力許多。

然而，這年的傳法腳步仍未停歇。仁波切回到錫金半個月後，便又啟程前往尼泊爾，應頂果欽哲揚希仁波切之請，在鄰近博達塔的雪謙寺傳授伏藏師明珠多傑的《天法全集》灌頂和口傳。[248] 頂果欽哲揚希仁波切如是敘述與揚唐仁波切相識的過程及請法緣由：「一九九七年，我大概五歲半時，在依怙主楚西仁波切的指示下，我在雪謙寺進行陞座典禮時，依怙主揚唐仁波切好像也有來參加，我在影片裡面有看到。……仁波切有時會到菩提迦耶，我知道那是仁波切，但沒有特別前去拜見。後來真正拜見且建立關係是在二〇一二年……竹旺貝諾法王法體荼毗時，依怙主揚唐仁波切有去，那時我想去拜見他，結果仁波切先過來了。……後來我們寺院堪布和祖古們經過思考和計畫後，決定請仁波切傳天法明珠多傑全套伏藏法。」

十月中旬，仁波切從鄰近印度邊界的巴達拉普爾機場（Bhadrapur Airport）搭乘尼泊爾國內班

248 根據祖古仁增貝瑪在訪談中的口述，這次的傳法係由他居中溝通，代頂果欽哲揚希仁波切向揚唐仁波切請法。

機飛抵加德滿都。向來不喜好被盛大迎接的仁波切，行前再三交代身邊侍者：「絕不可透露班機訊息，切莫讓眾人勞師動眾前來接機。」然而風聲依然走漏，雪謙寺僧在午後已然以「僧鬘」在寺中列隊，恭候仁波切大駕光臨。旅居尼泊爾的藏人弟子慈誠如是回憶當時情景：

> 仁波切下了飛機就問我說：「他們寺院有動靜了是嗎？」我就說：「他們大概有做一些準備。」仁波切就叫我訂旅館，那時候都沒訂旅館，我就趕快打電話訂房間，於是仁波切直接去了旅館。寺院那邊列隊等了很久發現仁波切沒去，就趕快帶著食物來見仁波切，他們堪布罵了我一頓，說我怎麼這樣安排，然後仁波切也訓了我一頓，說我們大肆張揚。
>
> 本來仁波切那天晚上要去寺院的，好像是阿怡蔣秋還是誰勸說晚上不要過去，所以變成隔天早上仁波切搭車從雪謙寺後門進去了。[249]

在僧鬘中等候多時而撲了個空的雪謙寺英國籍僧人肖恩．普萊斯（Sean Price）如是回憶道：

> 揚唐仁波切到了尼泊爾，我們都預期他會直接來雪謙寺，但他並沒有來。我還記得我跟我的堪布朋友們一起等候，我們都在僧人披上黃色法衣的「僧鬘」當中等待上師入寺，然後向他獻上曼達。……我們等了大概兩個小時，然後有消息說仁波切已經去了一間旅館。我們有點震驚，所以有位堪布就去拜見，看看是不是出了什麼錯。結果仁波切說：「沒有沒有，沒有什麼問題。」[250]

總之，仁波切在旅館過夜已成事實，雪謙寺遂計畫隔天早上九點迎請仁波切入寺，誰知不喜歡歡迎場面的仁波切，在早上七點多就先行抵達寺院。肖恩如是回憶當天早上的情景：「我還記得早上很早的時候，我的美國僧友克拉克正要去拿點牛奶，他看到有車子停在雪謙寺旅館後面的車道……仁波切就這樣在七點半從寺院後面進來了……我認為這是獨特的，我從來沒看過一位上師這樣子進來的，我有受到啟發。」

雪謙寺資深堪布耶喜蔣參則敘述道：

他說：「我明天九點過去。」我們就準備九點要以「僧鬘」來列隊歡迎，結果他沒有朝僧鬘而來，而是八點就從後頭進來了。

南卓林堪布桑給朗炯也回憶道：

隔天早上我去旅館拜見時，仁波切已經去了雪謙寺。我就又去寺院拜見。仁波切對我說：「昨天我想說要來，但是他們準備以僧鬘來歡迎，我就沒來了。」他的個性是完全不喜愛這種華麗的準備。然後他又說：「我想要早上過去，又想說他們又會準備僧鬘，所以就在他們還沒起來之前就早早先來了。」他完全是個不愛世間八法的人。

249 慈誠透過網路社群媒體的口述，二〇二一年。
250 肖恩訪談，二〇一八年五月二十六日透過網路社群媒體進行。

左／揚唐仁波切在雪謙寺大殿的三世佛前為大眾傳法一景（二〇一三年）。攝影／曾建智。

右／揚唐仁波切在雪謙寺傳法時的留影。攝影／卻札。

左／請法主頂果欽哲揚希仁波切在法會中的留影（二〇一三年）。攝影／卻札。

右／揚唐仁波切在雪謙寺傳法時的留影。攝影／曾建智。

十月十八日，揚唐仁波切登上雪謙寺大殿三世佛像前的法座，為天法灌頂揭開序幕。仁波切自一九八一年在尼泊爾初見頂果欽哲法王起，十年之間多次到雪謙寺求法。而這一次，仁波切是應頂果欽哲法王的轉世祖古之請，首次以傳法者身分回到雪謙寺。過去他來到這裡，在根本上師頂果欽哲法王座下求法。如今他重回舊地，傳法給他根本上師的轉世祖古。在這最後求法和最初傳法之間，相隔約二十三年的時光。

天法灌頂從十月十八日進行到十一月三日，共約五百六十個灌頂。仁波切每天早上七點開始傳授灌頂到十一點左右。在此之前，他於清晨便已到大殿進行準備。午休過後，他又繼續從一點半傳到四五點。接著，祖古和堪布們會開始將所有灌頂加持物分發給大殿內外數千位僧俗弟子們，由於信眾為數眾多，分發時間有時長達兩個小時，可以不需繼續待在法座上的仁波切，依然在這段時間隨著維那師的領誦，一同唸誦一個接著一個願文來將這天法會累積的善根，共同迴向給眾生和教法。仁波切如此高齡，尚且為法不辭辛苦，欽哲揚希仁波切感觸良多地說道：

感覺上仁波切都安住在禪定狀態，不論是在交談還是往來何處，感覺都在禪修當中。像我們這樣想東想西的，我是完全沒看過。這真是上師的不可思議功德。還有一個讓我感到很驚奇的是，在佛法實修上，實在很能夠戮力以赴，這很令人驚奇。他如此高齡，他也說過：「我眼睛看不太到了。」他的身體沒有很好，身上的病也不少，但是要傳授灌頂口傳的話，卻能精勤不懈，全力以赴，能夠仔細而廣大。不僅如此，灌頂結束後，晚上還有很多人來跟他求口傳和教授什麼的，不管人家請求什麼，他都還是傳給他們，從來沒有說過「我很累了」那種話。能夠對於佛法這樣戮力以赴，實在是很……不顧自己的身體，而能在佛法上這樣努力，現今實在很少見了。現今大多數的上師們的努力，都是放在外在物質和現實條件上面，像是蓋個大寺院、蓋個大學校，變得很有名，但在佛法上面能夠努力的，就非常少了。

近侍清哲祖古也如是敘述天法傳授期間，他觀察到的仁波切作息：

大家都這樣講，我們也這樣想，說仁波切是九點就寢，凌晨三點起床。但是後來我有一次在尼泊爾雪謙寺，仁波切在傳天法灌頂時，我也睡在仁波切房裡，那時仁波切九點蓋好棉被，想說仁波切要睡了，結果仁波切根本沒睡，看過去是在睡覺，可是口中的唸誦都沒間斷過。……到十二點的時候，仁波切肯定已經起身了。我總是很懶散、很散亂，沒有訓練過那麼早起，所以對於仁波切那麼早起來，我感到很吃驚。……仁波切都已起床了，上師起床了，弟子繼續睡也不方便，我也就起來唸誦……而我的課誦一兩個小時就沒了，什麼也沒得做了。我就在想，我們總是說仁波切三點起床，這並不精確，仁波切十二點就起身了，為什麼我能這麼說呢？因為我跟仁波切在一起一個月。假如超過十二點起來的話，仁波切會說：「喔今天怎麼回事？實在是很大的障礙，這麼晚了。」

十一月三日，藏曆閏八月底的新月日正逢月全食。仁波切在說明自己天法的灌頂傳承來自貝諾法王，而口傳傳承來自康區時期的喇嘛局美慈誠偉瑟後，如是對大眾開示道：

> 我沒有傳過天法灌頂，這是第一次，也不知道如何傳，要達到具格標準是困難的。我的助手有諾布策仁，還有一位麥索來的喇嘛[251]，他們兩人幫了我很大忙。這裡有達波仁波切兄弟二人在場，他們兩人對於灌頂和儀軌操作都學有專精，他們在一旁觀視著，我不知他們做何感想。如果有不對的地方，請一定要說出來，要不然一直錯下去就不好了。有不行的地方，請跟我說這樣不行。我完全不是會發脾氣的人，說什麼都可以的，直說不行的話我是喜歡的，如果可以的話那就好。
>
> 我在做灌頂準備時沒能多唸咒語。貝諾法王對於主要的上師、本尊、空行，每尊會唸一圈唸珠。上師、本尊、空行的眷屬尊，則是每尊咒語唸五十遍。主要護法則每尊咒語二十五遍。護法的眷屬眾則是每尊咒語唸七遍。由於有很多灌頂，所以這樣也就可以了。能夠好好唸誦任何上師、本尊、空行主尊咒語也

251 指南卓林寺僧喇嘛嘎瓊。

就可以了，這是貝諾法王親口說的。我也就每尊咒語不少於百遍，如是做了灌頂的準備。我是裝模作樣地做了，可是我想大概還算可以。在場有很多堪布和祖古，我本人是個毫無功德的人，傳承則是很好的，求得灌頂的對象是貝諾法王、頂果欽哲法王、多竹千法王，所有灌頂的傳承是這樣來的。……

我來講一段歷史，以前有個寺院裡有位上師在世時，弟子沒能求灌頂和口傳。之後圓寂了，灌頂和口傳傳承大概都斷了。他們就說：「灌頂和口傳的傳承都沒拿到，該如何是好？上師當時身邊有隻小狗狗，上師不管傳了什麼灌頂和口傳，牠都得到了吧！」於是他們就把那隻小狗狗放在法座上，擺設所有灌頂物品，對牠頂禮、獻上曼達，觀想得到了灌頂，就這樣把傳承給弄了起來。跟這樣靠一隻小狗狗來傳灌頂的傳承比起來，我想我大概好一點吧！不過一切有情相續中都有如來藏，誰比較好還不知道呢！以我的灌頂和口傳的來由來看，我想大概還可以。[252]

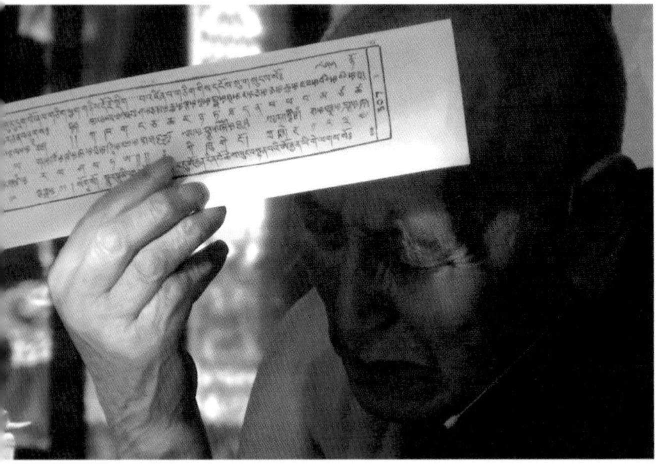

揚唐仁波切在新月日開示前，給予灌頂加持時的畫面（二〇一三年）。翻攝自卻札拍攝的影片。

隨後，仁波切提到振興教法乃是大家共同的責任：

在此五濁滋盛的時代，正值佛陀聖教珍寶衰落，前譯教法又更為衰落的此時，就算不能振興佛陀聖教，也請至少努力使它不要衰沒。有些人以為，教法是上師們去執持的；有些人以為是祖古們來執持；有些人認為是堪布們要執持，就這樣踢皮球踢來踢去。而佛陀聖教並非靠上師來執持，不是靠祖古來執持，也不是由僧人來執持，而是我們所有人一起，在這之上，還有功德主等，大家一起努力來支撐教法。譬如說，五根手指頭一起，則發力最強，單靠一根手指是沒什麼力量的。大家應當心意和諧，在心意符順、戒律清淨之下，能夠將佛陀聖教支撐起來的話，我們的目的就達成了。……

不論去什麼國家地區，請一定要有良好動機和行為。如果覺得裝成行為良善的樣子是虛偽的話，其實到底是不是偽善，是你心裡頭會知道。如同佛說的：「諸法皆為緣，善住於心思。」為了不破壞佛陀聖教的基石，為了讓一切有情對佛陀教法生起信心，持守這樣的目的就不會是偽善的。如果不是這樣，而是想說別人會不會對我有信心、我會不會得到名聲、我能不能拿到弟子的錢財的話，為了這些目的而虛偽行事，就真的是偽善了。好好修整好的動機來做良好的行為，就不會變成偽善。這全都取決於自己的心，不是取決於行為。

也請大家要有良好的行為，如果行為不良，現今所有人都不會去看你

252 這場新月日的即席開示出自卻札當時拍攝的影片。

內在功德，而是透過外在行為來檢視。外在行為有點問題的話，他們會想說：「喔，所謂的佛法原來是這樣子啊！」他們不會去數落那人的個人過失，而會怪罪到佛法上面。會說：「所謂的佛法是骯髒的！不是清淨的！」會這樣拿個人過錯去怪罪佛法。發生這樣的情形就不好了。所以我們各自要有好的行為，若有好的風範，他們會想說：「所謂的佛法是很好的。」會策發他們的虔誠和清淨心。所以所有僧人若能有好的行為，成為眼見教法之莊嚴，那就真的對教法有貢獻了。……所以說，各位不論是前往任何地方、住在任何地方，不論是在傳什麼灌頂、口傳還是教授，懇請諸位都要謹慎行事。

最後，仁波切在這個月食日，指示信眾共同唸誦〈普賢王如來祈願文〉等願文：「灌頂已圓滿結束了，現在要開始傳口傳。昨天有幾個喇嘛說要放假。如果要放假的話，明天可以放。今天有月食，是月全食，所以我們用來修行佛法是好的，拿來口傳也是很好的。要不然，一放假的話，所有人全都跑去市集晃了，連個〈普賢行願品〉也不會唸的。所以今天下定決心不放假了。明天你們要放假可以。那我要來開始傳口傳了。下午三點開始有月食，我們來唸〈普賢行願品〉、〈普賢王如來祈願文〉。」

從這天起，一連將近兩個星期當中，仁波切在每天上下午各約四個小時的時段裡傳授天法口傳，只有在一個放假的日子，欽哲揚希仁波切曾帶仁波切去頂果欽哲法王也曾去過的果卡納森林渡假村（Gokarna Forest Resort）度過閒適的幾個小時。

此外，有一天傳法結束後，仁波切一如往常待在法座上同大眾一起唸誦回向祈願文。

這時，有一個年輕的尼泊爾女孩，緩緩地進入大殿，逐步走向仁波切的法座。她雙手合十，佇立在仁波切面前良久，負責管理法會秩序的喇嘛好言請她離開時，她突然激烈抵抗。於是喇嘛們合力扛著她的手腳，硬是將她抬到大殿正門的門檻外。不久後，她再次進入大殿，只是這一回，她不再是像先前那樣徐步前進，而是以翻身仰天之姿，四肢有如蜘蛛爬行一般，快速地爬向仁波切的法座，行徑之詭異讓人不寒而慄。喇嘛們為了防範不測，急忙欲將她抬出場，女孩身形嬌小，勁力卻異常強大，喇嘛們費了好一番力氣才又將她扛出大殿。靈異電影當中才看得到的場面真實上演，令在場目擊者無不瞠目結舌。有人以為，應是鬼怪附身在女孩身上，鬼怪只是想要上前向仁波切致敬，因不滿被驅趕才發作了起來。總之，在這段插曲上演的過程中，仁波切自此至終如如不動，持續專注唸誦祈願文，完全未受影響。前來參加法會的義大利弟子莫琳（Maureen Cassera）如是回憶當時的情景：

> 她一定是被附身了。是惡靈嗎？我並不知道。它的意圖什麼？是要攻擊仁波切嗎？我不知道。很難理解，我們並不知道她想要做什麼。但是仁波切就像是什麼事也沒發生一樣，完全沒有受到影響。……而其他所有人都「哇！哇！」了起來。[253]

傳法行程圓滿結束後，雪謙寺依「回遮空行迎請」的儀軌，向仁波切獻上長壽法會，並籌備歌舞表演讓仁波切觀賞。欽哲揚希仁波切如是描述仁波切觀賞歌舞時的情景：

253 莫琳訪談，二〇一七年十月二十四日於印度達蘭薩拉。

天法明珠多傑的灌頂傳授結束後，我們想說讓仁波切開心，為了好的緣起，就安排了西藏舞蹈表演，有包括像西藏歌劇、康巴歌曲演唱、西藏歌曲演唱，想說仁波切會喜歡。結果仁波切也沒有在看，我在仁波切旁邊看他，那邊是在唱歌，而他則是手上拿著唸珠在唸「嗡阿吽班匝估如貝瑪思帝吽」，他除了在那邊唸誦〈淨除道障〉、〈願望任運成就祈願文〉和〈二十一度母祈願文〉以外，也沒在看表演。我就很吃驚地問仁波切說：「仁波切，您不喜歡看嗎？」他說：「我不喜歡。」我很吃驚，這樣完全不感興趣真的不可思議，這並不容易，不管是誰，一般都會被那些五光十色的東西牽著走，而他完全沒有。所謂的上師，確實非常令人驚奇，今天我們看不到這樣的了。

爾後，仁波切又應格巴仁波切之請，在位於加德滿都的南卡穹宗寺傳法。仁波切在數日之中傳授《消除緣起過患》、多芒新伏藏三根本（蓮師、普巴、黑忿怒母），以及格薩爾等灌頂，並對大眾講授《見修行略攝》、[254]傳授巴楚仁波切的《智者師利嘉波殊勝法》和伏藏師多傑林巴的《口訣融酥》口傳。這場傳法活動的圓滿，也為仁波切二〇一三年繁忙的佛行事業劃下句點。

八〇年代即與母親和弟弟祖古貝瑪里沙一同初見揚唐仁波切的格巴仁波切，如是總結他認識了三十年的揚唐仁波切，我們也以他的這段話來為本節作結：

> 一般來說，仁波切很欣賞「不加造作」，喜歡做隱密瑜伽的修行。他的佛行事業是在無有劬勞、任運而成當中開展的。他沒有刻意追求，而是自然任運而成，我認為這是件很神奇的事情。

這是第四度公開向大眾傳授此法。

上／揚唐仁波切在加德滿都南卡穹宗寺大殿內傳法時的情景（二〇一三年）。攝影／曾建智。

下／格巴仁波切向揚唐仁波切獻上哈達（二〇一三年）。照片提供／桑傑仁波切。

25 寄到監獄裡的三封信

除了在法座上公開傳法利眾之外，仁波切平常也會接見信眾。每個人會帶著各自遇上的困境和麻煩事，乃至修行上的問題來求教。即使年事已高，仁波切始終來者不拒，凡有所求，無不盡力滿足之。例如，一位名為卓嘎的厄瓜多弟子曾想去尼泊爾學習藏文，由於入學條件包括需有一封上師所寫的推薦信，她遂請揚唐仁波切寫推薦函。二〇一二年，仁波切於菩提迦耶為上千人傳法之餘，依然慎重為她寫下這封含有諄諄教誨和期許的信：

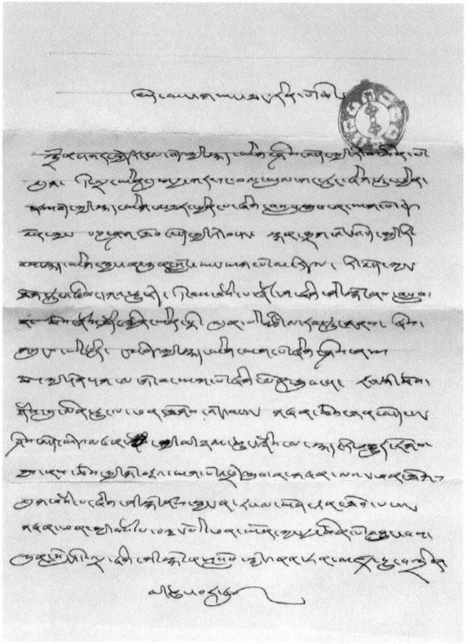

揚唐仁波切在菩提迦耶親筆寫給卓嘎的推薦信。
資料提供／ Cecilia Ledesma。

卓嘎：

妳對於學會西藏語文有很強的期待。是故前往印度和尼泊爾任何一國，能在西藏語文學習上達到究竟是很好的。然而，若以獲得金錢的期待，或是想要得到名聲的期盼來學習語文的話，動機就不好了。要如期待般地實現也有困難。所以如果以清淨心思來學習的話，就如佛云：「諸法皆為緣，善住於心思。」要想說：「我在好好學會西藏語文後，若能好好領會佛法的意涵，將可對自己的佛法修持帶來幫助，對於想要聽聞佛法、了解佛法而能力薄弱的他人，若能透過翻譯來幫助他們了解佛法旨趣的話，對他人也會有幫助。」倘若能以如此心思來學習，自己能得到學識，利他的良善心思也會帶來廣大的功德利益。所以我懇請妳用這樣的動機來認真學習。[255]

對於有直接法緣關係的弟子，仁波切莫不表達關懷和期許，即使是未曾謀面而向他求援者，仁波切也同樣給予最大的支助。我們在本節將敘述一位外國老母親和她兒子的故事。這位母親的兒子（以下稱為J）參加一個團體，並成為團體的一員幹部。該團體後來在一場集體犯罪中造成不少平民傷亡。包括J在內的成員均遭警方逮捕，並在獄中一一等候判刑。

爾後，J的一位友人受母子二人之託前去錫金，看看能否請那邊的寺院為犯罪事件的

255 感謝卓嘎（Cecilia）提供的珍貴親筆信照片。

受害者們祈福。友人抵達錫金甘托克「祖拉康」，請那邊的一位喇嘛為受害者們修法，這位喇嘛隨後也建議友人前去玉僧拜見揚唐仁波切。於是這位友人到了玉僧請仁波切修法，仁波切也答應了請求。

隨後，老母親本人也在二〇〇二年親赴錫金拜見仁波切，再次請求仁波切為事件受難者和獄中的兒子修法。母親對於仁波切花了數小時進行修法的畫面仍然記憶猶新。修法結束後，仁波切要她再來見他。然而她再度前去時，仁波切已經離開了那裡。出乎她意料之外地，仁波切的外甥女蔣秋卓瑪，將仁波切的一封親筆信交到她手上。老母親除了請仁波切修法之外，並沒有請仁波切寫信，仁波切交代她要再回來見他，顯然就是為了將這封信交給她。更讓她意外的是，這封信並不是寫給她，而是寫給獄中兒子J。這是仁波切從二〇〇二年到二〇一六年這十四年當中，寫給J三封信中的第一封信。此時仁波切身體尚稱硬朗，字跡工整而有勁力，信中如是寫道：

上師三寶眷知！

由於你之前犯了錯而必須坐牢，對此請不要傷心。一旦造了不善的罪業，就沒有不去承受報應的方法。所謂的「業因果無有欺誑」發生在自己頭上了。靠著經歷自己的業報，必須要能深深生起對業因果的相信。所謂「因果」乃是內道佛法的一個根本。如果去想那些在三惡道裡經歷重大業報的，你的那份痛苦其實是小小的。南贍部洲的人們當中，應該有很多經歷大中小痛苦的人，你要去想想他們，不要只想著自己的苦。一般來說，明白三界輪迴的本質就是痛苦是很重要的。明白輪迴的本質就是痛苦，乃是進入佛法之門的一個根本。若不明白這點，就不能對輪迴感到厭倦。若不厭倦輪迴，就完全無法生起進入佛法之門的想法。

數年之後，J遭判死刑定讞。老母親希望尋求法律途徑，讓當初並未直接參與犯罪、且已誠心悔過的兒子，能以無期徒刑來換取死刑。然而正如仁波切在信中開頭彷如預言的那句「一旦造了不善的罪業，就沒有不去承受報應的方法」一般，不論是法律上的努力還是宗教修法的嘗試，均未能扭轉J的判決。但是母親仍未放棄任何可能，例如她曾透過一位揚唐仁波切的弟子，數度向仁波切報告兒子的情況，並祈求仁波切為兒子祈願。二〇一三年，她復請這位弟子當面轉呈一份表格給仁波切，那份表格乃是訴願讓兒子以無期徒刑取代死刑的連署書。

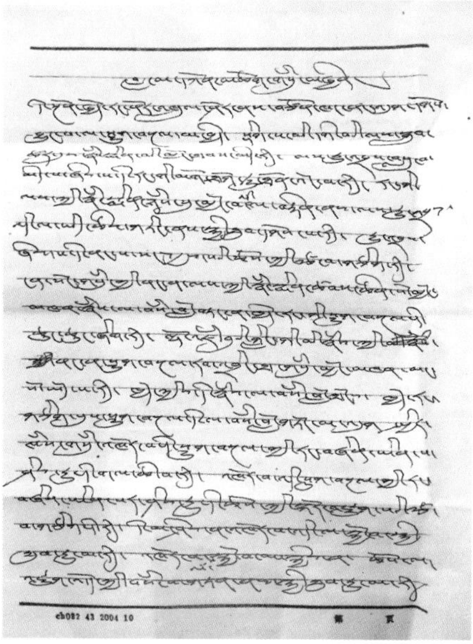

二〇〇二年所寫的第一封信首頁翻攝。

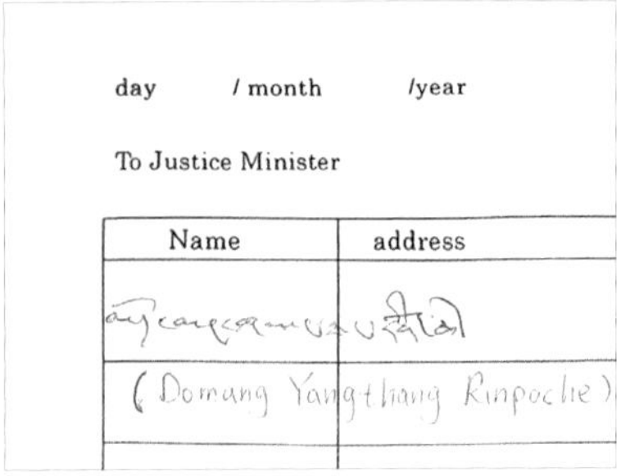
day / month /year

To Justice Minister

Name	address
(Domang Yangthang Rinpoche)	

揚唐仁波切在連署書上簽名時的留影（二〇一三年）。照片提供／卻札。

當時，仁波切才剛結束在努日的傳法，並且才因血糖指數飆破四百而住院觀察數日，身體狀況並不穩定。所以那位弟子也在思索是否應讓仁波切多休息，而不該在那時機點去麻煩仁波切。就在他躊躇之時，仁波切卻主動問起了J的近況。他便趁著這個機會將連署表格呈上。仁波切在下筆簽名之前，還問說：「要寫我的本名好？還是寫揚唐好？」他心中想著的，是如何讓自己簽下的名字得以發揮最大作用。最後，仁波切以藏文寫下「多芒揚唐仁波切」。

二〇一五年，正逢J入獄二十年，曾在獄中度過二十個年頭的仁波切，在J和母親二人多次祈求給予教授之下，寄了第二封信給他。這封信與前一封信之間相隔了將近十三年的時間。這段期間裡，J屢屢透過詩詞表達對自己的罪業滿心懺悔，以及對三寶和上師虔心祈求的內容。而仁波切第二封信的內容，似乎是對已堪為受法之器、求法若渴的他的一份回應：

蓮師，祈求您大悲眷顧J！

J：

外在升起的各種相，乃是自心的幻變而已，並不真實存在於外。在你夢中升起的各種景象，完全沒有來處、住處、去處。夢境最初產生之處，是從你的妄心習氣而來。中間住處，是住在你的妄心之中。最後止滅之處，也是在心中止滅，除此之外沒有其它去處。

同樣地，各種妄念也只是從心忽然升起的妄念，並非從本以來就是恆常、堅固的，而是如同空中忽現的彩虹那樣。現在，你要想著釋迦牟尼佛真實安住在頭頂上，並且對他合十祈求：「將我置於高處也好，置於低處也好，除了您以外，我沒有別的皈依處！」如此思惟並下定決心。一心專注生起虔信，安住個三分鐘。之後，導師化為光，融入自己，想著：導師的身語意與自己的身口意成為無別一味了。以心觀心一般，莫讓心太緊，在輕鬆般的狀態下，無有造作地安住在如同大海般的寬廣界中。

在這封信的後半段，仁波切為J直指心性，並在信末寫道：「……在不能安住之際，將彼安住之善根，好好迴向發願親生父母為首的一切有情能夠得到佛果。之後，下座休息後，再如同先前那樣上座修持。結尾部分我以後再寫信過來。」

信尾的那句「結尾部分我以後再寫信過來」，預告了仁波切還會寫第三封信。J依著信中教授在獄中勤修，母親則依舊試圖找幫助兒子避免死刑。母子兩人在此後約一年的時

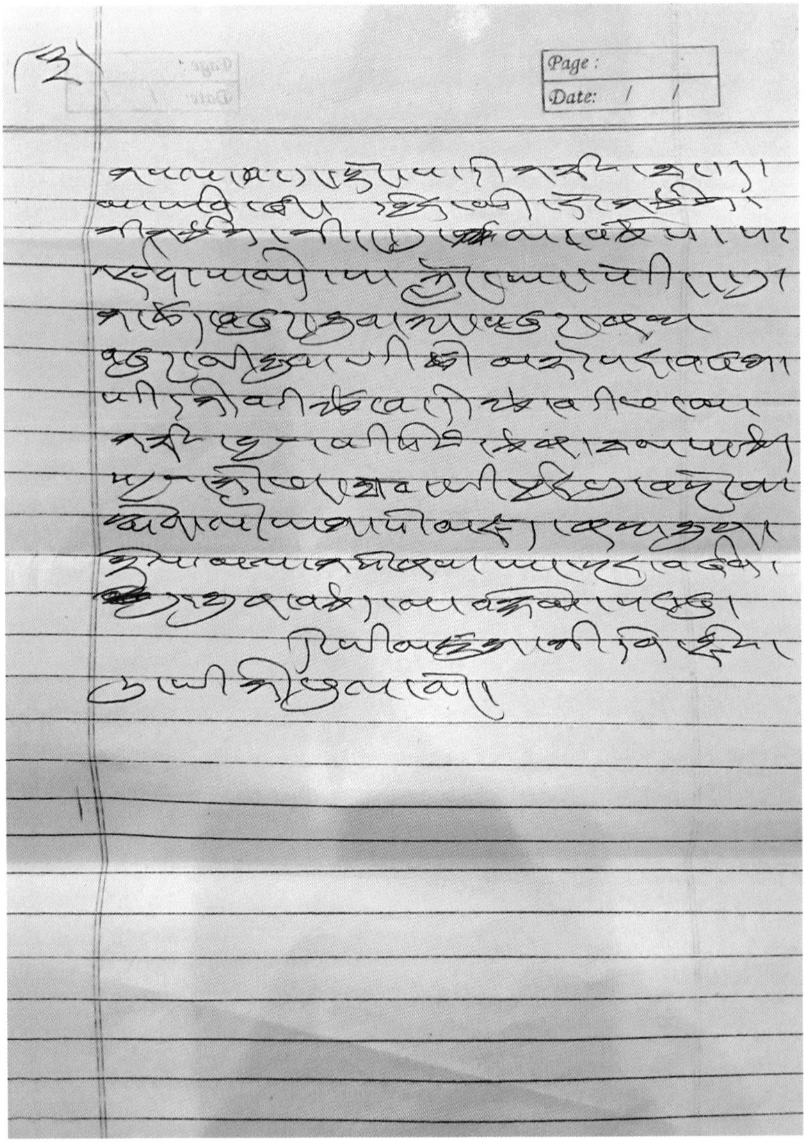

二〇一五年所寫的第二
封信第三頁翻攝。

間中，數度向仁波切請求賜予那最後未完的教授，而仁波切僅僅同意會在閒暇時寫信。直到二〇一六年二月初，J請教仁波切的一個問題，才促成了第三封信的寫成。他問的問題是：「我在臨終之前，該如何修持？」這是他二十多年來首次詢問關於死亡的問題，顯示出他已經在為面對死刑做心理準備。收到這個問題的隔天，仁波切便寫下了第三封信，這封信長達六頁，是三封信中篇幅最長的一封。仁波切將這封信交給弟子時還說道：「裡面應該很多錯誤，我的眼睛都看不到自己在寫什麼了。」可以想見，這是三封信當中字跡最為潦草的一封。

而信中內容，完全聚焦在面對死亡來臨時要所需的修持，通篇宛如仁波切的意伏藏一般，給予清晰完整的頗瓦法等指引。正如仁波切等待J堪為法器而寫下第二封信一般，這次是等待他有面臨死亡的準備，才給予第三封信的教授。與其說母子在苦等仁波切賜予新教授，不如說是仁波切一直等待在最適合的時機給予最需要的法教。

第三封信的開頭如是寫道：

J：

請你不要多想關於不存在卻顯現出的、如夢般的世間輪迴事，而應想著：無欺誑的皈依處——三寶、怙主阿彌陀佛、烏金蓮花生、佛子三怙主、至尊聖度母實際安住在自己面前的虛空中。無有懷疑地在日夜六時一心祈請後，要想著：「願等同虛空之一切如母有情快速從這三界輪迴牢獄脫離之後得到佛果。願我也快速脫離這迷亂相的監獄[256]，成為能夠成辦教法和眾生利益者。」平時要發願。之後，如是進行利益臨終之觀修：自身端坐，觀想身體為光之本性、內外清澈的光身，非如自己身體這般實質血肉之軀，完全沒有任何腸、肺、心、等內臟形相，空朗有如晶璃寶瓶一般，不存在卻又顯現，有如鏡中像。此身臍下四指寬處，有以光為形相的中脈，粗厚如自己手指當中的中指，顏色湛藍，極為直挺，無有歪曲。觀想臍下四指寬處，脈之根口關閉，如同竹子之節。頂端在頭頂髮渦處直接開口。臍部如竹節處上，觀想有一朵極小四瓣花朵。彼上有自己心性本性的、包含附加圓圈等在內的紅色「舍」字。爾後，觀想頭頂部位一英吋高的上面，有怙主阿彌陀佛，身體紅色，雙手入定持缽，雙腳跏趺，身著三衣，綻放光和光芒，如親臨般安住著。觀想彼之眷屬，無量諸佛菩薩圍繞，以強烈恭信一心祈求後，唸誦「頂禮、供養世尊、如來、阿羅漢、正等正覺、怙主阿彌陀佛」二十一遍，接著唸誦「祈請無量光，加持生極樂」一百遍或二十一遍。……

接著，仁波切在詳細解說了用於平時修練的頗瓦觀修次第等內容之後，再以實際面對死亡時的指引作結：

之後是臨終口訣。自己在死亡來臨時，在床上最後躺臥之際，一剎那也不散亂地一心向阿彌陀佛祈求是很重要的。不論什麼臨終消融次第出現，對於無有真實存在的如夢景象，切莫貪執為實，自然安住，在即將呼出最後一口氣時，如先前一樣明觀阿彌陀佛和中脈、「舍」字等。口中能誦出彌陀聖號和祈願文的話就誦出來，倘若不能，就在心中默念。透過對阿彌陀佛的虔誠心，在涕淚交流之下，快速而連續地猛唸「呵」字三回，在唸的同一時間，以「舍」字形相呈現的神識，如射箭一般，從梵穴而出，融入阿彌陀佛心間，於此同時，觀想阿彌陀佛在剎那之間抵達極樂淨土，是為總結臨終之殊勝要點。若能如此做到，你在中陰階段，阿彌陀佛必會接引到極樂世界。切莫懷疑！薩瑪亞！

名為揚唐祖古者，為J而寫。

仁波切透過前後三封信，對J三轉法輪，使得J成為唯一一位從未親見仁波切，卻幸得仁波切傳法的弟子。仁波切圓寂後，在獄中思念上師的J寫下如是詞句：

仁波切，您在我的心中現前，
仁波切眷顧每一個有緣者，
仁波切懷抱大慈大悲，在他的心中。
感恩上師，讓我得以學習佛法，
我祈願未來仁波切還能夠再次教導我。
我的悲傷未能消失，
但吾心平靜……
請您眷顧……

256 仁波切此處提及的監獄並非實際牢獄。仁波切曾進一步向J解說道：「迷亂相指的是我們有各式各樣的執著，把事物看作是真實存在的，像是色、聲、香、味、觸等等。這是使我們陷在其中的監獄。如果了知每件事物並非真實存在，那就是所謂的『脫離迷亂相的監獄』。」

二〇一八年，J被移送至數百公里外的另一所監獄，這樣的安排被視為是即將處決的前兆。六月，兩位仁波切的弟子特別帶仁波切修製的甘露法藥等加持物前去探望。由於只有至親得以會面探監，兩位弟子便將加持物交到母親手中帶進去。根據母親的說法，領受仁波切加持物的J非常高興與感激。母親自己也說，那天是她一生中最快樂的日子。

不到一個月後，J遭處決，他是否如願到達極樂世界的彼岸，我們無從得知。我們只知道，載送他遺體的車子從監獄駛回住家附近的一座橋時，他的老母親透過車窗，看到天邊現起了一道彩虹。

二〇一六年寫的第三封信第二頁翻攝。

26 這是舅舅送給妳的

參加過仁波切傳法的弟子，自然感受過仁波切的加持。而有幸與仁波切親近相處者，也深得仁波切恩德微風的吹拂。

仁波切的二姊南嘉群措曾私下向仁波切求法。阿克南卓回憶說：「仁波切吃完午餐，就對蔣秋卓瑪的母親傳授巴楚前行[257]。我有空的時候也一起聽。」

仁波切的姪女阿怡玉赤虔心學佛，特別對於紐涅齋戒的修持有興趣，於是仁波切親自為她寫下了修持紐涅的儀軌。仁波切在這篇題為〈紐涅受戒簡軌〉的儀軌開頭如是寫道：

> 若於堪布、洛本、善知識尊前受戒，當依其它受戒廣軌而受戒。若條件無法如是齊備，亦可自己獨自於聖像前受戒。於此，在佛陀聖像或是十一面觀聖像，乃至任何身語意所依之尊前，燃香供燈，三禮拜後，善治動機，於虔信專注之中，雙手合十而跪。首先，皈依及發心……

仁波切在儀軌中提及寫作的緣由：

257 巴楚前行即《普賢上師言教》。

我的姪女玉赤雖想每月修持兩三次紐涅，由於不諳受戒之理，向我詢問該當如何。她雖年輕，於法稍有虔誠，不間斷地每天持誦度母，亦盡力唸誦《金剛經》。當今年輕一輩能有如此心思，甚佳矣。我想，就算無法守持紐涅許多回合，僅守持一兩回合，功德利益亦不可思議。然而，平時難得傳戒師，我寫如是儀軌，乃僅作為善行不致中斷之方便。凡有違犯過失，誠向觀世音懺悔。願以此善，使一切眾生投生於阿彌陀佛尊前。

長年侍奉仁波切三餐的寧瑪策旺（以下稱寧瓊喇嘛），在九〇年代末期開始跟在仁波切的身邊。除了向外甥女蔣秋習得烹飪之外，不會藏文的他，也幸蒙仁波切親自教導字母拼寫和儀軌背誦。他至今依然完整保留著仁波切親筆寫下的西藏字母表。同樣侍奉仁波切多年的阿怡卡莉，在大女兒十三歲生日時，意外收到仁波切在一個藍色信封上頭寫給女兒的溫暖生日祝福：

我那如同滿願樹般的高個子天女朋友，我祝妳生日吉祥如意！女孩，祝福妳無病、長壽、喜樂圓滿，一切吉祥！期盼很快碰面。

同樣地，外甥女蔣秋之女昂固十三歲生日時，仁波切在寫給她的信中祝福道：

女孩，我也祈願妳從現在起，得到在生生世世當中享用妙法並盡享解脫道、大菩提果位的緣起。

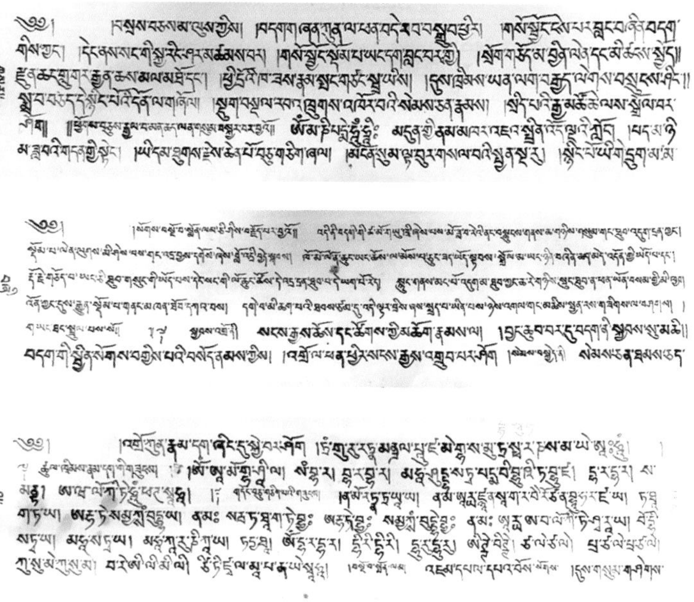

揚唐仁波切為姪女親筆寫下的紐涅儀軌其中三頁翻攝。資料提供／阿怡玉赤。

藏人弟子慈誠長年旅居尼泊爾，在為《多芒新伏藏全集》重新打字付印、玉僧轉經輪製作等許多仁波切交辦的事項上貢獻心力。有一年，他經歷膽囊切除手術時，仁波切特別將他加持過的咒水和咒奶油，託人從錫金送到尼泊爾給他。仁波切的關愛還延伸到了他的家人。慈誠的兒子被達賴喇嘛尊者認證為格魯派倫朋仁波切的轉世靈童，於二〇〇六年在尼泊爾斯旺揚布的寺院裡陞座。不久後，揚唐仁波切突然前去這位祖古的寺院，以銀製曼達、銀製寶瓶、地毯等供品，親向祖古獻上身語意曼達供養。祖古後來前往南印度三大寺之一的甘丹寺深造，二〇一六年，仁波切得知慈誠要前去南印度探望兒子時，還特別給了慈誠十萬元印度盧比，為祖古做供僧之用。

如此這般，身邊人不論是希求佛法指導，抑或是經歷悲歡離合、生老病死之時，仁波切總是沒有缺席，就像是個伴隨他們走過人生各個重大歷程的親密家人。自幼即認識仁波

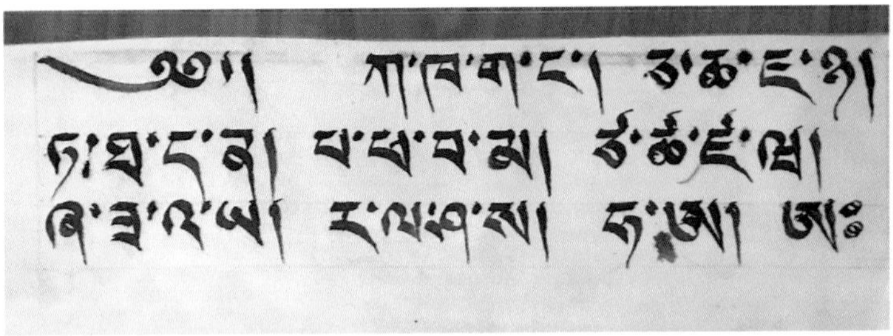

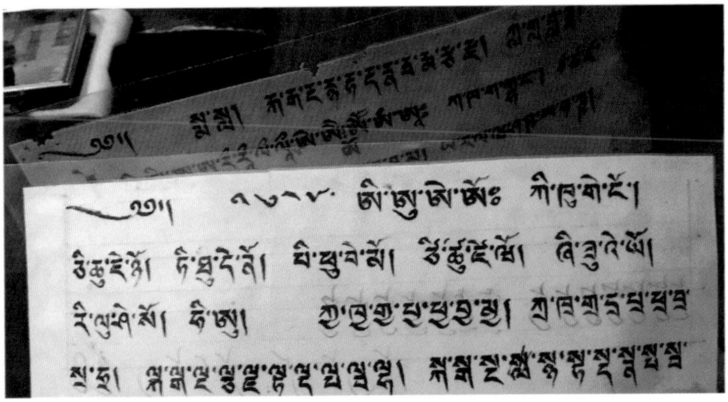

揚唐仁波切教導寧瓊藏文時寫下的藏文字母表。資料提供╱寧瓊喇嘛。

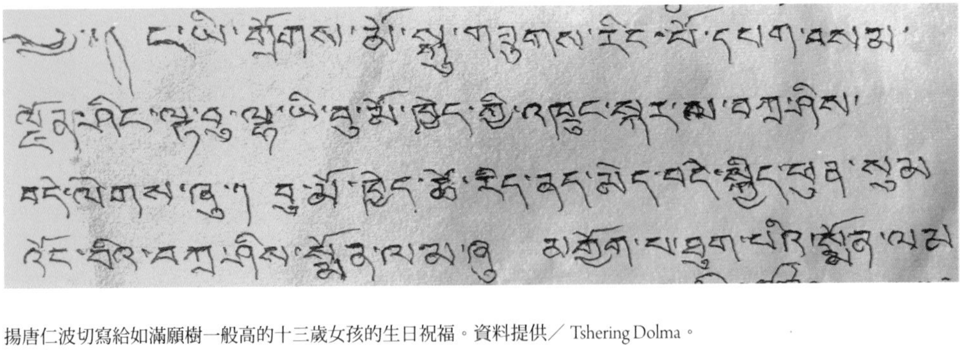

揚唐仁波切寫給如滿願樹一般高的十三歲女孩的生日祝福。資料提供╱ Tshering Dolma。

切的錫金布提亞族人德央[258]，在四五歲時即因阿姨炯姆卻紀[259]的關係而初識揚唐仁波切。仁波切當時造訪她比克斯唐（Biksthang）的家中，臨走前拿出許多兩塊印度盧比的紙鈔，分送給包括她在內的十幾位孩童，那是她一生中得自仁波切的第一份禮物。

二〇〇九年四月六日，自一九八〇年代起便長年虔誠護持仁波切的炯姆卻紀因車禍而羅難，同車亡故的還有她的哥哥雅巴札西朵登夫妻等共五位家族成員。五位罹難者中，札西朵登和炯姆卻紀乃是德央最親的舅舅和阿姨。

甫參加完貝諾法王圓寂法會，仁波切從南印回返錫金後，分別在札西朵登夫妻和炯姆卻紀三人的遺體旁親修頗瓦，年邁的仁波切不辭辛苦，在位於屋中不同樓層的三處靈堂上上下下，為熟識多年的三人送上最後一程。阿姨和舅舅的喪生，對德央來說，除了是痛失親人之外，也對婚事有重大影響。因為在錫金，一個女孩子要成婚，傳統上需由舅舅來決定婚事，如果舅舅不認可結婚對象，就不得成親。

所以當自己最親的舅舅過世，對於已屆適婚年齡的德央來說，心中有種說不出口的酸楚。炯姆卻紀往生後第四十九天，仁波切在里濱宅唸經迴向後，回到他過去在此多次入住

258 全名德紀央金卓嘎嘉措。

259 本名為卻紀朵登。

上／揚唐仁波切與炯姆卻紀（右）在鄰近錫金的噶倫堡（Kalimpong）的合影。左為德央的表姐及噶倫堡公園旅館的主人。年份不詳。

下／揚唐仁波切離開比克斯唐前發送兩塊錢盧比鈔票給孩子們，左二背對鏡頭的小女生即是孩童時期的德央（約於一九八九至一九九〇年間）。

照片提供／Deyang Dolkar Gyatso。

的寢室，只是這一次，在房中與他對話他的不再是炯姆卻紀，而是心情正在谷底低盪的德央。根據德央的回憶，仁波切主動開口對她說：「我想妳有男朋友了，我想要見見他。」仁波切也向德央的父親提及此事。隔天早上，德央的男友前來拜見仁波切，仁波切用普巴杵加持他後，交代他日後到玉僧璨康一會。仁波切宛如看出德央的心事一般，特別對她說：「妳不用擔心，我會代表妳的舅舅，妳的婚禮，我會到場。」

二〇一一年秋天，德央與本名局美南嘉的男友「波波」前去玉僧拜見仁波切。一同吃完午餐後，仁波切對波波說：「德央的父親嘉措醫生（Dr. T. R. Gyatso）是比克斯唐家族的獨子，而德央又是他的獨生女，所以我希望你不要期待她過去跟你的家庭住在一起。反而希望你能去那邊跟她家人同住。從現在起，我會叫你『比克斯唐雅普拉』！」德央感到很震驚，完全沒有料到仁波切會說這一番話。她說：「就是非常震驚，我沒有想到仁波切會那樣說，因為在我舅舅過世之後，我沒有想到會有人那樣替我著想。」

在錫金布提亞族還有一項傳統，男方在婚前必須宰殺一隻自養的豬，將這隻豬送給女方舅舅家，越大的豬被認為是越體面的禮物，此乃傳統婚禮必經之一環。然而，身為「舅舅」的仁波切早在處理炯姆卻紀後事時就告誡德央，往後結婚時，切莫接受那樣的禮物，因為那隻豬既是為了女方而宰殺，罪業也會落在女方身上。總之，波波和男方家屬對於婚禮及婚後住處等事宜均無任何異議，一切遵照女方「舅舅」的指示。

那年十一月，德央和波波訂婚，並預計在二〇一三年一月份舉行婚禮。而在二〇一二年到二〇一三年間，揚唐仁波切的外甥女蔣秋卓瑪因病進行一系列療程。德央雖然心中十分期盼邀請仁波切到婚禮現場給予祝福，卻也深知那並不是提出邀請的適當時機。她如是說道：「那時阿怡蔣秋身體不適，她人在德里，我總是想像仁波切會來我的婚禮，但是我並不想勉強，我知道那對仁波切來說是個不方便的時間點。所以我覺得如果我邀請他的話，會是一件不對的事。」

儘管德央沒有提出邀請，知悉婚事的仁波切，卻提前在婚禮前一天的二月十三日抵達比克斯唐，他帶來好幾個竹簍裝的食品、白米和飲品為禮，並隨禮送上一條純白的哈達。在這個時候，仁波切對德央說了這一句讓她畢生難忘的話：「這是舅舅送給妳的。」

仁波切在比克斯唐停留三晚，期間有兩天從早到晚在佛堂裡祈福修法。在離開比克斯唐前，仁波切特別加持已有身孕的德央，並把自己咒語加持過的咒水和咒奶油送給她，乃至親自向她腹部吹氣加持。後來，仁波切甚至還翻閱曆書，主動告知德央理想的生產日期，如此百般關懷，跟任何人的親舅舅相比，恐怕都是有過之而無不及。

此外，根據德央的說法，她父系的祖先東登格桑頓珠，乃是當初從西藏隨著拉尊南卡吉美來到秘境哲孟雄的主要弟子之一。我們並不清楚東登格桑頓珠是否曾發下大願，希望後代子孫都能得到拉尊的庇佑。但可想而知的是，他一定曾與拉尊共同凝望著那座皓白雪山，然後看到那隻奇妙的白天鵝，緩緩朝著他那藍色身體的上師飛了過來。

上／揚唐仁波切抵達比克斯唐時的留影。

下／「舅舅」帶來的豐盛禮物（二〇一三年）。

照片提供／ Deyang Dolkar Gyatso。

德央童年時期與仁波切的合影。照片提供／ Deyang Dolkar Gyatso。

第四章

從此岸到彼岸

1　七品祈請文與芮氏規模七點九之下的三世佛前

一六四七年的藏曆五月七日，拉尊南卡吉美在竹帝寺安住時，於淨相中親見蓮師為他解說錫金各聖地殊勝，也指示為了防範錫金未來障礙而當行之法事。這些法事除了包括在特定地點建立特定佛塔外，也包括了應當進行的唸誦，如云：「恆常勤修寂忿蓮師，不間斷唸誦《七品祈請文》。」[1]

拉尊伏藏法《持明命修》中的〈內授記——極明日光〉一文也記載蓮師的這番話：「興建蓮師像與嘛尼咒，境內莫行殺生當斷惡，六字蓮師咒與七品文，勤修三根及八法行咒。」[2]

總之，拉尊在十七世紀中葉留下的文字中，就已一再載明《七品祈請文》對錫金的重要性。貝瑪揚澤寺洛本登巴嘉措特別留意到這些教言。他說道：「嘉瓦拉尊千波有說過，總體來說，世界上若有戰亂或是饑荒等事發生，在秘境錫金若有六字大明咒、蓮師心咒和《七品祈請文》的唸誦聲，對於世界享有安樂有諸多緣起。這是蓮師在〈唐拉授記〉中提到的。」

根據洛本的說法，基於拉尊的這些教示，夏札仁波切和揚唐仁波切均指示應在錫金舉辦諸如六字大明咒、蓮師心咒以及《七品祈請文》的唸誦法會。總之，在洛本登巴嘉措、嘉日仁波切以及蔣揚多傑等人倡議和籌備下，《七品祈請文》十萬遍唸誦法會終於付諸實現，首屆唸誦法會在札西頂舉行，爾後每年都在貝瑪揚澤寺舉行。

二〇一四年的藏曆二月，仁波切應邀到貝瑪揚澤寺主持《七品祈請文》十萬遍唸誦法會。除了傳授《七品祈請文》口傳之外，仁波切也親授唸誦方法，包括皈依、發心等順序，以及每品結尾應當注意的細節，乃至每一品各自適合唸誦的時間點等等，均給予詳盡解說。法會進行中，不時聽到仁波切敲打金剛鈴引領全場唸誦節奏的聲響。這場為期十天的法會，每天上下午各有數小時，仁波切坐鎮全場，直至藏曆二月十日圓滿。

這一年夏天，西藏白玉祖寺傳來喜訊，貝諾法王的轉世靈童於七月三十一日，藏曆六月四日，即佛陀轉法輪紀念日，於白玉祖寺陞座。一個星期後的八月六日，揚唐仁波切在錫金玉僧迎請貝諾揚希仁波切法照到噶陀寺法座上，從當天拍攝的照片上可以看出，對於貝諾法王轉世念茲在茲的仁波切，喜悅之情溢於言表。

八月下旬，仁波切在玉僧璨康寢室，依多芒新伏藏觀音法門《遍空自解脫》進行為期近半年的嚴謹閉關。閉關期間僅開放極少數弟子求見，例如頂果欽哲揚希仁波切與堪布耶謝蔣參就會在仁波切閉關期間，來到錫金求得《傑尊寧體》的灌頂與竅訣。

其實仁波切在沒有特別閉關的日子，平日作息亦有如閉關行者。近侍喇嘛諾布敘述道：

---

1 《拉尊法王教言全集》藏文版第一冊，頁五一六。

2 《大圓滿・持明命修・光明心髓輯錄・五十一根本法類（嗡函）》頁六三九。

揚唐仁波切在噶陀寺大殿外頂禮貝諾揚希仁波切法照一景（二〇一四年）。照片來源／清哲祖古。

早餐我們一起吃完，他就上座修持。我們有時候有些重要事情，或是某個大上師來訪，就不得不向他稟報、不得不去問他，可是又看到他在修持，開門進去就覺得很恐慌。可是不去又不行。……我們遇上非常多次這種麻煩。總之，他其實都在閉關，但是從來不會說這是閉關、不准誰進去什麼的。

初十和二十五日，他大多會依多芒新伏藏的《淨除道障》來進行薈供。有時候真的很忙沒時間時，就依多芒新伏藏的〈四序業薈供〉……有時候會唸誦拉尊的《持明命修》來做薈供和法事。供奉護法的話，也是依多芒新伏藏，大概每天都會供個一個小時，這當中有包括米旁仁波切的格薩爾供奉文。煙供則大多依〈山淨煙供〉，倒是完全沒看過他唸過他自己造的〈吉祥煙供〉[3]。

他總是說自己造的儀軌是不行的。他自己的法門像是忿怒蓮師等等，我們把那些全部印製成一函。仁波切不知道我們有印製，有一天他問我們那是什麼，我們回答說：「我們把仁波切您造的儀軌全部彙集成一函。」他就說：「那個根本不行，為什麼要印？」就罵了我們一頓。他的寢室裡面有大圓滿、多芒新伏藏、大寶伏藏等等法本，他一旦知道我們把他著作的法函跟那些法本擺在一起，他就會說：「不能放在那裡喔！一定要拿下來，我寫的東西完全不行，不能放在那裡面。」我是完全沒看過他唸〈吉祥煙供〉。

仁波切的閉關一直進行到二〇一五年二月十九日凌晨。那天是藏曆大年初一，來自各地的親屬和僧俗信眾，一大早就前來領受仁波切出關的加持。仁波切手持寶瓶水、普巴杵等聖物，一一給予信眾加持。竹帝寺和貝瑪揚澤寺的僧眾也前來獻上吉祥唱誦。學童和鄉親也到場獻上歌舞的表演。仁波切出關這一天，整個玉僧璨康充滿著喜慶氣息。玉僧鄉親也特別請仁波切到村中一處平地，欣賞他們費心準備的歌舞表演，現場有如歡樂的嘉年華會。在仁波切駐錫玉僧的十五年中，這是慶賀場面最盛大的一年。

揚唐仁波切於清晨出關時，在寢室裡以寶瓶水、觀音朵瑪、長壽丸、普巴杵加持弟子（二〇一五年）。攝影／卻札。

3 仁波切在監獄裡奉神佛之命所造的煙供儀軌。請見本書第二章相關章節。

二〇一五年新年喜慶期間，鄉民獻上歌舞，
仁波切亦給予加持。攝影／卻札。

在閉關圓滿和新年喜慶後，仁波切再次展開忙碌的行程。三月上旬，仁波切應徹令多傑堪布之邀，前往位於印度阿薩姆邦的西拉帕塔爾（Silapathar, Assam）。仁波切從巴格多格拉機場搭機前往印度東北第一大城古瓦哈提（Guwahati），在此過夜一晚後，隔天一早搭機前往迪布魯加爾（Dibrugarh），下機後再乘車到上游為雅魯藏布江的南亞第一大河——布拉馬普特拉河的河畔，人車共乘汽船渡河。此處河寬超過五公里，到達對岸後復繼續乘車，抵達西拉帕塔爾時已是晚上了。

仁波切在一個臨時搭設的棚子裡，為蓮師銅色吉祥山宮殿興建工程主持為期七天的普巴金剛法會。徹令多傑堪布如是敘述當時的情景：

> 第一天法會進行得並不多，所以大概（下午）五點就結束了。揚唐仁波切完全不喜歡這樣，他說：「這樣的法會是沒有辦法發揮作用的。」他一點也不喜歡。隔天我就跟維那師講：「法會必須進行到天黑，不然上師不高興。」那天開始，我們法會就進行到六點半，天全都黑了。但是仁波切完全不累，法會結束後我去拜見他，他還笑笑地說：「法會進行得很好！」

在西拉帕塔爾的最後一天，仁波切對包括來自貝瑪貴和當地居民共超過千名信眾給予長壽灌頂。法會圓滿結束後，貝瑪貴信眾特別獻上歌舞表演。當天晚上，數名南卓林學僧特別把握機會向仁波切求口傳。仁波切儘管視力已大不如前，仍在近兩個小時當中，傳授《法界寶藏論》以及〈普賢王如來祈願文〉等諸多願文口傳。隔天回程路上，車子再度行經布拉瑪普特拉河畔，仁波切特別交代侍者取一些河水帶回錫金。「這是西藏的水。」他說。

不到兩個星期後，仁波切又應國際前譯教傳法脈傳召會之請，前往尼泊爾加德滿都宗囊寺，傳授大伏藏師孃尼瑪偉瑟的伏藏品——《八大法行善逝總集》完整灌頂。法會從三月二十四日進行到四月三日圓滿結束。

爾後，仁波切前往位於揚列雪的安宗寺傳授《三寶總攝》灌頂。安宗寺在二〇一〇年啟建時，寺院的主事者堪布丹增諾吾便迎請仁波切加持建地。在建寺土地中央擺放的哈達

上／揚唐仁波切在西拉帕塔爾帳棚內主持普巴法會的留影（二〇一五年）。

下／揚唐仁波切與徹令多傑堪布在建地前修持鎮伏法時的合影（二〇一五年）。

攝影／卻札。

揚唐仁波切在宗囊寺傳法時大殿內外的情景（二〇一五年）。
攝影／曾建智

上，仁波切放上他總隨身繫在腰間的普巴杵，並且說道：「這是蓮花生大士的普巴杵，要靠這個來降伏土地的障礙，這個如果不行，我又怎麼行呢！」[4]仁波切在此修持大白傘蓋、獅面空行、〈山淨煙供〉、護法供奉等法。寺方奉上人參果和酸奶給仁波切享用，仁波切食用少許後，將餘食全部灑在建地上。而二〇一五年仁波切再訪揚列雪時，先為露天蓮師大像開光，隨後來到安宗寺。寺方以僧鬘列隊迎接仁波切，一向不好此道的仁波切顯露出不悅的神情。仁波切在此停留首日，包括堪布丹增諾吾在內的十幾位堪布和洛本，在仁波切座下求得《椎擊三要》教授。隔天早上六點，仁波切開始在大殿修灌頂前行法，並於下午傳授《三寶總攝》灌頂。灌頂結束後，寺方向仁波切獻上格薩爾傳記舞劇——「岭舞大樂妙樂」。一時，在寺院上方，現起一道美麗而清晰的彩虹。

4 堪布丹增諾吾訪談，二〇一九年四月三十日於尼泊爾加德滿都。仁波切兩度來到安宗寺的相關敘述均來自堪布丹增諾吾的訪談。

四月十四日起，仁波切應邀在雪謙寺傳授《惹納林巴伏藏全集》灌頂。這是繼一九九〇年於奧瑞岡及馬里蘭兩度傳授《惹納林巴伏藏全集》灌頂後，仁波切在海外第三次也是最後一次傳授此法全集。《惹納林巴伏藏全集》的主要灌頂，以及多芒新伏藏中的卑瑪拉密札灌頂等，到四月二十四日止均已傳授完畢，僅剩最後的長壽灌頂要在隔天四月二十五日傳授。

上／揚唐仁波切於安宗寺傳法時的留影。照片提供／堪布丹增諾吾。

下／頂果欽哲揚希仁波切恭迎揚唐仁波切一景（二〇一五年）。攝影／曾建智。

而長壽灌頂當天，尼泊爾發生了芮氏規模七點九的大地震，這場地震在該國造成九千多人身亡以及逾兩萬人輕重傷。然而在雪謙寺法會現場，在三分鐘[5]劇烈地震之下並無任何人員傷亡。

左／仁波切在雪謙寺大殿傳法時的情景。攝影／曾建智。

5　三分鐘之說出自肖恩的主觀經驗描述。

根據雪謙冉江仁波切的說法，仁波切在地震前曾提到障礙可能發生：

在我們這邊傳法還沒開始之前，仁波切大概是在宗囊寺那邊傳法。我聽說仁波切應是在那邊傳法時有說過：「感覺會有一個大障礙發生。」在這邊傳法時，最後他也有說：「我想說會有大障礙發生，結果沒有發生，讓灌頂得以完成。」地震的前一天他好像有這樣說。他們說平常仁波切沒有唸誦那麼多遍《心經》，而那段時間卻唸了很多。所以仁波切一定是知道有障礙要發生了。

根據參加法會的香港弟子札西（Tashi Gyurme）敘述，直到二十四日為止，仁波切每天一大早會修前行法，灌頂則是在下午一點開始進行，信眾們在十二點半得以進入大殿。而二十五日這一天，十一點半左右就已開放大眾入場。就在進行《惹納林巴壽成就金剛鬘》灌頂前的火供時，柴薪才一點燃，約莫十一點五十六分時，劇烈的地震就突然發生了。[6]

坐在大殿外草坪區的新加坡弟子央金措（Yangchen Tso）回憶當時的情景說：「當地震發生時，有很劇烈的騷動。而仁波切還不停地持續傳灌頂，他從來沒有停下來。……所有人都在喊叫、推擠，而他仍然持續著。仍然可以聽到他唸誦的聲音和鈴聲。……有很大的騷動，而震動是上上下下的、猛烈的，然後停止，然後又搖起來，但是仁波切似乎都沒受影響。……有趣的是，當你看到仁波切如此沈穩專注，不知怎麼地，就會覺得我們不會發生什麼事的。」[7]

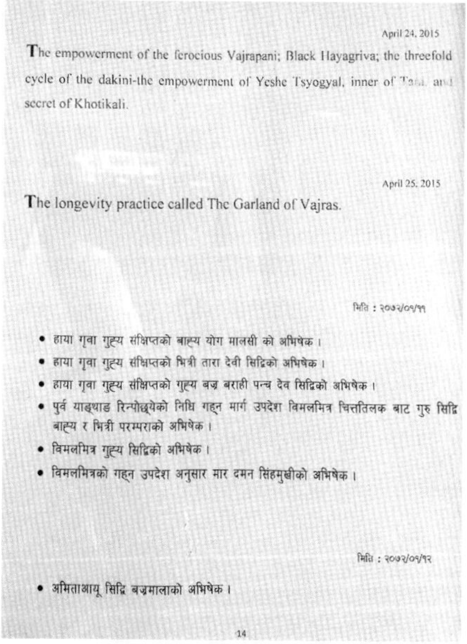

April 24, 2015

The empowerment of the ferocious Vajrapani; Black Hayagriva; the threefold cycle of the dakini-the empowerment of Yeshe Tsyogyal, inner of T[illegible] and secret of Khotikali.

April 25, 2015

The longevity practice called The Garland of Vajras.

मिति : २०७२/०१/११

- हाया गृवा गुह्य संक्षिप्तको बाह्य योग मालसी को अभिषेक।
- हाया गृवा गुह्य संक्षिप्तको भित्री तारा देवी सिद्विको अभिषेक।
- हाया गृवा गुह्य संक्षिप्तको गुह्य बज्र बराही पन्च देव सिद्विको अभिषेक।
- पुर्व याङ्थाङ रिन्पोछ्येको निधि गह्न मार्ग उपदेश विमलमित्र चित्ततिलक बाट गुरु सिद्वि बाह्य र भित्री परम्पराको अभिषेक।
- विमलमित्र गुह्य सिद्विको अभिषेक।
- विमलमित्रको गह्न उपदेश अनुसार मार दमन सिंहमुखीको अभिषेक।

मिति : २०७२/०१/१२

- अमिताआयू सिद्वि बज्रमालाको अभिषेक।

14

左／地震當天的灌頂活動公告。
右／地震發生時眾人避走雪謙寺殿外的情景（二〇一五年）。
下／地震發生當下被震裂的大殿牆面。
攝影／ Tashi Gyurme。

6 札西訪談，二〇一七年十一月二十八日於香港尖沙咀。

7 央金措訪談，二〇一八年五月二十四日於尼泊爾加德滿都。

在法會中擔任英語口譯的肖恩．普萊斯回憶火供進行的情形：「地震是在火供開始時發生的。火還是點燃的，由於地震的晃動，讓火灶的柴堆都塌落了，木柴於是擊中底部的油，使得火焰燒了兩三公尺高。」在大殿內進行法會拍攝的台灣弟子曾建智，在地震發生當下正好站在火供灶爐前，他如是回憶道：

我是站在正前方的火灶前，仁波切正揮著旗子，就大地震動……第一震時，我也跑回前座攝影區，我當時心只掛念攝影設備背包。我坐在敦珠揚希[8]正後方，我回座位立即收起背包，看到這第一震已將堪布們地上的奶茶都震翻了。當我在座位上看著主法上師仍進行著唸誦時，聽到上方屋頂有碎石聲響，我也見大殿三尊大佛像與左右進出口牆壁有裂聲，這第一震時其實大殿地板也有傾斜，奶茶流向後方。這時敦珠揚希仁波切看我背著包包，他笑一下說：「別拍了，走吧！」我也從身後的側門撤出。

我到了戶外後，才想到還有腳架與儀軌法本，又回去座位。這時又遇上第二次地震，這時內部已停電，一片漆黑，看到侍者再度湧向主法台保護仁波切，欽哲揚希仁波切說揚唐仁波切還沒下法座，所以他也不會走。我是被身邊的人拉著再次從側門離開，這時看到大殿壁畫已破裂了。到了草皮上，餘震也沒停滯，看著佛寺上方高空盤旋許多黑鳥，我們都在戶外靜待揚唐仁波切唸完儀軌走出大殿正門。[9]

坐在大殿內的不丹喇嘛江措回憶說：

他們給了茶，倒滿整個杯子，我就跟旁邊的人說：「我看仁波切大概不會唸供茶偈了，我們就先喝了吧，不然就冷掉了！」結果有些人先喝了，大部分人是沒喝。然後聽到裡面有人在喊叫，我是沒想到是地震。後來變得越來越強，最後有的人就站起來走出去……那時才知道是地震了。……仁波切並沒有走。我就想說：「仁波切也沒有走，那我們是要逃什麼？那不是沒意思嗎？」我就留了下來。[10]

喇嘛江措還提到，茶都倒翻在地上，使得走動容易滑倒。而坐在大殿內一角的札西則如此形容當時眼前的景象：「我是坐在右下角的大殿裡面，然後前方全都是出家人，他們知道是地震，全部都衝出去了，就是很害怕地衝出去。……其實壁畫上本來已經有些裂痕了，那個時候裂出來就是飛出來，就是壁畫剝落掉下來。然後再看上面，天花板和柱子都在搖，然後燈也沒有（電）……其實我想要站起來也站不了，我要扶住我左右兩個朋友才能站起來。……然後大概是一分半鐘之後，我就跟他們說：「我們應該出去！」可是前面都沒有（人）。我沒有看左邊，可是前面都沒有。……那個火供的火光還在，那個火就有光，就看得到揚唐仁波切還是坐在法座上。」

8 本書提及的敦珠揚希均為那位出生在不丹的轉世祖古。

9 感謝曾建智在二〇二一年十月二十一日透過網路社群媒體分享當時的過程。

10 江措喇嘛訪談，二〇一八年五月二十日於印度措貝瑪。他於本書中的敘述均出自這場訪談，以下不再另註。

札西後來決定和朋友出去避震，出了大殿約半分鐘後，地震停止，於是他再度回到大殿當中。他繼續說道：「看到沒有東西再掉下來，我們就再進去，其實再進去的時候，仁波切跟揚希仁波切還是在。……地上全都是很亂的坐墊還有上面掉下來的東西。」

身為主要請法主和受法者、座位臨近揚唐仁波切法座的頂果欽哲揚希仁波切，如是敘述當時法座周邊的情況：

我個人的想法是，所謂的上師的大悲加持以及上師的神通，要來個放光還是在空中飛的，在現今時代是困難的。但是所謂上師大悲加持和神通，是要我們去思惟的，用眼睛是看不到的。一方面來說，仁波切灌頂全部傳完了，特別是仁波切不論何時都有說會有一個障礙發生，我是沒聽到，是外面的人這樣在講。另一方面，仁波切有在唸像是〈淨除道障〉、〈願望任運成就祈請文〉、〈二十一度母祈請文〉、〈般若心經回遮法〉這些。

在最後一天長壽灌頂時，總共有一萬五、一萬六千人聚集。是來自尼泊爾各地的人，也有外國人。……以尼泊爾人來說，我們求灌頂的人，大多是來自地震災區的人，……好好加以思惟，在上午地震時，人都待在這裡，完全都沒出問題。一個人也沒死亡。撇開僧人不說，沒有任何人有受傷。這真的是上師大悲加持，要不然就會死掉了。……

堪布耶喜蔣參也如是說：「多虧大家聚集在法會。不然的話，人們有的待在房裡，有的跑去外頭，會死很多人。我們在灌頂，人都聚在這裡，沒有人死亡。沒有灌頂的話，孩子們全都會死，孩子們全部都跑來參加灌頂了，學校那邊一個人都沒有，那邊牆倒塌時，一個人都沒死。這全是因為仁波切在灌頂的恩德。孩子們如果沒來參加灌頂，而是如同往常待在學校的話，地震當時正是大家準備吃午餐的時候，傷亡會很可觀。」而如同札西先前提到的，仁波切的長壽灌頂，跟之前十多天灌頂的不同之處，在於它未預警地提前在午前就開始，若是按照先前的日程。灌頂會在下午一點才開始。

至於仁波切面對大地震的反應，祖古仁增貝瑪如是回憶說：「寺院大殿震得很厲害，大殿沒被震倒。仁波切他還是安坐在法座上，不管地震怎麼晃，他完全沒有要離開，繼續用鈴裡的鈴條敲著鈴身發出『恰、恰、恰』的節奏在進行唸誦，毫無間斷地唸誦。」

欽哲揚希仁波切如是敘述道：

仁波切內心一點畏懼也沒有，除了擔心大家之外，完全沒有為自己擔憂。地震來的時候，整個寺院在搖晃，大殿裡有很多人，……全都逃到外頭去，在哭呀什麼的，可是仁波切還是安坐在法座上不出去。……

幾分鐘後，仁波切就是不出去，我就把仁波切侍者清哲祖古他們叫過來說：「仁波切應該要出去的，太危險了！」我們寺院三世佛的佛像有大玻璃罩著，玻璃是舊的，而且很大。支撐住玻璃的只有鐵而已，一旦破掉砸下來的話是會死人的，我就怕會砸到仁波切的頭，我就慢慢請仁波切出去，但是仁波切就是不出去。

札西也談到三世佛的大玻璃說：「其實很不可思議的是，雪謙寺那個三世佛，它前面有一個玻璃，很大的玻璃！它是大概六米乘高度大概有八米呀，可是它是很舊的，它是幾塊玻璃拼起來，可是那個玻璃在地震時沒有一點點破壞，其實這個是不太可能。……主殿後面蓮花生大士那個殿，它那個玻璃比它小，可是都裂開了，所以說這個是不可思議。」

總之，眾人倉惶逃離之際，仁波切依然留坐在法座上持續唸誦。根據堪布耶喜蔣參的說法，仁波切不斷地持誦著以「三世佛尊蓮花生大士」一句為開頭的蓮師除障文。負責法會壇城佈置等法事的喇嘛嘎瓊如是提到地震時的景象：

在惹納林巴灌頂接近完畢時，仁波切的眼睛看不清楚而感到吃力，雪謙寺有請仁波切休息一天，但是仁波切指示要先把灌頂傳完。灌頂的最後一天，進行四業火供時，火才一點燃，地震馬上就來了。那時仁波切身邊除了以欽哲揚希仁波切為首的約十五人以外，全都跑到外面去了。在地震還在發生的時候，仁波切唸誦三遍《般若心經》，他們那時候請仁波切去外面，仁波切回答說：「你們去外面吧，我在這裡待著。」後來由於揚希仁波切和侍者們慎重請求，仁波切才去外面，要不然我想他本人肯定是有把握的。

喇嘛江措如是詳述法座周邊的情況：

仁波切身邊就只有三個人，我就勉力到了仁波切那邊，披風和僧袋都沒帶上。寧瑪策旺和清哲祖古扶著法座後方，諾布喇嘛扶著法座另一角，我就扶著這一頭。……非常強烈，如果不扶著的話，法座會傾倒的。……仁波切馬上唸誦起〈般若心經回遮法〉，他都沒受影響。……敦珠揚希仁波切先逃出去，然後又回來，第一震稍微緩和，他就跟仁波切報告說：「有發生第二震的危險，第二震會很強烈，出去是比較好的！」而仁波切並沒有採納。接著欽哲揚希仁波切也請仁波切出去，仁波切也沒採納。然後阿怡蔣秋也請求仁波切說：「您不出去的話，很多祖古堪布也都不會出去了，他們因為您而死掉的話怎麼辦呢？」

祖古格札則如是敘述：

我們一直在那邊「請您出去吧」、「請出去吧」，而他就是不出去。他唸了《般若心經》的迴遮，然後我們一直請求，她的外甥女有請求，所有的侍者也都有請求……我也求著：「請您離開吧！」他往我這邊看過來，看了一下我是誰……[11]

蔣秋由於十分擔心法座後方的大玻璃會砸向仁波切，用雙臂環抱仁波切，以身體作為第一線防禦。而喇嘛諾布也如是描述道：

火供的火一點燃，地震就來了。那可是非常大的地震，寺院東晃西晃的，吊燈的線很長，每個吊燈都在晃，仁波切的法座也是左右移動，非常強烈的地震！所有人都逃走了。……仁波切馬上唸了《般若心經》。他說：「所有人一

11 祖古格札（卓千格扎仁波切）訪談，二〇一八年六月一日於香港。

起來唸《般若心經》，不會有事的！好好向三寶祈求！」仁波切敲打著鈴在唸誦《般若心經》。地震稍微緩和了一下，然後又開始震，一下緩一下震的。……我就跟仁波切說：「仁波切，出去比較好，欽哲揚希仁波切還有很多祖古、堪布都沒有出去，您出去的話比較好。」仁波切回答說：「他們出去就好了，我自己留下來。」我就說：「您不走的話，他們不會走的。您留下來的話，他們也會待著。如果地震又來的話，全部大概都會一起死掉。出去比較好呀！」

欽哲揚希仁波切的侍者一直請欽哲揚希仁波切出去，他回說：「為什麼要出去？仁波切都還在這裡，我們怎麼能出去呢？」仁波切這才說：「喔，這樣的話，我們不出去不行了。」於是仁波切立刻下了法座到了外面。

總之，在場每個人試圖用不同的話術勸請仁波切離開，仁波切最後是為了欽哲揚希仁波切等眾人的安危，才決定離開大殿。然而，仁波切一出大殿，內心想到的並不是安頓和避難。喇嘛諾布敘述道：

一到外面，又來了一個很大的地震，非常強烈的地震！仁波切坐在椅子，在大殿的正門口，他馬上就說：「把裡面的灌頂物拿出來，我要把灌頂傳完！」

喇嘛嘎瓊等人於是重回大殿，收齊灌頂物件，準備在殿外重啟未完的長壽灌頂。喇嘛嘎瓊說道：「接著，他坐在大殿前方廣場，把未結束的灌頂傳授完畢，包括了結尾的吉祥等段落都圓滿完成。我認為，如果在灌頂期間放假幾天的話，後來地震後要圓滿灌頂就難了。而上師知曉三時事，即時傳完深奧灌頂，這實在很令人驚奇。」

欽哲揚希仁波切則敘述道：「仁波切一出去大殿，地震馬上就停了。之後仁波切堅持要傳長壽灌頂。我們在寺院右方，是依怙主冉江仁波切的舊寢宮，那是以前的寢宮，依怙主頂果欽哲法王在那裡面住了很久。在那寢宮裡面有塊草坪，我們就在那邊搭棚待著。」

根據肖恩・普萊斯的說法，仁波切繼續傳授長壽灌頂時，當時在場的僅有欽哲揚希仁波切、帕秋仁波切、敦珠揚希仁波切等少數弟子。他還提到，在二十五日的主震過後，仁波切經過卜卦，預警大眾留意隔天同一時間的大餘震。結果二十六日中午過後的確又發生一場大地震。而根據札西的說法，兩三天之中，大大小小餘震不斷，電力和手機訊號直到第三天才恢復。

喇嘛諾布如是敘述當天晚上的情形：

一整個晚上都有地震，並不是什麼小地震，是很大的地震！冉江仁波切的寢宮東搖西晃，就像是樹木被風吹得搖晃一樣，很大的地震呀！地震一來，大家就怕說帳篷會倒塌，全部逃了出去。仁波切完全都沒有畏懼，還對我們說：「你們不需要逃，我們是在帳篷裡，帳篷倒了又不會怎麼樣！」……仁波切在大殿裡也是毫不畏懼，實在很驚人。

欽哲揚希仁波切繼續說道：

人們抱怨手機和網路不通，我是沒在想手機和網路的事，我只想著兩件事，一件是：要怎麼安置揚唐仁波切。第二件想到的事是：僧人們該怎麼辦才好。有僧人，有堪布，有祖古，還有很多在家人，他們會怎麼樣呢？我很擔心這個。……

第一天、第二天就這樣過去了，到了第三天晚上，又來了兩三個地震。每個地震有芮氏規模六，還是六點五，絕大多數都是芮氏規模四、五和六的地震。每震一次都震得很厲害。一方面來說，地震是沒那麼大，而平民太多了，地震加上每個人的喊叫，就變得讓人非常恐慌。

有一個晚上我很疲倦，為什麼呢？因為東跑西跑忙東忙西的，擔憂著該如何是好、派僧人去這裡那裡、給平民茶飲和食物，擔憂了很多，晚上就很累。……我就一個小小的帳篷，我和我的朋友——依怙主敦珠法王的轉世——我們兩個在一塊。我們兩個待在小小帳篷裡，我很累，就請他講個故事給我聽，他就跟我講了很多鬼故事什麼的，聽一聽很累就睡著了。一會兒之後，發生了一件奇怪的事，我耳朵聽到一個聲音，就聽到敲鈴唸誦蓮師祈願文的聲音。我在想說是在唸誦什麼，灌頂也灌完了，仁波切是又在灌什麼頂了嗎？……仁波切在唸誦〈淨除道障〉、〈願望任運成就祈願文〉和〈二十一度母祈願文〉時，就用鈴發出「叮！叮！叮！」的聲音。我想說是在做什麼呢？我就從帳篷窗戶看去，就看到仁波切在外面和清哲祖古、侍者和一些康巴僧人在唸誦。

在雪謙寺停留數天後，仁波切在欽哲揚希仁波切的安排下前往不丹。揚希仁波切說道：

我聽說有不丹的航空班機。我就想說不管怎樣就是要把仁波切帶去不丹。……清哲祖古和蔣秋也在，我就跟他們說：「有不丹的班機，明天我們把仁波切請去不丹。……仁波切在不丹輕鬆待上一兩天，我們也不用擔憂，而且那邊也沒有危險。不然的話，一直發生地震是蠻危險的。」……他們問過仁波切後，仁波切說不要去。

於是欽哲揚希仁波切打電話給正在不丹閉關的冉江仁波切商討此事。冉江仁波切認為：讓揚唐仁波切待在尼泊爾不是辦法，不管如何請去不丹才是上策。欽哲揚希仁波切於是再請近侍清哲祖古勸仁波切去不丹。他繼續說道：

> 清哲祖古說他沒辦法勸，說仁波切會生氣，我就說：「那我來稟報！」我就到仁波切尊前說：「仁波切，去不丹一趟如何？」仁波切回說：「我要想一下，現在還不知道。」我就說：「好的，那就請您思考之後，明天早上跟我說您的想法，我會做好相關準備。」

堪布耶喜蔣參則敘述道：

> 他們叫我去勸仁波切，我就跟仁波切說：「去幾天好了，皇太后也請您去，冉江仁波切也請您去。」他思忖了一下問我：「你要去嗎？」我說：「我會去！我會隨侍您！」他就說：「好，那就走！」
>
> 飛機又沒辦法飛，在機場拖了很久。到了不丹以後，在帕羅待了三天，那時候皇太后格桑卻准有過來，我就跟仁波切報告：「仁波切，今天皇太后要過

來。」仁波切就問：「我們有什麼可以送給她的嗎？」我回答：「我有尊白度母像可以送。」仁波切就叫我拿過來。那尊白度母有十二英吋高，仁波切拿去送給了皇太后。

這趟意外的不丹旅程，促成仁波切與不丹皇太后的最後一次會面。兩人的緣分始於一尊金剛手伏藏像，終於一尊白度母像。此外，欽哲揚希仁波切還如是敘述在不丹的情形：

仁波切沒有在不丹待太久的意願，只待了三四天而已，仁波切說：「不想待太久，想回錫金去。」有一天，仁波切在依怙主頂果欽哲法王顱骨所在地進行薈供，顱骨本來是在尼泊爾，後來冉江仁波切迎到了不丹。

在不丹閉關中的雪謙冉江仁波切也特地前來會見仁波切，他回憶道：「欽哲揚希仁波切想說尼泊爾還有發生很多地震，到不丹會很好，於是將揚唐仁波切請到不丹。我那時一般是在閉關，就下座去拜見了仁波切，我們一同輕鬆待了兩天，敘舊聊天，他們有拍了一些照片。在那之後，我就沒有再見過他了。」

左起依序為：欽哲揚希仁波切、不丹現任國王之皇太后桑給卻准（Queen Mother Sangay Choden）、揚唐仁波切、皇太后格桑卻准以及雪謙冉江仁波切在不丹的合影（二〇一五年）。照片提供／清哲祖古。

2 贍林玉唐千莫的手印與多芒的最後法輪

在不丹帕羅停留數日後，仁波切前往彭措林待了一天便返回錫金。他首先前往甘托克皇宮，依他前一年於閉關期間所寫的〈供奉女樹神簡軌〉進行修法。仁波切在儀軌結尾處寫道：

> 錫金國王皇宮旁有一棵樹，往昔曾有供奉樹神習俗，然而後來供奉中斷許久。今年，於此十七勝生陰鐵兔年中，錫金國王心想：「若能對那女樹神進行供奉會是好的。」他經思索告訴近侍後，里濱雅普旺嘉朵登給了我吉祥哈達和許多錢，說道：「有無供奉樹神之法，應該如何作為，請您賜筆。」我查閱大寶伏藏等典籍亦無覓得，別無良方之下，寫下此文呈上。然而，此中洗浴寶瓶修持法、懸掛旗幡、淨浴、天繩禮讚等，係取自多芒伏藏師之法要，具有大加持。而煙供等其它部分，是我自己如凡夫口頭發願般隨意所寫，是故您們唸完一遍就放火燒掉。吉祥如意！名為揚唐祖古者造。

仁波切在皇宮修完法後，當天晚上入住「祖拉康」裡康卓策仁卻准過去所住的房間。隔天，仁波切造訪雅普旺嘉朵登家，過夜一晚。翌日，從不丹護送仁波切一行人回到錫金的堪布耶喜蔣參和堪布桑傑卻札，陪同仁波切返回玉僧。回到玉僧不到兩個月，仁波切再度啟程遠赴多芒寺傳授《多芒新伏藏全集》灌頂。我們將在本節稍後再敘述這趟最後的藏地之旅。

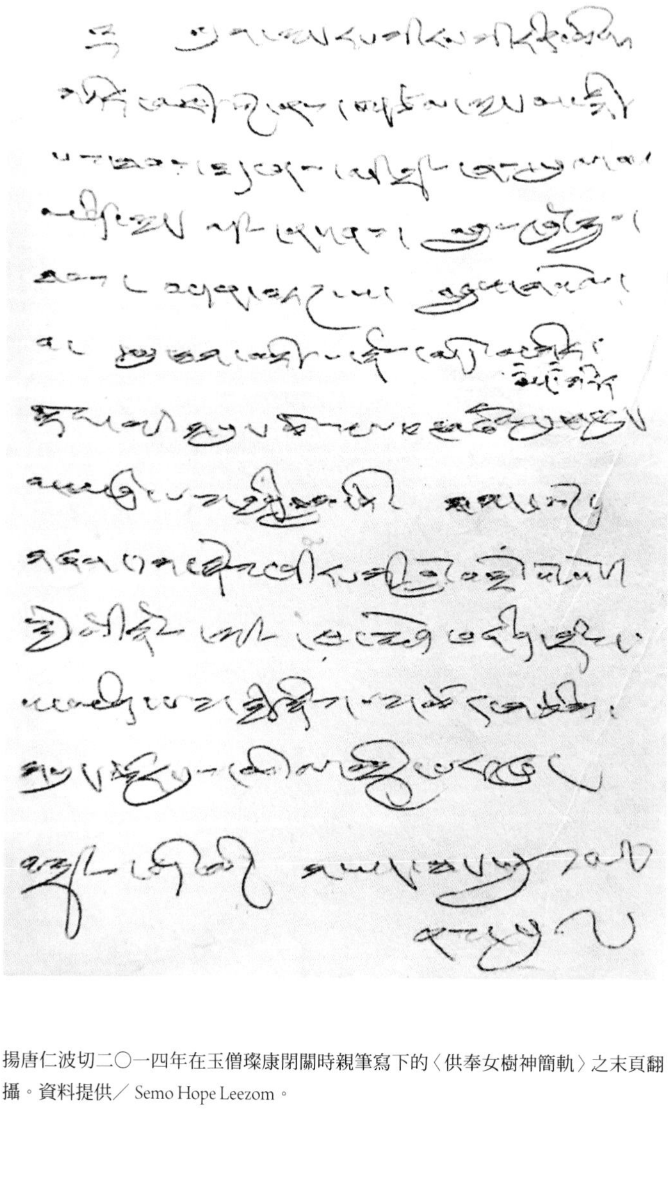

揚唐仁波切二〇一四年在玉僧璨康閉關時親筆寫下的〈供奉女樹神簡軌〉之末頁翻攝。資料提供／ Semo Hope Leezom。

在結束藏地和中國的行程後，仁波切在秋天前往貝瑪揚澤寺主持一年一度的《七品祈請文》十萬遍唸誦法會。本屆法會特以慶祝拉尊南卡吉美圓寂三百六十週年[12]為主題，為一幅彩布繡製的巨幅拉尊唐卡進行盛大開光。「拉尊節」籌劃者之一的蔣揚多傑如是敘述：

嘉瓦拉尊千波對錫金來說，是可以統合錫金的元素，就如同夏仲昂旺南嘉之於不丹。只是錫金人並沒有好好看待他，不如不丹人那樣看待夏仲昂旺南嘉。……貝瑪揚澤洛本和我在加德滿都討論……幸運的是，依怙主揚唐仁波切當時也正好在雪謙寺……我有一位朋友在做布繡唐卡，現在他在拉薩很受歡迎。我就問他可不可以做一個青綠色的拉尊的三十英尺唐卡。他說那並不容易，需要一年的時間。……然後我們去見仁波切，洛本叫我跟仁波切說，所以我就跟仁波切說了製作繡像等事項。我說：「仁波切，既然您是嘉瓦拉尊千波的再來人，由您來為它開光將可流傳許久。」仁波切顯得很開心，所以我們就訂製了唐卡。……

當他完成一半時，仁波切正好又在加德滿都，我們就把半成品給仁波切看，他給予加持，還放了一些錢，並且說不用擔心，這會順利完成的。他將這幅唐卡命名為「贍林玉唐千莫」（意為「贍部洲青松色大唐卡」）。[13]

貝瑪揚澤洛本登巴嘉措如是回憶仁波切在雪謙寺傳法午休時，首次見到這幅繡織唐卡的情景：

仁波切非常歡喜地說：「實在是與眾不同地好！你們真的是應時獲得天命！這個是贍林玉唐千莫！」仁波切如此為拉尊的繡像賜名為「贍林玉唐千莫」

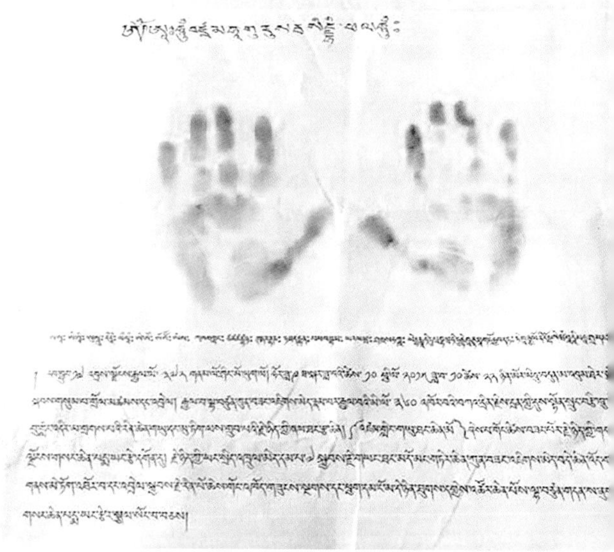

揚唐仁波切在「贍林玉唐千莫」背面蓋上的雙掌手印。手印上方為他親筆寫下的咒字。照片提供／ Jamyang Dorjee。

了。……歡喜之中，仁波切還向它獻上簡短曼達和哈達。

在拉尊繡織唐卡像的背面，仁波切蓋上了自己的雙手手印，並且親筆提字寫下咒語：「嗡阿吽班匝瑪哈估如薩爾瓦思帝吽」。

十月二十二日，《七品祈請文》十萬遍唸誦法會的最後一天，值藏曆九月十日蓮師殊勝日，拉瓊仁波切、貢江仁波切以及錫金各寺僧人齊聚在貝瑪揚澤寺的大殿外廣場，在仁波切的主持下，共同為懸掛在寺院正門上方、首次公開展示的贍林玉唐千莫進行開光，拉尊節在喜氣洋洋的氣氛當中圓滿結束。這場在拉尊所建的寺院、以拉尊為主題、依拉尊再來人為主法者的法會，標示著仁波切在錫金佛行事業的圓滿高峰，這也是他最後一次蒞臨這間他年幼出家的寺院主持法事。

12 並非正好三百六十年，只是取整數。

13 蔣揚多傑訪談，二〇一九年十月十九日於美國。

揚唐仁波切主持贍林玉唐千莫開光時的盛況(二〇一五年)。攝影/清哲祖古。

在錫金，揚唐仁波切被視為與拉尊無二無別，而在康區多芒，他被視為與前世多傑德千林巴無有差別。同年夏天，仁波切搭機抵達中國四川省大城成都，下榻於金色檸檬酒店。數日後，再於六月十二日搭機飛往康定。翌日白天，一群康巴學生穿著傳統藏服前來拜見仁波切，在他們一一獻上哈達之後，仁波切對他們做了一番約三分鐘的即席開示：

我不知道你們聽不聽得懂我的腔。漢族的知識也好，藏族的知識也好，應當要了解所有知識。要好好學習漢族文字等學科，不要怠慢，要去了解漢族知識。要好好學習藏族的知識，會藏文是好的。不要改變了每個國家各自的本質和特色。國家的本質是什麼呢？所有國家都不該改變各自的本質。什麼本質呢？就是語言和文字，這兩者是國家的本質。這兩者一改變，國家就變調了。很多外國國家都變了調，他們沒有語言，而在說別人的語言，只寫著別人的文字，自己本身沒文字也沒語言，到時本質不被改變都難了。……國家各自真正的本質是什麼呢？就是語言和文字。

揚唐仁波切與拉尊千波。繪圖／董靜蓉。

你們現在穿的服裝很好呀！不要拋棄了我們西藏的服飾。不能拋棄西藏的語言，應該要講藏語。在學校裡面，漢族和藏族的講話講來講去，會有衝突、吵架的情形發生，一點點小吵架是沒有關係，鬧大就不好了，把事情鬧大的是沒有學識的人，有學識的人最多就是吵吵架而已。溫和講話是沒有關係的。

藏族最主要的本質是什麼呢？就是遵循三寶和業因果。你們內心不能拋棄三寶，不能拋棄正法，內心不能拋棄業因果。沒拋棄這三者的話，就是我們西藏的本質了，除了這個沒別的了。現在中國共產黨有設下法律，要好好遵守法律，而學習應要自律。一是內心不捨棄三寶，二是內心不捨業因果，三是內心不捨棄正法。有把持住這三個的話就可以了。……要了解國家各自的傳統，去學習是好的，剛開始的時候從哪裡來，中間的時候如何存續，後來的狀況又是如何，去了解自己國家的歷史是好的。去學歷史是好的。除了這些以外，我沒有別的要對你們說了。[14]

六月十四日，仁波切抵達爐霍縣城，男女老幼信眾手持哈達在車道旁列隊迎接仁波切的坐車。隔天白天，前來仁波切下榻旅館的鄉親絡繹不絕。仁波切拿著蓮師伏藏金剛杵，一一紮實擊打每一個信眾，並且持咒向他們吹氣加持。他也一再向信眾耳提面命：「要唸誦皈依！要唸六字大明咒！不要忘了三寶！」在看到滿頭白髮的信眾時，仁波切也對他們直言：「要好好唸皈依！唸六字大明咒！時間不多了，要好好唸！」

兩天後，仁波切的座車首先經過上羅柯鄉，他的手伸出車窗，給予夾道恭迎他的每一個信眾加持。車子沿著蜿蜒山路駛向多芒寺，在接近多芒寺的一處平原時，仁波切走下車，與特來迎接他的多芒寺長老拉雪堪布等人，在草原上閒適茶敘。[15]

抵達寺院時，燒煙裊裊，白雲成朵，寺僧披上黃色法衣，手執幢幡，吹奏妙樂，迎接著仁波切的到來。仁波切回到闊別五年的多芒，首先在戶外搭設的帳棚裡向大眾開示道：

> 族人依靠的是寺院，寺院依靠的是族人，地方和寺院應當和睦相處。懇請大家不要有衝突。……慈誠羅珠堪布和索達吉堪布他們設下十善法規、建立法教，羅柯馬所有老先生老太太都生起修行佛法的心，現在大家全都奉行不殺生、不吃肉等善行，大家都歡喜奉行他們的教導。

揚唐仁波切在康定對藏族學生即席開示（二〇一五年）。攝影／卻札。

14 出自卻札拍攝的影片，此處從仁波切藏語開示直譯為中文。

15 過往總在迎接之列的多芒寺長老德巴堪布，在仁波切回到多芒的一個月前於成都圓寂。

六月十九日，仁波切依《上師密意總集》的灌頂前行，開啟了轉動多芒新伏藏法輪的序幕。除了蓮師薈供日當天休息一天之外，直到六月三十日圓滿結束前，每天都有傳授灌頂。期間正逢五明佛學院漢族僧眾假期，陸續有漢族僧尼從喇榮前來參加，據說喇榮漢族僧尼上達兩三百人，加上多芒寺為主的藏僧，大殿內共容納了近千名以出家弟子為主的受法者。這是仁波切興建的新大殿自二〇一〇年啟用以來最盛大的一場法會，由於大殿在二〇一九年即拆除重建，如此盛會亦成絕響。

為了向羅柯馬族人為主的眾多在家信眾傳授千佛灌頂等法，法會亦曾移師到大殿正前方的戶外廣場上進行。最後一天灌頂結束後，多芒寺僧向仁波切獻上曼達，所有信眾也一一前來接受仁波切的加持。仁波切為廣大信眾加持的數小時當中，口中持續唱誦蓮師心咒，從未間斷。加持過程中下起大雨，並未澆熄信眾求得加持的熱切心情，這是仁波切最後一次給予羅柯馬族人公開加持。

揚唐仁波切抵達多芒寺後在帳棚內即席開示（二〇一五年）。攝影／卻札。

左／揚唐仁波切在多芒寺大殿外傳授千佛灌頂一景（二〇一五年）。
攝影／卻札。

右／揚唐仁波切在大殿內傳法一景（二〇一五年）。
照片提供／清哲祖古。

下／揚唐仁波切在大殿外傳法時一景（二〇一五年）。
攝影／ Tashi Tshem Tsho Bhutia。

翌日，仁波切與多芒寺數名堪布、僧人以及親眷前往宗塔草原，在草原大帳棚裡共度閒適時光。午餐過後，仁波切前往朝禮毘盧遮那大譯師在宗塔的一處聖地。隔天正值藏曆五月十五日，適逢每年一度的「贍洲煙供日」。仁波切上午離開多芒寺，應近侍諾布喇嘛之邀，到他家中用餐。仁波切在傳統氂牛黑毛帳篷內，給予眾人招財、招壽加持，並在帳篷外對數十位鄉親傳授頗瓦口傳。仁波切似因先前灌頂多日，或因稍感風寒之故，嗓音甚為沙啞，儘管如此，只見他在喘嘘之中唸誦阿彌陀佛聖號，並且傳授頗瓦口傳。他還給予大眾如是珍貴的開示：

你們要向皈依處三寶來祈求，直到死前，平常日夜六時要祈求三寶，莫忘三寶，以全然信心來祈求，不要只是勤於世間輪迴事，而要以正法為主。你們不做世間輪迴事又不行，於此之餘，要能修行佛法，不要忘了佛法。你們當中不論是老年人還是年輕人，會因為車禍還是什麼而身亡我們實在不知道，大家都要盡力唸誦六字大明咒、蓮師心咒，向怙主阿彌陀佛一心祈求。……

慈誠羅珠堪布等人依大悲心教導一般老百姓佛法，你們應當聽從他們的話，盡力勤修投生阿彌陀佛極樂世界的四個因。若能圓滿修持阿彌陀佛極樂世界四因，毫無疑問將可在祂淨土投生，祂有如此承諾。即使沒有圓滿修持投生極樂世界四因，若能做到部分，亦可投生阿彌陀佛的淨土。懇請你們大家盡力勤修，盡力參加紐涅，心思放在善法上，圓滿修持善行。我們沒有會不會死的問題，所有人終究會死。死時，我們除了三寶和正法之外沒別的寄託，所以懇請大家心思要放在正法上。我的嗓子……你們大概聽不到我說的話，請把這些放在心裡面，除此以外沒別的了。[16]

仁波切在草原上對鄉親開示之一景（二〇一五年）。攝影／卻札。

這天下午，仁波切前往江楚色赤，在往昔十世班禪喇嘛和晉美彭措法王曾蒞臨的法座所在地主持盛大煙供。爾後，仁波切在近侍清哲祖古的家鄉宗麥過夜兩晚後，於七月四日再回爐霍，應邀到恰龍寺為大殿開光。開光後，從爐霍前往康定的途中，巧遇正要前去喇榮的索達吉堪布、桑傑康卓和喇嘛卻南一行人。索達吉堪布向車中的仁波切獻上哈達，而自一九九〇年起多次在美國為仁波切擔任傳法翻譯的桑傑康卓，以及二〇一一年仁波切在奧瑞岡阿什蘭那番「六年後就要辭世」的談話對象喇嘛卻南，都在這場巧遇當中最後一次見到仁波切。

抵達康定後，仁波切下榻於格薩爾酒店。這間酒店的茶飲廳中，有一尊白色的格薩爾王像。一般人經過此廳，大多視這尊格薩爾像為旅館內的裝飾品，然而仁波切卻特地向這尊

16 出自卻札拍攝的影片，此處從仁波切藏語開示直譯為中文。

揚唐仁波切在成都瑞吉酒店傳法時一景。
攝影／柴河。

格薩爾像行三頂禮，並恭敬獻上哈達。七月七日，仁波切從康定搭機返回成都。七月九日，他在成都瑞吉酒店的會堂，依恰美仁波切的《極樂願文》闡釋投生極樂世界四因，並給予信眾長壽加持。[17]隔天，仁波切又搭機抵達西寧，下榻於藍寶石大酒店，準備從青海湖開始，展開他一生當中第一次的青海朝聖行。

17 仁波切詳盡解說恰美仁波切《極樂願文》的內涵，並依喇榮的傳規講解此文結合供曼達等唸誦之理趣。惜因現場沒有錄音，這場開示未能留下紀錄。

3 從湖心到台懷，從深圳到北京

仁波切乘車從西寧抵達青海湖的這天，正逢外甥女女兒札西群措的生日。仁波切在午餐前唸誦〈八吉祥祈請文〉為她慶生，並於正值藏曆五月二十五日空行殊勝日的這天午後，與弟子們一同在青海湖畔進行薈供。

隔天早上，仁波切與數十位僧俗弟子一同搭船橫渡遼闊的青海湖，抵達湖上那被稱為「阿彌德瓦」或是「措寧」的聖地——湖心島。根據清哲祖古的敘述，當時規定頗為嚴格，一般人不允許坐船前去湖心島，且航行所費不貲，來回需要數十萬人民幣。幸運的是，青海省醫院的長官正好得到前往湖心島的許可，一行人便得以同船前往，且沒有讓仁波切負擔任何船行費用。

揚唐仁波切在青海湖畔為札西群措慶生的情景（二〇一五年）。攝影／卻札。

經過三個多小時的航行後，眾人改搭安全筏登島。仁波切在離岸不遠的一處平地席地而坐，持誦煙供及〈極樂願文〉等願文。在島上閉關的數名藏族僧尼也前來拜見仁波切建立法緣，仁波切為他們傳授了吉美林巴尊者所造的〈入遍知城〉願文後，搭乘安全筏到湖上登船返程。

七月十三日，仁波切途經興海縣城，經過數個小時車程抵達蓮花生大士聖地「白猴岩寨」。此處氣勢非凡的岩壁下方有一個大石窟，窟中有眾多自生殊勝標誌和印記，其中包括宗喀巴大師在石上留下的掌印。大石窟旁另有一個約莫兩三坪大的小石窟，據說是蓮師之閉關洞穴。由於這個小石窟閒置無人使用，仁波切遂臨時決定在窟中過夜，進行閉關。第二天早上七點，仁波切緩緩步出石窟，復於大石窟前進行廣大薈供，晚上又在小石窟中度過第二個夜晚。

七月十五日，仁波切行經果洛一地，在一

左／揚唐仁波切在白岩猴寨蓮師閉關洞穴外的留影（二〇一五年）。攝影／卻札。

右／揚唐仁波切在蓮師洞中一景（二〇一五年）。攝影／清哲祖古。

揚唐仁波切與弟子眾供奉年保玉則戰神一景（二〇一五年）。攝影／卻札。

處草原特向格薩爾王獻上煙供，只見綠地上的白煙冉冉，飄向藍天裡的朵朵白雲。這天晚上，一行人在瑪沁縣城過夜。隔天，在稍可遠望阿尼瑪卿神山之一處草原上進行廣大供奉。爾後復經兩百公里以上的車程，抵達年保玉則。

七月十七日早上，仁波切一行人進入年保玉則景區，正要在壯闊的山景和美麗的湖畔供奉年保玉則戰神時，正巧遇上一群劇組人員開拍年保玉則戰神影集。現場可見知名西藏歌手謝旦穿上戰神戲服飾演年保玉則，與其他男女演員騎著駿馬、手搖大旗穿梭於壯美山景之間。仁波切是為供奉年保玉則而來，而如今年保玉則現身眼前，從世俗角度來說，頗有時空交錯的非現實感，而從緣起的角度來看，乃是極為殊勝的巧合。清哲祖古如是敘述道：「年保玉則劇集那天正好開拍，我們剛好到場，才放好仁波切的坐墊，他們的表演就正好開始。在那之前他們沒有演出過，那天是第一次，我自己覺得那實在是非常好的緣起。」

在這非實非虛、如夢似幻的奇妙景象中，仁波切領眾供奉戰神。白雲繚繞的晴朗天候也突然驟變，一陣狂風驟雪之下，冰雹和雪花為草原增添銀白的筆觸，而羅柯馬族人灑向天空的天馬紙片，也在大風中隨著飄雪落下。十分鐘後，風雪停止，藍天復現。

供奉的同時，眼前正在進行年保玉則劇集的拍攝（二〇一五年）。攝影／卻札。

爾後，劇組導演及演員一一前來向仁波切獻上哈達。正當此時，只見仁波切雙膝著地，以跪姿回獻哈達給每一個人。最後，飾演年保玉則的謝旦也脫下戰神頭盔，俯首向仁波切獻上哈達。而仁波切並沒有將他看作一介演員，而是視他為年保玉則真身，以宏亮的聲音對他呼喊著：「喔！守護聖教的大戰神呀！境域之主年保玉則呀！請您一定要守衛佛教！一定要增進眾生福祉！請您襄助雪域西藏，助上一臂之力！」[18]

仁波切跪著雙膝將演員視作護法神，慎重祈求「祂們」行使守衛教法和利益眾生的事業，如此一番景象，在同行弟子們眼中，實比戲劇拍攝還要令人震撼。仁波切的清淨觀、對護法神的恭敬，乃至對護法神祈求的目的，都在這一幕當中表露無遺。

離開年保玉則後，仁波切在久治縣城度過一夜。隔天繼續驅車從果洛自治州進入了阿壩自治州，在以遼闊草原聞名的若爾蓋過夜。翌日，仁波切一行人來到馬爾康。隔天七月二十日，正值藏曆六月四日，即佛陀轉法輪紀念日，仁波切前往多芒寺分寺——溫古寺——的圖書館，給予近百位僧俗信眾長壽加持。爾後，仁波切前往朝禮一座著名的「土介千波」四臂觀音像。午後，一行人又驅車往爐霍方向進發，在仁波切指示下，在途中一處過夜。藏人弟子慈誠如是紀錄道：

隨侍們問說：「在哪裡過夜比較好呢？」仁波切說：「在上羅柯的阿塔納托過夜。」於是上羅柯馬族人在該地搭篷準備。仁波切非常開心地說：「這個地方很舒適。」翌日早上，仁波切先行離開。隨侍眾人在收拾帳篷時，仁波切住的帳篷上方出現了五色圓形的虹圈。

隔天，仁波切應邀在爐霍縣城對數百位男女老幼藏族信眾傳授長壽灌頂。七月二十三日，仁波切特地前往白玉縣城，此行目的是拜見貝諾法王的轉世祖古以及朝禮白玉祖寺。仁波切一如往常地交代侍者切勿事先張揚，悄悄乘車直上白玉寺。在望見白玉寺所在的壯麗山勢時，初訪此地的仁波切讚嘆說：「此地放眼望去，便感聖地氣勢。」仁波切的轎車緩緩駛入寺內時，幾位喇嘛前來查看，看到仁波切搖下車窗，便在驚訝之中急忙行禮，並且誠邀仁波切留宿寺中，最後仁波切仍決定在白玉縣城一所旅館過夜。

隔天早上，仁波切乘車前往貝諾法王年幼時曾與圖松法王、蔣波佛爺等仁波切們閉關

18 出自卻札拍攝的影片。

修練之地——「達闊」，[19]拜見安住該地的貝諾揚希仁波切。這是仁波切與貝諾揚希仁波切的唯一一次會面，距離二〇〇九年在法王法體前主持出定事宜，相隔六年多的時間。

爾後，仁波切在白玉寺佛學院主持盛大薈供，並傳授寺僧些許口傳。仁波切曾在台灣多個白玉傳承的中心、美國普賢白玉法洲、麥索南卓林、比爾法輪洲、尼泊爾宗囊寺等白玉傳承道場傳法，而這是他首次來到白玉祖庭傳法。

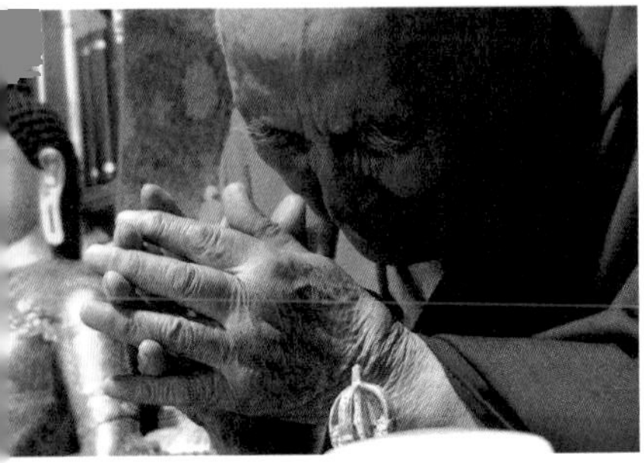

上／揚唐仁波切蒞臨白玉寺佛學院時的留影（二〇一五年）。

右／揚唐仁波切與貝諾揚希仁波切的合影（二〇一五年）。

左頁／揚唐仁波切在蓮師誕辰日主持金剛舞法會一景（二〇一五年）。

攝影／卻札。

翌日，仁波切啟程回返多芒，途中在昌台鎮上應薩迦派多科寺之邀為大殿開光，晚上在甘孜縣城過夜。七月二十六日，藏曆六月十日，時值蓮花生大士誕辰，仁波切重回多芒寺，主持一年一度的金剛舞法會。

隔天，仁波切到多芒寺大殿樓上，陸續為數個廳室中的金剛手聖像、文殊師利聖像、世尊聖像、度母聖像、長壽佛聖像以及金剛薩埵聖像共數百尊聖像進行開光。爾後登上大殿頂樓，為頂樓佛堂裡的世尊、八大菩薩、十六羅漢等聖像開光。

19 感謝張昆晟提供地名及背景等資訊。

隨後，仁波切來到索達吉堪布出資重建的多芒寺佛學院，參觀大殿、僧房和圖書室等設施，並在佛學院頂樓客廳中，依手杖擊桌敲出節拍，唸誦許多祈願文。爾後，仁波切即席為在場的幾位羅柯馬族人開示。當時羅、宗部落間發生衝突傷亡情事，仁波切特別囑咐族人道：「這一生是親屬者，下一生未必如此，自己會不會投胎到敵人陣營也不曉得。」他再三奉勸族人不要尋仇，要善用暇滿人身寶，努力斷惡行善，彼此和睦相處。他與羅柯馬人的深厚情感，在以下這一席話中一覽無遺：

我回到印度後，直到未死之前，會為你們所有在世者唸誦皈依，也會為所有往生者回向發願。……在我還沒死以前，都會盡力為你們回向發願。……

對在世者，我祈願所有人安樂、長壽、無病，對於往生者，如果未能投生極樂世界，祈願能夠投生為人，不需投生到三惡道去，我會這樣一再回向發願。

仁波切撒米加持多芒寺金剛舞面具（二〇一五年）。攝影／卻札。

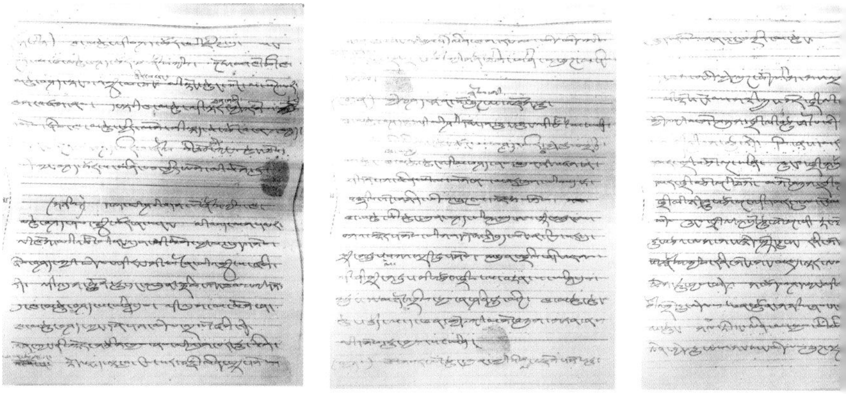

揚唐仁波切心繫羅、宗部落衝突情事，曾寫下手諭指示族人當和睦相處，並逐條蓋上手印。此為翻攝手諭其中三頁內容。

這一天晚上，仁波切度過他此生在多芒寺的最後一晚。翌日早上，長老拉雪堪布特別來到仁波切房間送行。寺僧們看著仁波切緩緩步下木屋階梯，在〈八吉祥祈請文〉的唸誦聲中，目送仁波切的車子離開，這是仁波切在多芒寺留下的最後身影。

此外，根據慈誠的紀錄，仁波切在多芒停留期間，堪布諾布徹令等人曾經祈請仁波切來年再回寺院，傳授羅睺羅護法神的供奉儀軌口傳。他記載了這段如今看來饒富深意的談話：

> 當時，堪布諾布徹令說：「羅柯馬地方和寺院雙方都如同杜鵑鳥等候天雨一般，請您明年一定要前來！」
>
> 仁波切回答：「好的，我三年後會來。」
>
> 堪布諾布徹令又說：「仁波切已年邁，如果三年後仍然未能前來，大概就沒有辦法來了。」
>
> 仁波切以玩笑的語氣說：「錫金那邊，地方舒適、冷熱適中，三年之後，我會不會變得比較年輕而跑來還不曉得呢！」

離開多芒後，仁波切先在距離寺院不遠的格薩爾神殿進行廣大供奉。隨後前往多芒朵，為僧俗信眾數百人講解六字大明咒的功德利益，並以瑪尼喇嘛貝瑪思帝傳規的六字大明咒唱誦旋律，領眾共同持咒。在開示過程中，仁波切一一解釋六個字母的功德利益，在解釋到「吽」字時如是開示道：

> 至於透過瞋心而造業，康巴人因為瞋心而殺了很多人，由於沒有辦法調伏瞋心，而打架、衝突、殺人……羅柯馬是最糟糕的，會殺自己的親戚……由於瞋心而殺人的話，是最大的罪業。……要淨化透過瞋心所造的業，是以「吽」字來淨除一切因為瞋心所造的罪業。

此外，他再三提醒族人要和其他部落和平相處，並且提到：

> 要讓地方和平，首先應要調伏自己的心，心的貪、瞋、癡、我慢、嫉妒等等，要看看能否稍為調伏。如果無法調伏而內心不平靜，地方也不會有和平，所以首先應要調伏自己的心。……要讓地方和平安樂，是我們所有人要努力。如

揚唐仁波切上車準備離開多芒寺時，拉雪堪布（中）與諾布徹令堪布（左）暨多芒寺僧齊聲唸誦〈八吉祥祈請文〉（二〇一五年）。攝影／卻札。

右／揚唐仁波切在多芒朵對羅柯馬僧俗信眾開示一景。

下／揚唐仁波切在意外身故的女孩遺體旁助念一景。

攝影／卻札。

果在地方上，都在打鬥衝突，這裡怎麼會快樂呢？請大家稍微注意瞋心和嫉妒……罪業是不可思議的，透過瞋心會投生到地獄，透過嫉妒會投生到阿修羅，我慢太強的話會投生成地基主等等，投生成那些的話就一點利益也沒有。為了避免投生到那裡，懇請大家稍微讓心喜樂，要去調伏自心。

仁波切這場開示超過一個小時，最後，他敲鈴領眾唸誦〈普賢行願品〉等願文進行迴向。這是仁波切一生在羅柯馬地區的最後一場公開開示。

七月三十一日，仁波切離開了爐霍地區，在前往木雅的途中，曾在一個意外身故的女孩遺體旁助念頗瓦，這是仁波切在西藏最後一次為亡者親修頗瓦。隨後在木雅一帶為給帕寺文殊殿和一座在草原上的蓮師大像開光。八月二日起一連兩天，仁波切應祖古吉稱之請，在木雅一所寺院外的大帳篷內為大眾傳授嘉村寧波《三寶總攝伏藏全集》灌頂。八月四日，仁波切復應祖古志札之請，前往鄰近塔公鎮的木雅大寺傳法。數百位僧尼披上黃色法衣，從山腳列隊到山上寺門，形成綿延數公里之長的僧鬘。仁波切的座車在幢幡和法樂的迎請之中緩緩駛入寺院。

揚唐仁波切傳授嘉村寧波伏藏灌頂時的留影。攝影／卻札。

左／揚唐仁波切與木雅大寺僧尼於大殿前的合影。

右／木雅大寺僧尼以綿延數公里的僧鬘恭迎揚唐仁波切到來一景。

攝影／卻札。

八月五日起，仁波切一連三天傳授了吉美林巴尊者的《龍欽寧體全集》灌頂，是為一生中最後一次傳授此法完整灌頂。[20]期間仁波切曾於上午空檔向著名的塔公覺窩像獻上曼達。八月七日午後，仁波切在傳完所有灌頂後，於飄雨之中與寺僧拍攝大合照，接著回到房間裡，向特來辭別的一群羅柯馬族人做了最後教誨。在場許多族人不禁老淚縱橫，這是他們與仁波切的最後一次會面。之後，一行人驅車前往康定，結束了將近兩個月的藏地行程。

緊接著展開的是中國內地行程。仁波切首站來到南方新興大城深圳，在下榻凱賓斯基酒店期間，為人稱「香港祖古」或是「漢喇嘛」的漢族弟子根松赤列俄熱的功德主和弟子眾傳授皈依。八月十三日，仁波切應香港祖古之請，到寶亨達國際酒店傳法，並在酒店外主持一場鳥類放生，是為仁波切一生主持的最後一場放生。此外，仁波切也受邀到市區另一處，為近百位漢族為主的信眾傳授金剛薩埵、龍欽寧體持明總集以及天法二十一財神等灌頂。

20 依現存紀錄來看，仁波切一生傳授龍欽寧體完整灌頂三回。前兩回乃於二〇一二年在尼泊爾宏拉和法國傳授。

在深圳度過四個晚上後，仁波切一行人搭機飛往北京。在中國首都的第一天，下榻於老字號的建國飯店。仁波切在北京停留期間朝禮位於八大處公園的佛牙舍利塔，也參觀了天安門廣場和人民大會堂，並在旅館房間為一群從天津前來的信眾傳授皈依。八月十九日，仁波切從北京乘車直達山西五台山。翌日，仁波切從台懷鎮出發，一天當中朝禮五個台。在每一台的洞穴或寺院裡，仁波切均帶領隨行弟子唸誦《文殊真實名經》和〈普賢行願品〉。

八月二十一日，仁波切在台懷鎮的一所寺院進行廣大薈供。在台懷鎮的朝聖足跡，則遍及大白塔、文殊髮塔、佛陀波利塔、金剛窟以及由祖古仁增貝瑪所建的「噶當塔」造型頂果欽哲法王圓寂紀念塔。

返回成都後，仁波切前往參拜寶光禪院的佛舍利，並於羅漢堂帶領弟子們唸誦，隨後亦朝禮成都名寺文殊院。在成都金色檸檬酒店下榻期間，仁波切在房間裡為吉林及昭英等四名中國弟子傳授《見修行略攝》。爾後，仁波切也應吉林為首的漢族弟子之請前往重

揚唐仁波切在深圳寶亨達國際酒店傳法一景。攝影／卻札。

慶，入住歐瑞錦江大酒店，並在房內為約百位漢族信眾傳授龍欽寧體持明總集、大樂佛母以及格薩爾灌頂。這場傳法標示著仁波切在中國內地的最後法輪。

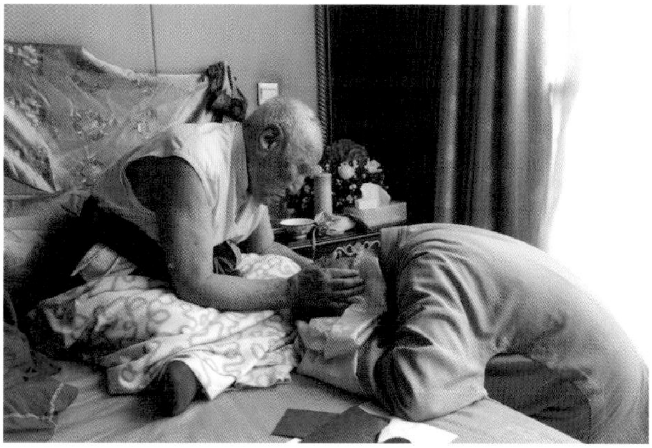

揚唐仁波切在中國停留期間，常有漢族弟子來到他下榻的旅館拜見，是故加持、卜卦、祝願成為日常。

上／成都金色檸檬酒店房間。攝影／柴河。

下／北京建國飯店房間。攝影／卻札。

揚唐仁波切朝禮位於五台山台懷鎮的頂果欽哲法王圓寂紀念塔。攝影／卻札。

4 玉僧旅舍頂樓的法宴

揚唐仁波切自一九九〇年起到海外弘法，在二十五年之間傳授諸多法教。而在家鄉錫金，除了在貝瑪揚澤、祖拉康等諸多寺院公開傳法之外，仁波切也在貝林璨康和玉僧璨康等地，向前來私下求法的弟子們傳法。這些求法者或為知名祖古和堪布；或為已學經論、已得灌頂口傳、惟缺上師直指心性者；或為心繫閉關實修、尚缺上師指點一二者。總之，仁波切私下傳授的法門，多以大圓滿立斷和頓超法門的實修竅訣為主。

仁波切的外甥女蔣秋在玉僧經營一家名為「玉僧旅舍」（Yuksom Residency）的旅館。仁波切曾在此兩度轉動法輪。第一次是二〇〇九年在玉僧旅舍樓上的佛堂中，給予錫金在地信眾三天開示。[21]其中，仁波切在第一天如是開示道：

這次要講法的原因是什麼呢？主要是蔣秋。她在前年去年跟我說：「錫金的年少孩子們，有些心裡想要了解佛法。他們問她們說：『該如何修行佛法？』而她們不知道怎麼回答。所以是有的孩子想要修行，也有些對錫金有所貢獻的錫金人想要修行，她就請我對他們開示佛法。……今年就安排三天來講法，是這樣

21 傳法當中，錫金人索南班究將仁波切的藏語開示現場翻譯為布提亞語及英語兩種語言。

的緣由。所以從今天起到明後天，你們一塊錢都不要拿來喔！這個並不是為了錢，也不是為了名聲，是因為孩子們有想要了解佛法而安排的，你們不要帶錢和哈達過來喔！[22]

在另一天的開示中，仁波切對於愛好飲酒的錫金風俗做了這番教誡：

不論是一般錫金人還是玉僧人，都非常喜歡酒。一喝了酒就什麼都可以了，感到歡喜滿足。酒喝少許是可以的，喝太多的話，對於現在來說也是很大的缺失。如果喝了酒開車，開車時會打瞌睡；如果待在家裡，又會發生家庭衝突；有東西的話，會把東西搞丟。不論從什麼角度來看，喝酒會造成很大問題。……在來世，喝酒者與賣酒者下場是一樣的，都會投生到毒湖地獄裡面。毒湖地獄有一座很大的毒湖，一旦落在裡面，會直落湖底，到了湖底，有很多長長的鐵蟲會跑進身體裡面，吃遍身體裡裡外外。我們現在連跳蚤都感到很困難了，而這是長長的鐵蟲在吃身體內外，在湖中必須待上十萬、二十萬年。每一百年得以冒出來看到湖岸一次，看到湖岸時，地獄獄卒已經等在那邊了，他們馬上就拿著鐵器過來，用鐵鎚朝頭上猛擊，掏眼、割鼻，會遭受這些困境。然後又會落到湖底，每百年才冒出來到湖岸，像這樣要待個十萬年。……所以說不要喝太多酒，能只喝一點的話，對此世來生都是好的。……這是我要對錫金喝酒者說的話。

仁波切在這幾天的開示當中，深入淺出講述佛教源流、六道輪迴痛苦、臨終和中陰的各個階段，以及視眾生為父母來修持菩提心等等主題。

二〇一五年十一月，以艾倫．華勒斯的墨西哥弟子為主的西方信眾，前來玉僧向仁波切求法。仁波切在傳法期間入住玉僧旅舍，並在自己房間傳法七天。這是唯一一次有國外弟子組團前來錫金求法，也是仁波切最後一次在玉僧旅舍傳法。

上／揚唐仁波切在玉僧旅舍樓上的佛堂裡與外甥女蔣秋及雅普旺嘉朵登合影。照片提供／更嘎寧博喇嘛。

下／揚唐仁波切在玉僧旅舍傳法的情景（二〇一五年）。照片提供／清哲祖古。

22 非常感謝Deyang Dolkar Gyatso提供當時傳法的錄音，讓仁波切的開示得以重現。

十一月四日上午，仁波切以這段開示為傳法拉開序幕：

雖然我不太會講法，各位不遠千里辛苦前來，一方面我也怕了，想說不能讓您們大老遠跑來卻變得沒有意義。所以說，在如今五濁滋長的時代，能夠為了佛法而辛苦前來的是很稀少的。從無始以來，為了世間輪迴事、各自權勢地位、名聲乃至財富，所有人都在奔波。搭乘天上的飛機而行，在地上坐車而行，在湖上乘船而行，全都在東奔西走，全都是為了各自的權勢、地位、名聲、財富而奔波。在空中、地上所有的地方，實在不可思議。然而，為了佛法而奔走的，實屬稀少。所以，各位為了求法而前來，我很感激，內心也感到高興。世尊佛陀的聖教仍然不衰，而且仍有如此愛好佛法的人，我對此深表感激。

在講法時，雖然聽法軌理中關於動機和行為有很多項目內容，要來講述的話會曠日費時，並沒有什麼意義。各位在求法時，不要有自私自利的想法，如此好好發心就可以了：「我為了讓等同虛空一切如母有情得到暫時的安樂，以及得到究竟遍知無上正等正覺的佛果珍寶而在此求法。」

往昔的時代，上師要觀察弟子，弟子要觀察上師，現在我們根本沒人這麼做了。……弟子需要具備一個根本條件，是什麼呢？若有不退轉的信心和全然的深信等三種純淨的信心的話，也就可以了。我並不知道各位有沒有不退轉的信心，反正就算是可以了。……

而上師所必須具備的一個條件是什麼呢？就是要有善良的心思、菩提心。有這個的話，也就被認為可以了。這次上師的部分，算是可以了。我雖然沒有菩提心，就當作是有好了！

我們如果要修持佛法，所做的正法事項不論是廣大的還是小小的，不論是要如何修持，都需要稍有聞思。但是我們並沒有廣大聞思，所以說我們並沒有達標。舉個例子來說，我們說要發起廣大菩提心作為動機，要發心的話，我們是想著為了利益等同虛空一切如母有情來發心的。但是我們沒有辦法做到好好地發心，這就是因為沒有純正聞思所造成的過失。說到「等同虛空的一切如母有情」時，誰都不曉得宇宙是極為廣大的。……所以說，想要利益的心思，如同「有情不可量，利他亦如是」所云，基於有情是無量的，發心時，實際上發心也成為無量的，那麼，發起無量心時會有無量功德利益這一點就不用多說了。然而，我們並不了解無量發心，所謂的宇宙，是心識無法揣度的，要用分別心去揣度宇宙的話是沒有辦法揣度的。……我們沒有辦法具格地用心識去思索有情，要修無所緣悲心也沒有辦法達標，我們是以有限的思索在修持，這樣是可以；除此之外，我們也做不到。

一般來說，若要思惟「虛空為空」，這虛空毫不存有，是空性的。這空性的虛空，誰都沒有辦法去度量，誰有辦法去度量空呢？空的虛空所遍及之處，便遍佈著宇宙。宇宙所遍及之處，就遍佈著有情。有情所遍及之處，就遍佈著業和煩惱。所要緣想的是如此這般廣大，而我們沒有辦法這樣緣想。所以說，我們的發心是沒辦法做到圓滿，但是這樣發心算是可以了。必須知道我們有沒有做到圓滿。覺得自己已經達到完美那就不行了，就變成我慢了。……

要想要修持純正佛法，就要斷除自利作意。除了斷除輪迴瑣事來修行以外，依著符合世間的想法是沒辦法修行的，這是世尊佛陀已經決斷過的。水跟火這兩樣東西沒辦法同在，同樣地，佛說佛法和世間這兩者也無法同在。譬如說，我們在佛法和世間兩者中，把世間看得比較重要，把佛法看得比較沒那麼重要，是這樣在修行，這怎麼可能會是純正的佛法呢？儘管沒有做到純正，我們若是向三寶祈求而修持佛法，作為解脫的開端，這是好的。這樣的佛法修行沒辦法達到圓滿究竟，僅僅只是建立個緣起而已。在有信心、虔誠恭敬之下修行，可以建立未來能夠修持純正佛法的緣起。至於我們正在修的到底是不是純正的，這是必須要去了解的。想說自己有在純正修行的話是不行的。去想說純正修行很簡單的話也是不行的。不管是純正也好，不純正也罷，如此修持已趣入佛法之門，僅從這個角度來說，算是可以的了。

怎麼樣才算是所謂修持純正佛法呢？我來稍作講解。……[23]

接著，出乎大家意料之外地，仁波切開始依著阿底峽尊者言教來闡述如何修持純正佛法。這個請法團原本向仁波切請的法是大圓滿法門，包括仁波切本人寫的《見修行略攝》和龍欽巴尊者的《法界寶藏論》。仁波切後來私下對近侍說，之所以用阿底峽尊者的言教來開場，是因為外國弟子常常喜歡高深大法，忽略基礎前行學習，由於我慢的緣故，無法看到自己的不足，所以仁波切是先以那段開場白以及阿底峽尊者的口訣，來挫挫弟子的傲氣。

此外，請法者和侍者們原本計畫每天只需要上午傳法，好讓高齡八十七的仁波切不要太勞累。第一天上午傳法的最後，仁波切這樣說道：

如果認為輪迴瑣事是很快樂的，那就根本沒有辦法斷除了，也沒有辦法把心念轉離世間輪迴事。無法轉念的話，就無法修持純正佛法。所以要思惟「世間輪迴沒有實義」、「其本質乃是痛苦」，以及三惡道苦。若在此生稍有安樂之時，只拿來吃美食、穿好衣、住好屋的話，達成這些東西的因盡是惡業，現在如果享樂度日，由於惡業的力量，來生除了惡道之外沒別的去處了。而且來生所受的苦，會是現在安樂的兩三倍乃至百倍、千倍之多。懇請大家如是稍微思惟世間輪迴無有實義之後，在修持佛法的時候，能稍微將心念轉離世間事。

今天早上就到此為止，明天怎麼安排我也不知道。您們之前有寫說，每天早上八點到十一點半之間傳法，下午就什麼都沒有。如果明後天發現講不完的話，說不定下午要加個兩三個小時，我就會請大家過來補課，講不完的話就要這樣處理，講不完就不用這樣。……

仁波切後來在休息時間對近侍說，他們大老遠過來求法，卻只是想要上午聽法，這樣的求法精神似乎是不足的。這一番話顯見仁波切對於傳法毫不感到疲倦，一心只想讓大家不虛此行，完全不在意自己有沒有空閒時間來休息。於是，經各方溝通後，從第二天起，仁波切在上午和下午都有授課，師徒雙方皆大歡喜。

仁波切從第二天早上起，以四堂課的時間講述《見修行略攝》，這是他第五次也是最後

23 非常感謝Daniel Bitran Arizpe提供的開示錄音，讓這場在玉僧旅舍的法宴得以重現。此處依仁波切藏語開示直譯為中文。

一次公開講授此法。[24]他首先如此開講：

今天這個見修行法本是個假東西喔！……各位已經花心力把它翻譯出來了[25]，都已經這樣努力，我不講就不行了。……你們不來求往昔上師、智者所造的論著，而來求我的這個假東西，這種由一個什麼都不懂的人寫出來的東西實在是不行，但是不講又沒辦法，今天就來講這個吧。

從第三天起，仁波切在傳授《法界寶藏論》的口傳時，佐以各章要點闡釋，講解過程中並沒有多加思索或援引他書，完全從心意自然湧現對深奧詞句的解釋。仁波切也特別開放弟子提問，一來解除弟子疑惑，二來得以知曉弟子們的學習狀況，師徒雙方都十分歡喜。

爾後，仁波切傳授拉尊南卡吉美的〈山淨煙供〉和上師瑜伽，並於十一月九日上午即席開示道：

各位並不是從頭開始修行的佛法修行者，而是老修行。最近也有很多上師前去外國，宣說了很多法，所有人都跑去聽法，所以各位已經聽了很多法，已經聽了顯教，也已經聽了密法和大圓滿，全都聽完了。各位有聽了法，但付諸實修這一點是困難的，要圓滿了解實修的方法也是困難的。要培養好的實修精進心和信心恭敬，各位現在還欠缺的，就是透過精進來實修。除了這個以外，什麼都不缺了，已經聽完所有佛法了。要將一切佛法融會為一來實修。而將一切佛法融會為一的，就是光明大圓滿了。

所有顯密之法，都包含在菩提心和自生本智明覺兩者之中。顯教當中主要是要修練菩提心，而菩提心的心要是什麼呢？就是大圓滿。所以這兩者是雙運相連的。菩提心有「世俗菩提心」和「勝義菩提心」兩者。世俗菩提心是悲心，而勝義菩提心是大圓滿。光明大圓滿在心續當中生起之後，對於眾生的悲心會越來越強，絕對不會捨棄眾生。所以要將光明大圓滿的實修和悲心這兩者相連結來修行佛法。……

現在已經結束了，我講一堆不知道有沒有意思，我想大概你們會覺得累吧。上午還剩一點時間，我現在就來講些有的沒的東西。下午各位要不要上課，就由各位自己決定吧，要上課的話，我就會講些有的沒的，不上課的話也由各位決定，要不要上課我不會去做決定。要上的話，我就會講有的沒的很多事情，把時間走完。而現在我們還要撐到中午，中午以前我還會繼續講些有的沒的，還有一點時間的樣子。

由於弟子們希望繼續聽聞開示，於是這天下午也繼續上課。仁波切在下午如是開場：

---

24 前四次依序為二〇〇九年於馬來西亞怡保、二〇一二年於尼泊爾宏拉南卡穹宗寺、二〇一三年於法國列饒林和尼泊爾加德滿都南卡穹宗寺傳授。聽法者少至數十，多達上千。仁波切另曾多次於錫金等地向私下求授此法者傳授，人數多在五人以內。

25 指艾倫·華勒斯翻譯的英文版。

首先是有意義的事情，卻札蔣措跟我說，他們似乎對於結合上師瑜伽的實修方法有不明瞭的地方，有不少人在問他，所以為了讓各位明白，我想再簡略講一下。之前其實我有講過了，這算是提醒，昨天有解釋過了，可能有不明白的地方。

在結合上師瑜伽實修時，觀想上師在頭頂來接受四灌頂，最後上師化成光、融入自己。上師的身語言和自己的身口意無別融合，在這個時候入定，讓心自然安放來修持大圓滿，這就是與上師瑜伽的連結。入定之後，在沒有妄念的狀態下，不管是能夠待上一分鐘、兩分鐘還是三分鐘。當妄念升起時，讓妄念自升自解，在二十分鐘還是三十分鐘後，在這個時候下座，這不是真的要下座，而是一座當中的一個小座結束時，唸誦「具德根本上師仁波切……」，再唸「具德上師解脫諸行儀……」，然後唸「生生世世不離真上師……」。唸完這三個後就結束小座，結束小座後，迴向發願，將座上所修善根迴向給利益一切有情。然後再次開始上師瑜伽，如果不唸廣祈願文的話，就唸「奧明法界宮殿中……」這個也可以，這樣唸誦少許祈願文，然後唸個「妙香遍塗花散之大地……」獻上少許曼達是可以的，就唸少許就可以了。至於資糧田……不唸文句的話，就以心明觀之，然後進行四灌頂。四灌頂後，上師化光融入自己，在上師身語意與自己身口意無別融合一味中入定。二十分鐘左右後，再唸「具德根本上師仁波切……」。像這樣，一個大座裡面有四五六個小座，這是大圓滿實修與上師瑜伽合修的方法，這就是上師瑜伽結合大圓滿的方式，對於透過上師加持讓見地在相續中生起會有所助益。一再領受四灌頂對於得到加持有所裨益。所以要將上師瑜伽跟這次我們講解的大圓滿入定結合起來。如果早上一個大座一直修到中午，看在這中間可以修多少小座，每個小座入定半個小時，然後再重複上師瑜伽。……請好好地理解以上所說的。

修上師瑜伽時，首先上師在外，是位世上之人。中間會將上師視為真正的佛。最後明白上師即為自心。

明瞭上師即自心，乃是得到見地之量。剛開始只把上師看作外在的世間人，中間會了解上師即佛，最後明白上師即自心，會這樣依次經歷，這是我們的實修之果。

好，接下來我要講些沒有意義的事了！我要來講宇宙是如何廣大，要講到三點！

傳法圓滿後，艾倫．華勒斯向揚唐仁波切獻上曼達（二〇一五年）。照片提供／清哲祖古。

5 從北印到北城的上師心滴

玉僧旅舍傳法結束不出數日，仁波切便搭車下山，在西里古里「北城」住宅過夜後，又搭機飛往德里，接著從德里搭長途車前往位於北印度喜馬偕爾邦的山中小鎮比爾，應嶺果祖古之請，在白玉法輪洲寺傳授《四心滴》灌頂。這是仁波切一生中第五次也是最後一次公開傳授此法完整灌頂，[26]應邀給予《四心滴》口傳的祖古仁增貝瑪[27]也在受法之列。傳法從十一月十八日開始，到二十二日圓滿結束。嶺果祖古如是談到傳法的經過：

> 以前我想在貝諾法王尊前請求傳授《四心滴》，但是法王身體不好，就一直延宕未果。我就想說，若能在揚唐仁波切尊前請求的話是很好的。我前去錫金的時候，他正待在西里古里，我前去拜見，請求他傳授《四心滴》。……

揚唐仁波切在印度比爾的白玉法輪洲寺傳法留影（二〇一五年）。攝影／曾建智。

他來到這裡，一天進行了灌頂前行，並在四天當中，廣傳《四心滴》灌頂。他由於眼睛不好，過程相當吃力，但是非常廣地傳了灌頂。當時他開玩笑地對我說：「我在嶺果寺院違背了兩個承諾。我有承諾不坐高座，結果嶺果寺把我安排在高座。我並不喜歡僧鬘、寶蓋，這個承諾也違背了。」[28]

傳法圓滿結束後，臨行的前一天晚上，有些弟子特來拜見仁波切，並說隔天早上會為仁波切送行。結果翌日清晨四五點天色未亮之際，仁波切便已上車離開寺院，[29]唯有嶺果祖古依尊師之禮俗，特別乘坐另一輛車，伴隨仁波切座車送行數公里。

---

26 前四次依序為一九九〇年於美國舊金山烏金金剛座及馬里蘭州普賢白玉法洲、二〇一二年於尼泊爾宏拉南卡穹宗寺、二〇一三年於法國列饒林。

27 祖古仁增貝瑪於一九八一年初識揚唐仁波切。根據祖古的回憶，揚唐仁波切早期曾私下向他求得《經注闇甲》等法口傳，並向他求取八種佛塔的比例尺度圖。而祖古仁增貝瑪向來景仰揚唐仁波切，二〇〇一年仁波切在南卓林傳授多芒新伏藏時，祖古也在受法之列。此外，根據慈誠的口述，有一年，揚唐仁波切要前往多芒前，先到尼泊爾待上幾天，期間應慈誠邀請到家中用餐。仁波切在知曉祖古仁增貝瑪住所就在旁邊後，交代慈誠不要通報，便直接前往會面。祖古仁增貝瑪看到突然來訪的仁波切，感到又驚又喜。慈誠敘述說：「後來祖古仁增貝瑪罵我說，我們是鄰居，怎麼仁波切要來你也不先打個電話？」

28 嶺果祖古訪談，二〇一八年五月十九日於比爾白玉法輪寺。感謝烏金彭措喇嘛的安排。

29 仁波切不僅不喜在抵達一地時被盛大歡迎，亦不喜在離開時被盛大歡送。所以常在傳完法後，於翌日天色未亮之際悄悄離開。

十二月下旬，寧瑪派掌教主達龍澤珠法王及寧瑪派長老夏札仁波切相繼圓寂。二〇一六年一月，仁波切最後一次參加菩提迦耶寧瑪祈願法會時，也參赴夏札仁波切圓寂法會，以及每年一度的晉美彭措法王圓寂紀念法會，並特地前往達龍澤洙法王圓寂地——菩提迦耶普巴殿朝禮法王法體。適逢菩提迦耶南卓林寺落成，揚唐仁波切也應邀與白玉傳承的祖古、上師、大堪布們共同為貝諾法王舍利塔及大殿進行開光。

爾後，仁波切又經兩天車程，從菩提迦耶返回西里古里。喇榮五明佛學院的慈誠羅珠堪布先前透過網路通訊的方式，輾轉請求仁波切為他的弟子——國際知名演員李連杰——傳授大圓滿灌頂。仁波切於是在西里古里「北城」住處，對李連杰夫妻為主的少數弟子傳授《四心滴》當中最主要的灌頂——《上師心滴》。

李連杰從二〇〇五年起為了修持大圓滿正行法門，奉慈誠羅珠堪布指示，先後依止阿秋喇嘛和董瑟聽列諾布仁波切，然而不久後，兩位上師相繼圓寂。他在二〇一五年十二月停留台灣期間，又請求當時在台的措尼仁波切引介傳授大圓滿灌頂的上師。

右頁／揚唐仁波切在比爾傳法時進行火供一景（二〇一五年）。攝影／卻札。

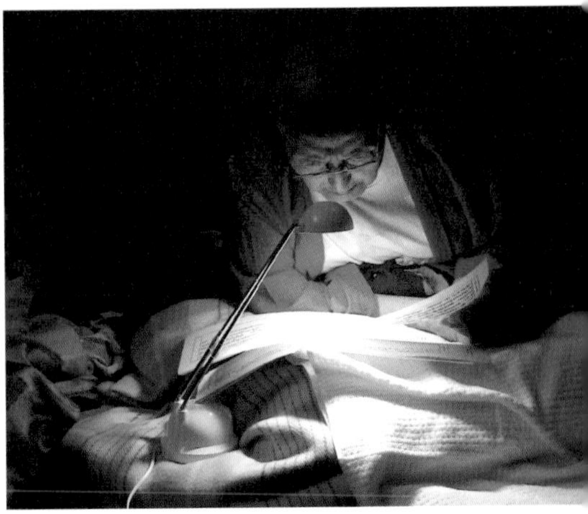

上／仁波切在比爾期間，白天傳法，晚上挑燈研閱隔天的灌頂儀軌。攝影／卻札。

下／《四心滴》灌頂進行時一景。攝影／曾建智。

左／嶺果祖古向揚唐仁波切獻上曼達一景。攝影／卻札。

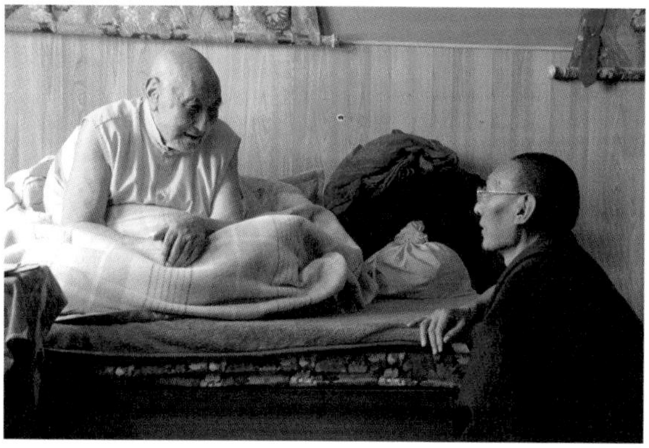

上／祖古仁增貝瑪在比爾拜會揚唐仁波切一景（二〇一五年）。攝影／卻札。

下／白玉法輪洲寺的清晨景色。揚唐仁波切當時入住寺院頂樓（二〇一五年）。攝影／曾建智。

揚唐仁波切在比爾停留期間，應邀到尼札祖古的寺院為大殿開光（二〇一五年）。攝影／卻札。

上／揚唐仁波切在菩提迦耶參加夏札仁波切圓寂法會時一景。

下／揚唐仁波切在菩提迦耶正覺塔的菩提樹前，參加晉美彭措法王圓寂紀念法會。

照片提供/清哲祖古。

揚唐仁波切與圖松法王等白玉傳承祖古、堪布們共同為菩提迦耶南卓林寺的貝諾法王塔進行開光。攝影/曾建智。

上／揚唐仁波切在西里古里北城（North City）寢室中，為李連杰與利智夫婦為主的少數弟子傳法（二〇一六年）。攝影／卻札。

右／揚唐仁波切與噶瑪古千法王、圖松法王等白玉傳承上師們，共同為菩提迦耶南卓林寺大殿開光。攝影／曾建智。

措尼仁波切回答說：「若有推薦名單，願意居中聯繫安排。」李連杰於是再請慈誠羅珠堪布寫下推薦名單，名單中包括了夏札仁波切、揚唐仁波切、多竹千法王等四位上師。依照當時健康狀況和有無傳法時間等客觀條件來看，名單中只有揚唐仁波切最適合傳法。措尼仁波切幾經聯繫後，向李連杰回報說：「可以安排二〇一六年一月傳法。」李連杰如是回憶當時的情景：

我就非常地高興和感恩，那麼就告訴了上師。上師慈誠羅珠就非常高興、非常歡喜，就說：「趕快要放掉一切的工作，把日程安排好！」……我求了前後十年，從〇五年開始。所以能夠接到這個法，我真的是覺得無比的珍貴和感恩。真的，超越語言的……所以非常珍惜地度過了那幾天在揚唐仁波切的家裡……嚴格地按著法本和大圓滿的規矩來傳承，所以我們覺得無比的珍貴，非常珍惜，也非常地歡喜。因為你知道，當一個人……就是當你渴望一個東西，你奮鬥了十年，你終於拿到，你可以繼續往前走了，那是一個非常難以用文字去形容的一種感覺。[30]

30 李連杰訪談，二〇一七年十二月一日於新加坡。

一月下旬，仁波切在北城的房間裡，一連數日為李連杰、利智夫婦一行三人，以及灌頂口譯者的母親孫女士等人，傳授《上師心滴》的前行、正行灌頂，並在一月二十六日下午傳授《見修行略攝》口傳和實修要點。在教授見、修、行三者的內涵前，仁波切也再次提醒修持四轉心法的重要性：

各位在慈誠羅珠堪布座下求到很多法，在噶舉上師尊前也有求法，應該都學過四轉心法，這是所有上師都會教導的所需之法。四轉心法是「暇滿難得」、「念死無常」、「輪迴過患」、「業因果」。透過四轉心法，能夠將心從此世和來世當中轉離出來，在開始時應已學過這些了，希望你們在未死之前，每天都能思惟四轉心法，不要忘了……忘掉這個，就會忘了佛法，就會忘掉要精進，結果會越來越懈怠。為了不讓精進越來越退步、不讓懈怠發生，在修學佛法開始時要修四轉心法。在這之後，繼續跟著堪布所教的來修，這是很重要的。這麼做也能避免未來障礙發生，有這樣的大利益。

由於達龍澤珠法王和夏札仁波切圓寂不久，有別於前一年仁波切出關時的喜慶，玉僧璨康在二〇一六年並沒有盛大慶祝藏曆新年。一般來說，仁波切平時從不看電視，唯一例外是在藏曆大年初一到初三這三天，仁波切一早就會從房間下樓來到璨康裡的小佛堂，與親眷們一同吃早餐、喝茶、吃點心，然後一起觀看電視劇。三天期間，陸陸續續會有錫金信眾攜家帶眷前來拜年、送上賀歲禮，並向仁波切獻上哈達、求加持。仁波切在將哈達回獻掛在他們脖子上時，總會滿面笑容祝福說：「新年吉祥如意」、「吉祥如意，圓滿豐饒」。

做任何事情都十分專注的仁波切，在看電視時也不馬虎。有一年，近侍們放映長達數十集的中國影集「天龍八部」。眾人目光無不聚焦在男女主角的情愛糾葛、角色間的恩怨情仇以及目眩神迷的武打場景。仁波切透過弟子翻譯了解劇情，在虛竹和尚被設計行淫還俗時，眾人在一旁目不轉睛，而仁波切則在另一旁說：「這就是世間輪迴的苦。」而當大家津津有味看著林志穎施展輕功飛來飛去時，仁波切又在一旁說：「往昔修持氣脈的人，是可以做到這樣的。」由於劇集很多，三天下來只看到第三十四集，等到隔年要再繼續放來看時，大家早已忘了之前已看到第幾集了。結果仁波切又在一旁說：「去年是看到第三十四集。」

另有一年，親眷放映描寫濕婆神故事的印度劇「瑪哈德瓦」，劇中以俊男美女來演繹天神間的男歡女愛。眾人無不看得入迷，而仁波切則在一旁說：「大天（瑪哈德瓦）已經得到了八地，不應該像他們演的這樣還充滿各種煩惱！」總之，仁波切即使是看電視，也仍然是以佛法角度在觀看，並沒有將戲劇視作打發時間的娛樂活動。

揚唐仁波切在過年期間於玉僧璨康小佛堂裡觀看格薩爾劇一景。左為近侍清哲祖古（二〇一五年）。攝影／卻札。

二〇一六年的藏曆大年初一正逢星期二，藏文稱星期二為「薩米瑪」，意為紅眼星，對仁波切的生辰來說，星期二的這顆星曜乃是他的吉星。而初一之前的兩天則為星期天和星期一，在藏文當中，星期天名為「薩尼瑪」，意為日曜日，星期一名為「薩達瓦」，意為月曜日。從十二月二十九日到大年初一這三天，也就是星期天到星期二這三天，藏文中正好是「日、月、星」排序。於是仁波切在初一當天笑著說：「前天是太陽，昨天是月亮，今天是我的吉星，正好是日、月、星，看來我是這個新年之王！」

大年初一早上，親眷們依照慣例一大早向仁波切獻上哈達，在與仁波切一同唸誦〈八吉祥祈請文〉和用完早餐後，親近仁波切多年的喇嘛貝瑪格勒用唱誦的方式，唱完年龍寺祖古旺千彭措的整部格薩爾傳記伏藏品。仁波切很認真地聽著每字每句，並且說道：「這樣的詞句，不會是由人所寫出來的，這確實是伏藏法。」

爾後，又到了一年一度的追劇時間。這一年，近侍放映中國劇「從滿清走向共和」。喜好歷史的仁波切，對劇中詮釋的慈禧、李鴻章、康有為、袁世凱、孫中山等角色的各自見解、主張、作為，都很認真地聆聽，乃至給予簡短評論。例如他認為康有為的百日維新立意良好，施行時卻過於躁進，他也不認同透過武裝流血方式進行革命。仁波切此時的視力已經很差，時常詢問電視當中出現人物是何角色，在房間裡看到有人進來，所見多為模糊輪廓，辨識來者何人已感吃力。

初三晚上，曾任仁波切司機的多傑南嘉宴請仁波切身邊所有親眷到他家中用膳，所以只有料理膳食的寧瑪策旺和一位台灣弟子留守在仁波切身邊。這一天晚上，仁波切靜靜吃完麵塊，還不到九點就上樓回房，寧瑪策旺和台灣弟子為仁波切蓋上棉被，如此結束了這年的新年。在這樣愉悅的氣息當中，沒有任何人知道這竟會是與仁波切最後一次共度新年。

二月十二日，藏曆一月初四上午，在唐東嘉波大殿旁的草地上，親眷們與仁波切在帳篷裡共度了一段閒適美好的時光。享用午餐後，仁波切前往寧瑪策旺和諾登兩位近侍的新家中開光灑淨。爾後，在噶陀寺進行的心經法會結束後，仁波切也前往擔任他私人司機六年之久的烏金夏巴家中給予加持。載送仁波切往來錫金與西里古里數十回的烏金，如是回憶仁波切蒞臨的情景：

> 仁波切說：「我先前去了寧瑪策旺的家，也去了諾登的家喝了茶，如果不來你的家，你心裡面會難過的。」仁波切這樣開玩笑地對我說，還在我的家中修了一整天的財神法。[31]

31 烏金訪談，二〇一九年五月二十三日於錫金。

6 最後的金剛童子與幻化之網

藏曆新年過後不久，僧眾在噶陀寺進行十天心經法會，旨在去除玉僧地方上的違緣障礙，仁波切也曾到場參加。在南卓林佛學院學習的多林寺祖古隆央多傑，當時趁著假期回到錫金，並在玉僧璨康住上一段時間。仁波切那時正準備前往尼泊爾揚列雪朝禮夏札仁波切法體。參加心經法會的祖古隆央如是回憶：

心經法會進行了十天，法會全部結束那天晚上，我有夢到夏札仁波切。隔天早上我就直接向仁波切稟報了……仁波切說大概是有關係吧。我就說：「如果有關係的話，我能不能跟您一起去朝禮夏札仁波切的法體呢？」

因為這樣的因緣，祖古隆央得以與仁波切同行前往尼泊爾，這是仁波切一生最後一次的尼泊爾之行。祖古隆央如是敘述朝禮夏札仁波切法體的情形：「到了揚列雪，仁波切坐在法體那邊，我記得好像地上都沒有放坐墊。仁波切唸誦了一段時間，我們就待在外頭。仁波切在法體前大概坐了三個小時。」隨行前往的慈誠則提到：

仁波切行前交代我們不能講出去，我們就突然進去裡面，大家就馬上站了起來。

仁波切在法體前祈願一兩個小時。夏札仁波切的姪女莎拉斯瓦蒂有邀請仁波切到家裡坐，她有奉茶。後來那邊一個康巴僧人罵我說怎麼都不先跟他講一聲。仁波切有問莎拉斯瓦蒂何時要將法體荼毗，她回答說目前並沒有什麼計畫。仁波切便囑咐道：「一定要盡力地繼續安放法體，以作為大地之精華、地方之所依聖物一般，盡力安放一兩年，能多久就多久，這樣會很好。」

此後不久，仁波切又再度前往菩提迦耶，應喇嘛尼瑪徹令之請，到他所興建的普巴殿主持普巴金剛法會。二〇一五年藏曆十一月，達龍澤洙法王應邀來到普巴殿，依多傑札傳承普巴儀軌為普巴殿開光。首日進行簡開光，第二天廣開光，第三天進行普巴金剛息業火供。開光後，達龍澤洙法王前往南印度的龍樹菩薩聖地納嘎舉那薩嘎（Nagajunasagar）等地朝聖。回到菩提迦耶後，法王想在普巴殿的房間住上幾天，並於十二月二十三日這天示現圓寂。法體在普巴殿安放三個七的期間，揚唐仁波切曾前往朝禮，在法體前唸誦《法界寶藏論》。爾後，喇嘛尼瑪徹令喇嘛親自護送法體回到法王在西姆拉（Simla）的寺院中。

至於迎請揚唐仁波切到普巴殿的情形，喇嘛尼瑪徹令如是敘述：

達龍澤洙法王指示我說，開光要儘快進行，於是開光就很快進行了。本來我的目標是在達龍澤洙法王開光前先進行普巴金剛法會，但是我們的普巴壇城是依蔥納林巴傳規而建造，所以需要進行蔥納林巴的普巴法會。而貝諾法王已不在了，放眼望去，找不到比多芒揚唐仁波切更殊勝的上師了。於是特別向他一心祈求，我特別為此在菩提迦耶金剛座的大塔發願：「我要去迎請揚唐仁波切，祈請導師世尊您大悲加持庇佑我，讓揚唐仁波切答應前來！」[32]

於是，喇嘛尼瑪徹令前去玉僧，當面祈求仁波切道：

> 我說：「我需要舉行一個普巴法會，而藏曆一月是過新年，時機不適合。若您能在藏曆二月一日前去的話就太感激了！」仁波切說應該會炎熱，我就說：「是會有點炎熱，我會弄好冷氣，做好多項準備。依怙主仁波切如果能夠前去的話，那就實在太感激了！」仁波切回答：「喔非常好！緣起很好！我也是依普巴為本尊，我一定會去參加。」

二〇一六年三月，仁波切在普巴殿主持了為期數天的普巴法會，約有一百六十位僧人共同參加。喇嘛尼瑪徹令如是回憶：

> 我第二天去見依怙主揚唐仁波切，我問說：「依怙主仁波切，您身體還好嗎？」他說：「我很好，法會非常好，我沒有想到法會會這樣順利。維那也很好，法會唸誦的方式也很好。」他是對於唸誦完整、前後完整無缺會感到歡喜的上師，所以他感到很開心。……仁波切還說他做了很好的夢，非常舒適。我們法會凌晨四點開始，仁波切是三點半就到了。

仁波切在法會期間也傳授了惹納林巴伏藏中的金剛童子[33]灌頂，這是仁波切在菩提迦耶的最後法輪。而仁波切在法會中戴的那頂蓮師帽，至今仍安奉在普巴殿裡供人瞻仰。

普巴法會結束後，仁波切輾轉前往南印度，在班加羅爾住宿幾天，期間曾赴醫院做健康檢查，當時各項數值都很正常，讓醫師感到很驚訝。爾後，仁波切前往南卓林寺傳授灌頂。雖然仁波切想要低調入寺，但是南卓林寺已有所準備，在仁波切一生最後一次進入南卓林時，寺院以壯大的僧鬘迎請仁波切到黃金大殿中上座。

三月下旬一連數日，仁波切為數千僧尼為主的僧俗弟子傳授《大幻化網文武百尊》、《噶瑪林巴文武百尊》以及龍欽寧體等伏藏法中的部分灌頂，並應達拉喇嘛之請，加傳格薩爾灌頂。每天天色未亮之際，仁波切便

揚唐仁波切在普巴廟主持法會的留影（二〇一六年）。照片提供／菩提迦耶普巴廟。

32 尼瑪徹令喇嘛訪談，二〇一九年八月十九日於台灣新北三峽。感謝Nima Lhamo的引介與安排。尼瑪徹令喇嘛於本書的敘事（包括達龍澤珠法王圓寂相關敘述）均出自這場訪談，以下不再另註。

33 金剛童子即普巴金剛。

開始修灌頂前行法，再於午後傳授灌頂。在傳法圓滿後，仁波切並沒有像往常一樣立刻動身離開，而是罕見地想多住幾天。

上／仁波切抵達南卓林時，寺院祖古、堪布、僧眾恭迎的景象（二〇一六年）。

下／仁波切在南卓林寺大殿內修持灌頂前行法時，闔眼持咒的留影（二〇一六年）。

攝影／卻札。

在南卓林停留期間，仁波切為尼眾寺院中的貝諾法王圓寂紀念塔開光，也到養老院、尼師閉關房等地給予加持。其中在前往尼寺開光時，尼眾披上法衣列出僧鬘，恭迎仁波切到場主法。坐在車裡的仁波切望著窗外迎接他的僧鬘時，對同車的侍者說：「為什麼要著重在外在的事物上面呢？應該要看重自己的內心才對。」

上／仁波切在養老院中祈願一景（二〇一六年）。

下／揚唐仁波切在南卓林寢室裡的留影（二〇一六年）。

攝影／卻札。

四月初，仁波切還特別在寢室中接受台灣弟子的訪問，在數十分鐘當中娓娓道出貝諾法王的功德，其中他這樣說道：

> 貝諾法王這位上師穿的是怎樣的衣服，有的大上師們穿著很不一樣的衣服，住在特別的旅館，坐著特殊的車子，而他則沒有這樣．他只要可以就好了。這些都是上師的功德．現今的上師全都穿很好的衣服，去住很大的旅館，坐著很好的車子，現在都是這樣了。要知道那是上師的功德．不了解這些，就不知道這是上師的功德。
>
> 你們看這個寺院昨天舉行法會的時候，都穿著法衣，很好的僧眾，看了就讓人生起信心，這些都是來自他的發心和願力。他在世時固然很好，而他圓寂都這麼多年了，還是這麼好，這反映出他發心願力的功德。

右頁／揚唐仁波切在南卓林尼眾寺院為貝諾法王紀念塔開光一景（二〇一六年）。

右上／南卓林寺蔣康祖古（右）與穆松古千（二〇一六年）。

右下／南卓林數千僧眾為揚唐仁波切獻上長壽法會一景。仁波切對南卓林僧團的良好秩序及僧眾齊穿袈裟的景象讚譽有加（二〇一六年）。攝影／卻札。

下／揚唐仁波切在長壽法會上戴上蓮師帽的法照（二〇一六年）。攝影／清哲祖古。

7 大嶼山的彌陀與最後的天鵝

從南卓林回到錫金不久，仁波切復於四月中旬最後一次前去香港。此行目的是向桑嘎土登尼瑪仁波切[34]求得《多欽哲全集》的口傳。一九四三年出生的土登尼瑪仁波切，曾在約九歲時前往多芒拜見年約二十歲的揚唐仁波切，是為兩位大師相識之最初。根據土登尼瑪仁波切的回憶，當時應曾向揚唐仁波切求得些許口傳，而六十五年後，揚唐仁波切來到桑嘎土登尼瑪仁波切尊前求法。兩位上師亦有宿世因緣，土登尼瑪仁波切的前世——阿拉貝瑪沃竹——乃是多芒大伏藏師多傑德千林巴的首要弟子之一，如前所述，他從青海蒙區帶回了年幼的梭珠。[35]

土登尼瑪仁波切如是敘述二〇一六年在香港傳法的因緣：

> 二〇一六年需要向他獻上多欽哲灌頂和口傳這件事，他是很慎重地吩咐，我沒辦法說不，我也沒有一個編好的法本，其實多欽哲的教言當中並沒有灌頂儀軌，我就向他報告說：「這我應該是不會傳。」他則說：「沒有關係啦。往昔並沒有連同灌頂儀軌編輯在一起。」還說：「我不會發生違背三昧耶誓言情事的。」他都這樣說了，我也沒辦法說不要了。那些是透過電話的對話。……
>
> 這是我第一次傳授《多欽哲教言全集》。在這之前，有傳給竹慶本樂等

人，但並不是完整的。雖然我對仁波切稟告說：「灌頂的內容我不太知道怎麼唸。」他就說：「一點也沒關係！以前的灌頂儀軌本身就沒有好好編輯過。」

揚唐仁波切一向作風低調，而土登尼瑪仁波切的謙下也同樣為人所知。他如是敘述向揚唐仁波切傳法時的情景：

揚唐仁波切在香港向土登尼瑪仁波切求法時的留影。左為土登尼瑪仁波切。右側站立者為企美仁增喇嘛。攝影／卻札。

34 時作桑嘎仁波切，時作土登尼瑪仁波切，時而合稱桑嘎土登尼瑪仁波切。

35 阿拉貝瑪沃竹相關敘事見本書第一章中〈水猴的警鐘與梭珠的救贖之旅〉一節。

在向仁波切傳多欽哲灌頂和口傳時，仁波切會在走道一側等候著，想要安排他的法座與我的同高，他又不允許，發生了很多諸如此類的事，後來我們兩人討論之後就變得很好。……仁波切說：「您一定要坐在法座上，這是緣起！」我就說：「那麼您來的時候不可以向我頂禮！」我們這樣討論後得到很好的結果。仁波切說：「可以可以。」

同場求法的企美仁增喇嘛如是敘述揚唐仁波切在求法期間的作息：

> 仁波切在六點的時候……應該之前就起床了，我是不知道，因為我還在睡。仁波切六點就大聲課誦。……早餐後，唸完《心經》和整部《七品祈請文》還有度母等。十點左右桑嘎仁波切就會到開始傳授灌頂到十二點半。他們用完午餐後，又傳法直到下午四點半、五點。之後仁波切會開始修護法。……如果是我們的話，一整天求法五六個小時是會累倒的，而仁波切卻不會這樣。[36]

每天開車接送土登尼瑪仁波切到傳法地點——香港祖古位於荃灣的「大樂菩提洲」中心——的一位弟子則說，除了一兩天之外，每天八點多就開始傳法。她如是敘述當時的情景：

> 大概每天七點半要到桑嘎仁波切住的地方，然後八點十五分要到傳法的地方，每天都是這樣，大概十多天吧。……
>
> 我們在樓下的時候，就會有侍者[37]問我說：「妳們到哪裡了？」因為揚唐仁

波切就一直要站起來到門口去迎。因為他腿也不好，年齡也大，但他就一定要自己走到門口來迎接傳法的仁波切。[38]

作為東道主的香港祖古如是敘述仁波切求法的情景：

揚唐仁波切是非常地謙卑，向阿拉桑嘎仁波切求法的過程當中，他完全教我們看到一個求法者非常這種低調、非常的謙卑。我覺得仁波切在示範給我們看，我們作為一個求法者，要如何地事奉給我們傳法的這個導師、如何視師為佛的心，在揚唐仁波切身上是看得非常清楚的。而且由始至終，他老人家年紀那麼大了，他都是保持一個動作，就是雙手合掌在胸前……我們都感覺到堅持半個鐘頭或十幾分鐘，手會覺得特別的累，但是仁波切在祈求阿拉桑嘎仁波切傳法過程當中，雙手合十就始終沒有放下。……

午間的有一個吃飯的時間，仁波切會等到自己求法的上師先開始吃，他才開始用餐。哪怕是相隔十秒鐘也好，他都是會先等到自己求法的這位上師先把第一個食物送到嘴裡面，他才把食物放到自己嘴裡面。[39]

36 企美仁增喇嘛訪談，二〇一七年十一月二十七日於香港大嶼山。他於本書的敘事均出自這場訪談，以下不再另註。

37 應指揚唐仁波切的隨侍。

38 不具名弟子訪談，二〇一七年十一月二十七日於香港。

39 香港祖古訪談，二〇一八年七月二十七日於澳門。他於本書的敘事均出自這場訪談，以下不再另註。

此外，根據受法者之一的拉則祖古的說法，土登尼瑪仁波切曾在傳法時對揚唐仁波切說，自己有工作纏身，沒有足夠時間修行，期盼仁波切得到這個傳承後，透過實修得到成就。至於在土登尼瑪仁波切的眼中，又是如何看待揚唐仁波切的功德呢？他本人如是說道：

> 仁波切的功德是不可思議的。不論何時都彷彿安住在心上。要不是在說話，要不就都是在心上安住著。看經論時也不像我們這樣必須日夜勤讀，而是過目即於心中領悟，會有這樣的感覺。他應當是有看過相當多經論，像我們這樣的話，平常是待著讀經論，我並不覺得他也是這樣。然而看他智識如此廣博，我想似乎是已得到「不忘陀羅尼」了。

"The precious human body that we have now
will not remain forever.
'Death and
impermanence' are
us from
behind. We should
reflect
on this
too."
"Will our
next life
come
first?
or
the
year will
next
come
first? That's
something we
don't know."
~YANGTHANG
RINPOCHE.
For the warmest, most
generous, wisest person I've met.
Thank you for everything you provided
all of us with: Knowledge, a home, a family.

澳門弟子Suzy Leong達瓦卓瑪繪製的揚唐仁波切卡漫風肖像翻攝。圖中畫上了仁波切曾駐足的澳門觀光塔。

仁波切在求法期間，曾短暫前往澳門，與香港祖古的弟子們一同乘船在碼頭一處施放龍王寶瓶和甘露法藥。在他這最後一趟澳門行中，仁波切曾前往著名的觀光塔俯瞰海灣景色。

回到香港後，桑嘎土登尼瑪仁波切傳完剩下的法教，在傳法圓滿時，揚唐仁波切向他獻上了包括各種具有歷史價值的老法器在內的豐盛曼達。一向不收供養的土登尼瑪仁波切，就地將揚唐仁波切獻上的供物分送給在場受法的幾位祖古們。兩位上師謙遜低調的風範和互動，讓在場者無不如沐春風。

求法結束後，緊接而來的是傳法行程。早在九〇年代於康定初識仁波切的祖古葛嘎，如是敘述迎請仁波切到他位於香港九龍的佐欽五明中心傳法的過程：

> 我跟桑嘎仁波切這樣報告說：「這次想要邀請揚唐仁波切到中心，一來向他獻上長壽祝願的曼達，二來也想要向他求個法緣。」桑嘎仁波切說：「非常好！」於是我就跟揚唐仁波切說：「我們在家鄉見面認識以來已經很久的時間了，我雖然想依您為上師，卻沒在您尊前建立得到法緣的機會。這次我要依止您為上師，為了依止的緣起，需要您給予三重恩德，所以請您簡略傳授一個灌頂、一個口傳和一個教授。」他就說：「好好，可以。」於是他就傳了一個蓮師長壽灌頂，而口傳和教授就傳了他前世的一個上師瑜伽。

佐欽中心的一位弟子如是敘述仁波切到中心時的情景：「我們把法座都安排好了，揚唐仁波切堅決不坐到法座上去，就一定要坐在非常非常低的位子。那桑嘎仁波切就一定要請他去坐在給他準備的位子上，這也是相互之間他們的尊重。但是揚唐仁波切不肯，他一定要坐到地上的墊子上。」

揚唐仁波切一般在準備灌頂時不會坐在高座上，只有傳法時才會登上法座。但在傳授長壽灌頂前，桑嘎仁波切也到場參加，揚唐仁波切認為既然上師前來，自己當然不能坐上法座，更不能讓自己的上師向自己頂禮。於是兩位上師又經一番討論後，做出了「揚唐仁波切登上法座，而桑嘎仁波切不行禮拜」的決議。

揚唐仁波切與土登尼瑪仁波切在佐欽中心的合影（二〇一六年）。攝影／卻札。

仁波切在佐欽中心給予超過一個小時的開示，其中講述上師和弟子所需必備的條件：

匝巴楚仁波切[40]的一個法教中提到，如今乃是五濁滋長的時代，無法得到如往昔般具相的上師，也得不到具足一切相的弟子。在此之下，上師所必備的一個條件是什麼呢？就是相續中必須要有菩提心。上師的相續中必須要有具格的菩提心。僅有這一個條件，就可以去依止這位上師了。之所以有這個條件就可以的根本原因，是上師相續中若有菩提心，就不會去欺矇弟子，而會盡力達成弟子此世與來生的利益，沒有能力是一回事，但會盡其所能地幫助弟子的此世來生，完全不會欺矇他人。

而弟子必備的一個條件是什麼呢？就是要有圓滿的、不會變動的恭敬和信心。若具備這個的話，當上師的菩提心與弟子的恭敬信心匯聚之時，加持就會注入弟子的相續中。依著巴楚仁波切這般說法的恩德，現今要檢視上師和弟子是容易的。

所以說，你們看到一個上師外在穿著好衣服，光鮮亮麗，就想說這是位好上師的話，這是錯誤的。上師不是看外在的，而是要看上師的內在、上師的功德是如何，要檢視內在。[41]

40 匝巴楚仁波切即巴楚仁波切。

41 感謝佐欽五明中心提供的珍貴影片，讓仁波切的開示得以重現。此處從藏語開示直譯為中文。

仁波切接著提到業因果的重要性：

顯教也好，小乘也好，密咒也好，還是大圓滿也好，從小乘聲聞道開始，到大圓滿這中間的所行道路是什麼呢？就是要依業因果而行！除此之外沒有別的路可走了。去說什麼「我是大圓滿的瑜伽士，我並不需要業因果」是個錯誤！這正代表他並不是大圓滿瑜伽士。……

業因果是非常微細的，沒有人能夠完全守持，在這五濁滋盛的時代，沒有人能夠守護微細的業因果。但是每個人應該各自盡力去守護，平常心裡頭應該要有這樣的想法：「我是個已入正法之門的人，我應該要與凡人稍有不同，我應當要守護業因果。」

仁波切也提到了無論何等境遇，都不能忘棄三寶：

平常無論何時，快樂的話要心想三寶，痛苦的話要心想三寶。開始的時候，早上三回、晚上三回能夠想到的話是很好的。每天一早想、每天中午想、每晚睡覺前要想著三寶。然後要越來越多，每天五回、六回，生病時，要能馬上想到：「三寶眷知！」自己不論發生苦樂好壞事，要能馬上心想：「三寶眷知！」若到了有鬼神所在的恐怖地方，心裡要想到：「三寶眷知！」平常想到三寶，要能每天越來越多次。現在真的生病時，若能馬上想到三寶，心上就會習慣，要不然我們現在都不能夠想到三寶，一天連一次都沒想到……

如果能養成習慣，在睡夢時夢到恐怖景象時，也能夠想起：「三寶眷知！」

若能如此，就可以在相續中留下想到三寶的習氣。做夢時如果不只是一兩次，而是每次夢到恐怖事情都能想到三寶的話，就可以在相續中留下想到三寶的習氣了。這樣的話，在臨終時，在中陰恐怖景象出現的時候，就能夠想起三寶。睡夢中陰與臨終中陰相似，若能在做夢時想到，則也能在臨終中陰時想到。如果在臨終中陰能夠想到三寶，就絕對不會落入地獄。臨終中陰時心中想起三寶，就算要把你丟到地獄，你也去不成，往那邊丟過去都還是會返回。你們平常心裡多多想到三寶，讓自己能夠留下習氣，這是很重要的。

仁波切在開示中也提到如何觀待他人和自己的過失：

　　應當要看他人的功德，不要看他人的過失。佛陀有說，不要用望遠鏡去看他人的過失。至於自己的過失，則是要用明鏡來照知自己的過失。看自己有什麼過失，貪、瞋、痴、我慢、嫉妒，自己怎麼去把他人弄得烏煙瘴氣。要用鏡子照看自己的過失，而不是盯著別人的些許過失在看，誰沒有過失呢？又不是佛，又不是菩薩，又不是阿羅漢，全都是凡夫，孰能無過呢？應該會有數百個過失，有的人有很多過失，只有少少功德，有的是功德多而過失少，不過是多少的差別而已，沒有過失的人根本就不存在。要去看過失的話，盡是過失可以看。不應該這樣，而要有善良的心思，對內對外都要做好，這樣去修練的話，心就會變得良善，不修練的話，則得不到善良的心，菩提心是要透過慢慢修練來的。

接著，五月十一日上午和下午，仁波切在荃灣傳授了香港祖古從二〇一五年四月到二

○一六年四月這一年間，多次在不同地點當面請求仁波切撰寫的上師瑜伽。香港祖古如是敘述求法的過程：

我們花了很多的時間，籌劃了很多次，不斷地向仁波切祈請，包括從在尼泊爾的時候，還有在藏地龍燈大草原的時候，還有在北印度比爾的時候，還有包括在回到印度南卓林寺的時候，我們是多次向仁波切祈請。我單獨祈請的話也不下於十次，包括我們一直追隨仁波切回到成都，又回到西里古里印度那邊，也是不斷為了祈請上師瑜伽。

上師一剛開始都是有一個回答說：「其實已經有很多的上師瑜伽修法，你們可以參考一下其他一些成就者所寫的上師瑜伽去修就可以了。就沒必要我要專門寫一個屬於我所造的上師瑜伽。」揚唐仁波切他是一直有在強調這一點。……〈普賢行願品〉裡面有講到請佛住世、請轉法輪。我覺得我作為一個漢人，能做到的、能代表我們漢人解脫利益的發心前提的話，我覺得我能做到的，就是向佛來求一個讓眾生能解脫的、完完全全能夠徹底得見本性的一個解脫的法。

仁波切在印度菩提迦耶九天的那個普巴金剛的法會，其中有一天我再次向仁波切做了身口意的供養之後，也非常吉祥的一個緣起日，給仁波切再做了祈請，仁波切就在那一天，在菩提迦耶他的房間裡就開始著筆寫上師瑜伽。

在這篇題為《修行之王：上師瑜伽》的法門最後，仁波切如是提及寫作緣起：

此上師瑜伽，乃應香港祖古根松赤列俄熱之慎重請託，僅僅在無法回絕之下，名為揚唐祖古者，在公元二〇一六年的藏曆二月一日，於殊勝聖地菩提伽耶金剛座附近起筆而造。願成善！若有任何過失與違背之處，我發露懺悔之。

又云：「要得到暇滿人身是極其困難的，這一回得到它的當下，莫散逸於無意義的事項當中而蹧蹋了它。若能修持絕對能夠得到解脫的正法，我將深懷感激！拋棄世間八法是極為困難的，混雜著八法的佛法，就有如有毒的花一般，不混雜八法的佛法，在現今是極為稀有。是故，如果能成為一個拋棄八法的修行人，是相當稀奇的，阿拉拉后甚稀奇！願吉祥！」

在荃灣傳授上師瑜伽，距離仁波切示現圓寂只有五個月。這也是仁波切唯一一次親傳《修行之王：上師瑜伽》，[42]現場受法者包括香港祖古數十位弟子、幾位喇嘛以及幾位來自重慶、台灣的弟子，共近百人。儘管仁波切僅曾傳授此法一次，它卻成為仁波切著作的法本當中，至今最多弟子每日修持的法門。這場傳法也標示著仁波切在海外的最後法輪。從一九九〇年六月在台灣密藏院初轉法輪，到二〇一六年五月香港荃灣的最後法輪，海外傳法橫跨近二十六年的時光。

仁波切如是揭開這場傳法的序幕：

我在這邊只是裝作講講上師瑜伽的樣子而已。怎麼說呢？我本人裝模作樣實修上師瑜伽後，沒有達成任何目標，未曾生起好的覺受。所以說，自己沒覺

42 此指唯一一次講解此法內容。仁波切後於錫金玉僧阿大寺為過世的外甥女仁增旺嫫主持後事法會期間，曾傳授此法口傳。

受，自己在沒有證悟法性之下來講解，也就只是講講罷了。如果自己實際證悟了，明瞭了，有證悟法性的義理，那就是純正的講解。這樣看來，今天我只是裝作在講講的樣子而已。

所謂上師瑜伽，是要有全然的信心。要有完全確切決斷地想著：「我不論是樂是苦、是生是死，除了您這總集三寶於一身的本性之外，我再也沒有別的寄託和皈依的對象了。」必須要有這樣的信心。這是上師瑜伽的主要元素。如果沒有像這樣的信心，那就變成只是說說而已。所謂的上師瑜伽，就必須有與眾不同的超勝之處。必須要有一位具有菩提心的非凡上師。在如今五濁滋長的這個時代裡，遠離世間八法、具足正法的上師是稀少的。我們前譯寧瑪派全體寄託依靠的對象，是無欺誑的皈依處本性——蓮花生大士。他是一切諸佛總集的本質、一切本尊總集的本質、一切空行總集的本質、一切護法總集的本質。現在、過去、未來所有上師的本質就是他。不論是總的南贍部洲還是特別在雪域西藏境內，五濁惡世的神聖皈依處就是蓮花生大士。他有大加持力，在此世和來生都能夠庇佑。除了他以外，要寄託在其他現今的上師們身上是有困難的。各自根本上師是堪布也好，還是祖古也好，不論有什麼樣的上師，所有根本上師都可以總集在一切皈依境總集的蓮花生大士的身語意本性當中。不用弄成不一樣，要將總集一切皈依境本質的蓮花生大士作為究竟皈依的對象。……

說到上師瑜伽，一切實修之王，就是上師瑜伽。而這個上師瑜伽只是象徵性的而已，沒什麼大意思。由於漢喇嘛他一直堅持要求我，我才寫了這個差勁的東西，亂七八糟說了一通，像是沒有實義一般。寧體的上師瑜伽就非常好。有些上師瑜伽裡面太廣，好像超出心思範圍。天法裡面是廣略適中，若能實修那些的話是很好的。……去看那些的話是好的，我的這個就不是這麼一回事了，儘管如此，我還是來講一下。修行要依照什麼來修都可以，所有伏藏師各自講說各自的上師瑜伽，有廣略等許多版本。[43]

《修行之王：上師瑜伽》當中，在四灌頂之前的一個長祈請文裡，包含了諸多大圓滿祖師名號，是故具有加持力。仁波切如是寫道：「如果能夠每天隨分隨力反覆修持上師瑜伽甚佳。為何呢？因為此中安插了殊特大圓滿傳承祖師們的名字，是故有大加持。然而，不應心思散亂敷衍而修，如果能在一心虔敬當中唸誦甚佳。」

在這個祈請文的後段，提到藉著偉大的菩薩行來引領一切如父如母有情脫離三界輪迴。菩薩勇者深入輪迴，不覺疲苦，反而有如天鵝入蓮湖，自在歡喜。似乎也正是拉尊南卡吉美以降，生生世世奉獻給教法和眾生的寫照。此中詞句義理深廣，情緒澎湃，文字簡練，深觸人心：

嗚呼三界輪迴有情眾，無始以來三重無明障，
能所二元繩索緊繫縛，落入無脫六道輪迴牢，
三重痛苦懲治所煎熬，此等父母有情誠可憫。
為了此等有情各自利，縱使需施無量身與命，

43 感謝益西師父提供的錄音，讓這場珍貴的開示得以重現。

剎那也不生起厭煩心，如同蓮花湖中天鵝般，
真心歡喜依著悲心力，願我能夠救度往昔之，
諸佛未度無餘諸眾生。

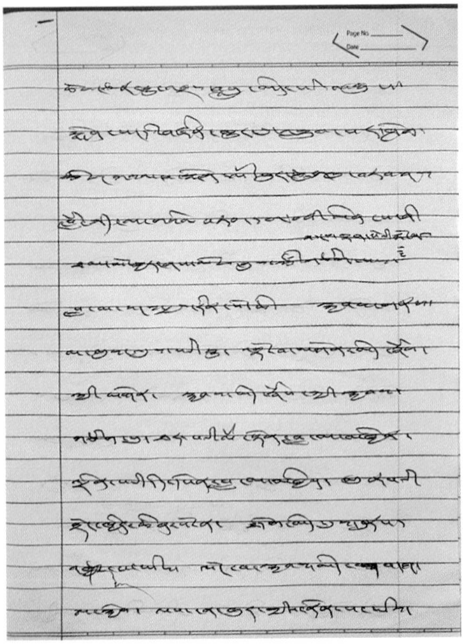

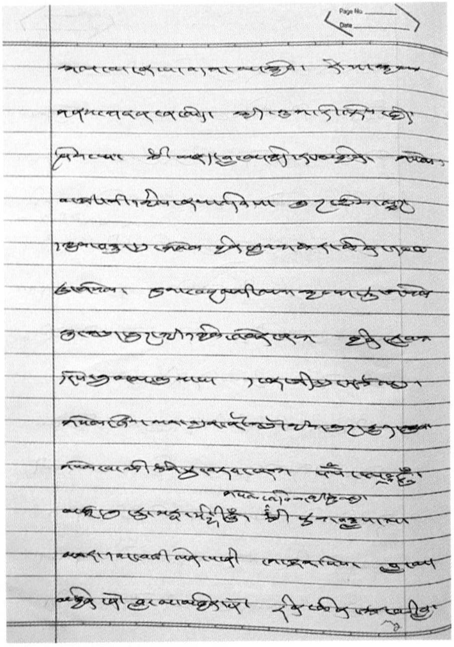

揚唐仁波切親筆寫下的《修行之王：上師瑜伽》首頁及與祈請文、咒語、四灌頂相關頁面的翻攝。照片提供／清哲祖古。

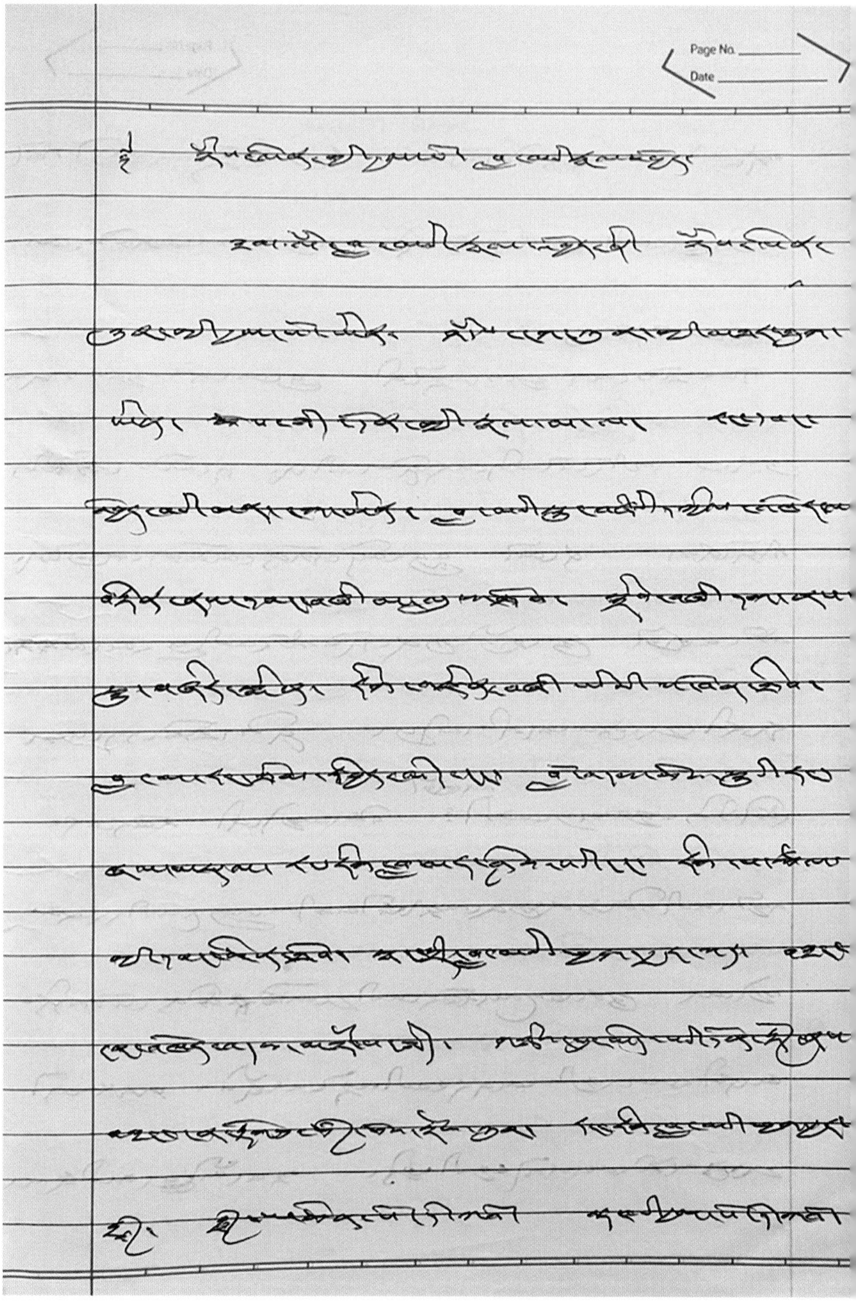
Page No.
Date

44 四灌頂一般依序為寶瓶灌頂、秘密灌頂、智慧灌頂與句灌頂。而此上師瑜伽當中，第三灌頂為句灌頂，第四灌頂為智慧灌頂。

此上師瑜伽法的另一個特別之處，是在四灌頂的段落裡，仁波切直接援引他的前世多傑德千林巴斷法儀軌當中的四灌頂文句，使得這篇上師瑜伽包含了多芒大伏藏師的加持。其中第三和第四灌頂的順序，與一般灌頂順序有所不同，是其不共的特色。[44]

在結束了上師瑜伽的傳授後，仁波切為大眾做了數十分鐘的開示，其中這一段針對佛學中心的教誨，堪為各地道場之上師和信眾們警惕：

這裡有個中心，你們所有人，如果有我慢、嫉妒、競爭心，有人不錯時，其他人就不高興，想去弄掉他，覺得自己與眾不同而有我慢、去嫉妒別人，這樣的話，在佛學中心裡頭是不會快樂的。所有人應該要想著彼此互相幫助、共成佛道，而不是想著要把彼此拉下來。培養好的心思，能夠有好的學習，想著讓中心所有人能夠和睦、快樂，除了想著這些以外，如果所有人都有我慢、都在嫉妒、欺負別人，就根本不會和睦，而會發生衝突。

而若身為中心的上師，要想著：「我想幫助所有弟子遠離此世痛苦、想要幫助他們意欲得到佛果，想著該如何讓他們此世和來生能夠安樂。」而不是只有想著欺矇他人的方法……如果不是為了弟子著想，上師成立中心就沒有意義，還不如把中心丟了還比較好。上師要想著如何救度弟子脫離輪迴苦、讓他們意欲得到佛果，要想著用如何解脫的方法來幫助弟子們。

而弟子們要設法讓中心發展好，得了暇滿人身之後，不浪費時間，讓中心的佛法風氣變好來邁向解脫，開開心心和睦相處、同心協力，要讓中心發展得好、達到究竟，不至於到要捨棄中心。……懇請大家讓中心進步，中心進步的話，對各位也有幫助，人生也會變得有意義，自利和他利都能夠達成。上師也要為弟子著想，懇請師徒雙方都要好好地做。

傳授上師瑜伽期間，仁波切的外甥女仁千旺嫫過世。知曉消息的當天晚上，仁波切十一點左右就已起身端坐唸經，臥床時間僅僅只有兩個小時。而在傳完上師瑜伽後，仁波切前往大嶼山朝禮、轉繞阿彌陀佛大像，為外甥女供佛祈願。在大嶼山一所寺院當中，仁波切特別為數人求得籤詩。其中一籤提及：生命的狀況已如風中的燭火，不宜外行。仁波切當時自己輕輕道出一句：「嗯，跟我想的是一樣的。」

另有一天，仁波切與近侍們前往山頂，在山頂的星巴克咖啡店內喝奶茶時，仁波切心中想的並不是休閒玩樂，而是惦念著他上師的德行。他特別提到，桑嘎仁波切就是在像這樣的咖啡店裡，有如隱密瑜伽士一般地默默翻譯經典、行使佛行。

這天下午，仁波切也到一位台灣弟子的家宅休憩片刻，這位弟子喜好賽馬，仁波切於是給她起了一個綽號：「賽馬女孩」。在賽馬女孩住家的客廳閒適觀看了跑馬地賽馬場的賽馬實況轉播後，仁波切為她傳授了米旁仁波切的格薩爾供奉簡軌。這很可能是仁波切一生當中最後一次看電視，也是他一生當中最後一次傳授與格薩爾相關的法門。

8 猴年的薈供，甘露的彩虹

溫堅寺祖古貝瑪袞卓在三年之中，多次祈請仁波切前去傳法。二〇一六年七月，仁波切親臨甘托克古剎溫堅寺，根據祖古貝瑪袞卓的紀錄，仁波切在此傳授敏珠林傳承的金剛薩埵、忿怒蓮師、《大悲觀音如來總集》、嘉村寧波《三寶總攝》等灌頂以及大天的隨許加持。傳法期間，仁波切給予在場僧眾一段長達將近七十分鐘的開示，內容廣泛而深邃，這是仁波切一生最後一場公開開示。幸賴一位人稱「阿固敦巴」的喇嘛錄下了這些珍貴言教，以下是這場開示的節錄內容：

我在監獄時嗓音變小了，連旁邊的人都聽不懂我講的話。一方面是嗓音，一方面我想我即使說話，各位也聽不太懂我的口音。不過既然他請我說，我不說的話，他就會生氣了。所以我就稍微……不要違背他的吩咐就好了。……

往昔年代有非常好的上師。然而世尊釋迦牟尼佛入涅，蓮花生大士前去西南羅剎土，在這之後的印度聖域大成就者、大班智達全都入涅，西藏雪域的堪師君三尊、二十五王臣、百大伏藏師也全都進入涅槃。如今形同闃黑一般，比我們稍早一些時，還有一些好的上師，像頂果欽哲法王、竹旺貝諾法王、敦珠法王，這些不凡的上師們也都入涅，剩下的全是我們這種什麼都不會、什麼都辦不到的，進入了這樣糟糕的時期。既然如此，佛陀的聖教珍寶，不論是誰，都要設法不讓它衰沒，也應設法讓它進步，就算做不到進步，也要設法不能讓它衰沒，這是主要要把持住的。……現在落到我們頭上的這個佛陀聖教珍寶，不是只靠僧人來執持，也不是只靠上師、祖古來執持，要由上師、祖古、僧人、堪布們一起來共同努力，用同一個肩膀把它挑起來，不要互踢皮球，大家齊心齊力，把各自寺院守持住，這樣就可以了。每個寺院有守持住教法的話，那就可以了。……

佛陀聖教的真正根本在於比丘和沙彌。顯、密二者何者較為殊勝呢？是密法。但是佛教基礎是顯教。佛陀世尊在即將入涅時，眷屬們問道：「您涅槃後，您所宣說這麼多法教中，何者為首要？」他們問了此等很多問題。那時佛陀回答：「我涅槃後，當以戒律來持教。戒律乃教法之基。」他的教法真正的根本，是三藏當中的律藏。……

我們有「聖者僧」的頭銜。聖是什麼呢？就是超勝，是比什麼超勝呢？是要比凡夫更為超勝。在凡夫當中更為超勝，所以稱為聖者僧。……一個僧人平常應要想說：「我是釋迦牟尼佛的追隨者，我是個不同於凡夫的僧人。」平常應當在心裡想到這個，沒有這個的話，就不會好好守戒了。……

所有人都得過很多灌頂和口傳，……先不要說守灌頂的戒律了，有的連灌頂的意涵都不懂，也不懂要守什麼戒。這樣的話，得到灌頂也沒有意義了。灌頂的三昧耶誓言，主要是有好好守護業因果的話，有好好守持比丘和沙彌戒，幾乎可以算是好的。……

日夜都要能在心中想到根本上師，早上起床時，要想著：「根本上師三寶眷知！」隨念自己的本尊，想著：「本尊眷知！」……心中想著根本上師、本尊，不要忘掉三寶。每日中午也要能想到兩三四回。不要忘了三寶，這很重要。晚上要睡的時候，先頂禮，向上師三寶祈求，向本尊祈求，向根本上師祈求之後再睡。平常不忘上師本尊、不忘三寶，若能做到這個，透過此加持力，心裡就不會忘記所要守護的身口意戒。……

若是得過大寶伏藏，那裡面有數百個本尊，是修不完的。要修所有的本尊根本是做不到的。有誰可以修一百個本尊呢？沒有人能做到。但是只修一尊就可以了，任何一個本尊都可以。主要修金剛薩埵也可以，祂總集了所有的寂靜尊和忿怒尊。談到蓮師的話；蓮師總集了所有本尊；還有像聖度母、觀世音等任何都可以。好好去唸一尊的咒語，能唸生起次第、圓起次第中的本尊咒語就可以了。……在唸誦本尊時，信心是比較重要的。修生起次第時，觀想主尊時忘了眷屬尊，觀眷屬尊的時候又忘了主尊，觀想本尊衣服就把本尊給忘了，觀本尊時又忘了衣服。……在一心虔敬中，堅定想著：「我這本尊就是真正的金剛童子……我就是真正的金剛薩埵，不要遠離了如此的佛慢。」……

不過，依止一個本尊，蓮師有說要依普巴為助伴。本尊是大勝嘿如嘎也好、真實黑如嘎也好，還是馬頭明王也好，任何一個主要依止的本尊之外，要依普巴為伴。若有依止祂，……不論要行何佛行事業，普巴將會襄助。所以有說應當依止普巴，能夠依止兩尊的話是很好的。

我們得了很多密法，求了很多灌頂，早上能夠不間斷地唸一百零八遍百字明咒的話……我們要守護數十萬條三昧耶戒……那是不可思議的，我們連身語意的三昧耶都沒能守護，就不用說幾十萬條了。我們違犯了很多三昧耶戒，所以若能不間斷地每天唸一百零八遍百字明，就可修補三昧耶的過失衰損。我在康區的一位根本上師說，不要間斷了一百零八遍的百字明，來到印度後，頂果欽哲法王也對我說不可間斷。……所以我這一百零八遍的百字明從來沒有間斷過。若一百零八遍的百字明能夠持續不斷，將可每天淨化三昧耶、不使衰損。……

在康區普通老先生老太太裡面，有很多人唸完一億遍六字大明咒和一億遍蓮師咒。喇嘛們應當感到羞羞臉，喇嘛們除了只吃信財以外，沒人在持咒。跟老先生老太太比起來，我們喇嘛們真該羞羞臉。所以喇嘛們若能稍微修持佛法、行善的話是很好的。早上早點起床，最好的話是兩三點就起床做早課，持誦本尊的咒語、計數百字明咒，這樣做是很好的。晚上也是不要馬上就睡，好好做晚課到十點，身為喇嘛要比凡夫還要更超勝才對。……身為僧人，要修五加行，純淨地唸誦任何本尊的咒語，唸完咒語後不可以就丟在一邊。……咒語該累積的數量達標後，不能就此丟棄，平常都要唸，每天要不間斷地唸，不可以丟棄。……心不要忘了本尊咒語，若能不間斷地持誦，在死後中陰時，就會想起本尊。……本尊會親自現身，在中陰時引領你到某個淨土去。……

我們都覺得阿彌陀佛和六字大明咒是老先生老太太在修的法，不認為它們是重要的，其實喇嘛們去依這個來修才好。我們白玉派主要的就是恰美仁波切，恰美仁波切修完了很多本尊的咒語，他修完了大部分本尊咒，而他最主要依止的就是怙主阿彌陀佛。他圓寂後去的地方，也是極樂世界，現在仍安住在極樂世界。而噶陀派最主要的是噶當巴德謝[45]，噶當巴德謝是前譯寧瑪一位不凡的上師，他是位親見過真實嘿如嘎等很多本尊的上師。而他最主要依止的正是阿彌陀佛，他是在極樂淨土當中成佛的，並沒有前去其它地方。……印度聖域的博學和修行之首，乃是具德龍樹怙主，他應該也修持很多本尊，但是他主修的乃是阿彌陀佛，現在他也在阿彌陀佛極樂世界中安住。既然所有大上師們都嚮往阿彌陀佛淨土，我們就更應如此嚮往。所以若能前去阿彌陀佛淨土是第一名的！也不需要太多努力，靠著小小努力就可以前去。所以大家要設法投生阿彌陀佛淨土，修持投生極樂世界四因，盡力唸誦〈恰美極樂願文〉和〈普賢行願品〉，這些都是發願投生極樂的願文。……

像阿彌陀佛、觀世音、蓮花生大士，依止這般來修是非常好的。不論是修蓮師、修六字大明咒或是修別的本尊，主要所要去緣的，不論修成了什麼善根，頂禮、繞行也好，不論做什麼課誦，主要有好好緣著回向處就可以了。如果你修蓮師，然後回向到阿彌陀佛那邊，老先生老太太有些會這樣想，他們什麼也不懂，就會說：「喂，你唸的是蓮師，不可以回向到阿彌陀佛那邊喔！」呵呵……不論修什麼善根，如果以極樂淨土作為回向處來回向的話，這樣是很好的回向處。不論是頂禮、做了一點課誦還是供了一盞油燈、供了一朵花，稍為修了善後，將此善根回向作為等同虛空一切如母有情投生到極樂世界之因，這會是很好的回向。……

上師的身，每天要在心中想到，來進行祈求。上師的語，不論上師對我說了什麼，要把上師所說看作是口訣，不應該忘記上師對我所說的，心裡不要忘了，這是上師的語三昧耶。而上師的意三昧耶，是要看看能否在相續中生起菩提心……

45 即第一章的〈多康的四棵果樹和口拉氏族〉一節中提及的噶陀寺創寺者當巴德謝。

揚唐仁波切在噶陀寺主持猴年猴月蓮師薈供時的留影（二〇一六年）。照片提供／清哲祖古。

最後，仁波切如此為他一生的最後公開開示作結：

得到了很多密乘的灌頂，要守護上師身語意的三昧耶誓言，不使衰損，簡略地說就是這樣，此外沒別的了。講了一堆沒意義的，呵呵，請好好放在心裡頭，除此以外我沒有要多說了，有沒有聽懂我的口音我也不知道，除此以外我沒有要說的了。就這樣了，請放在心上。

二〇一六年八月十三日，正逢藏曆火猴年六月十日，不僅是蓮花生大士的誕辰紀念日，更是每逢十二年才能值遇一回的「猴年猴月初十」殊勝日。這一天，仁波切在噶陀寺主持薈供法會，現場備妥大量供品，有些供品成堆安置在大殿外迴廊的供桌上。儘管供奉規模如此盛大，仁波切仍只是笑笑著說：「這只是小小的供養，還不算廣大。」除了特殊時節進行廣大薈供外，在藏曆每個月初十和二十五日進行薈供，乃是仁波切的例行公事。近侍清哲祖古如是敘述道：

在初十和二十五日，都是不會間斷。明天若是初十，今天就會買供品，會跟我們說：「去買些好供品。」有時他會拿錢來買供品，在那之上，他會說：「你們也出錢買一些喔！」他說做薈供是非常重要的。……

仁波切大多以多芒新伏藏的《意修淨除道障》來做薈供，有時以多芒新伏藏的《願望任運成就法》來做薈供。有時二十五日是以《大悲觀音遍空自解脫》來做薈供。在此同時，人們寫給仁波切的往生者名字，仁波切會以《大悲觀音遍空自解脫》來超度，每個月會把累積的名字燒掉。……有時候是康區的，有時候是錫金的，很多地方會請仁波切為往生者回向。一個月裡仁波切會撥出一個時間，有時是在新月日特別為他們超度。有時仁波切花兩三天進行《大悲觀音遍空自解脫》的閉關，裡面包括超度亡者和庇蔭在世者。

近侍諾布喇嘛也如是敘述仁波切進行薈供的一二事：「仁波切大概每年都會主持廣大薈供法會，有好幾年在噶陀寺進行廣大薈供法會。他非常看重薈供。初十、二十五日的薈供不會間斷，每年（藏曆）六月十日，除非人在國外而無法做薈供，要不然一定會主持廣大薈供法會。」

此外，一位年逾七十的美國佛教徒威爾（Willard Spiegelman）[46]也在八月來到玉僧。他是繼李連杰之後，第二位由慈誠羅珠堪布引介到揚唐仁波切尊前求得灌頂的弟子。威爾習佛數十

揚唐仁波切在玉僧璨康寢室中與美國弟子威爾探討心性和空性內涵時的留影（二〇一六年）。攝影／Ben Spiegelman。

46 威爾於二〇二二年一月逝世於美國。

年，特別鍾愛龍欽巴尊者的《法界寶藏論》及其自釋，由於頻繁閱讀，導致書頁脫落而又需重購新書的情事不下數次。仁波切原本要傳《上師心滴》灌頂，臨時改為龍欽寧體中以龍欽巴尊者為主尊的《具印明點》灌頂。這是威爾學佛生涯首次求得灌頂，也是仁波切在玉僧璨康寢室中所傳的最後一個灌頂。

九月初，在徹令多傑堪布為功德主與貝瑪揚澤洛本的籌備之下，仁波切在噶陀寺主持甘露法藥法會。這次的法藥製作，被視為是仁波切一生中最後的佛行事業。徹令多傑堪布如是敘述法會的緣起：

平常我在依怙主貝諾法王尊前請甘露法藥時，他都會賜我兩三公斤的法藥。法王圓寂後，他的寢室中也沒有剩下多少，我再去請求給予法藥時，法王近侍只給我一點。我就在想，法藥是要非常珍貴的上師來修製的，如果隨隨便便修製的話，靠著吃法藥就能避免落入惡道的這種事情，是很難達到的。我就想說要跟揚唐仁波切稟報。……我到他尊前稟告後，他馬上就答應了。他說：「可以可以，我之後再跟你說時間。」他也很高興，他說：「也有別人向我提說要修製法藥，而我本人也有想要做，只是時間還不確定，而你也這樣提非常好。」

貝瑪揚澤洛本登巴嘉措如是敘述道：

我向仁波切請求說：「請依勇士獨修來主持法藥製作。」仁波切說：「我們看看吧。」……隔年我再跟仁波切請求，仁波切就說：「如果要舉辦的話，我們三方一起吧！一方是徹令多傑堪布，一方是你，一方是我。我們三方來做分配。」……我就說：「請仁波切庇佑，我來做準備！」仁波切說：「就你了！法藥材料由你來買囉！」

根據洛本登巴嘉措的說法，仁波切突然在藏曆六月十八、十九日左右指示他儘快購買法藥所需材料，預計在藏曆七月初二開始修製。在這中間僅剩不到兩個星期的時間裡，洛本四處奔走購買所需藥材等物品，完成日曬等等流程，他克服許多困難，在最後一刻完成任務。仁波切在藏曆七月初一便已抵達噶陀寺，準備隔天進行法會。而所有材料是在初一深夜送達玉僧。隔天早上，仁波切進行了火供，洛本如是敘述當時的情景：

我也稍微心安了，我跟仁波切報告說：「仁波切，我這個法藥材料過程真的很多障礙，我之前去西里古里路上也很辛苦，前幾天我去的時候車子也出了狀況，仁波切，這到底怎麼回事？」仁波切回說：「沒關係沒關係！已經到了！之後就順了！」仁波切其實全都知曉。

徹令多傑堪布則如是說明仁波切修製法藥的傳規以及當時法會進行的狀況：

他製作法藥主要是依據寧體，我就問他說：「多芒寺也修寧體法門嗎？您修的是寧體的呀。」他回答說：「多芒寺除了天法和惹納林巴之外，不會唸誦寧體。我唸寧體是在頂果欽哲法王座下學的。頂果欽哲法王有教導說，要做法藥時要如何來做，有說若依《持明總集》修製很好。」……他那邊有非常多上師的衣服碎布、舍利等等，洛本也有蓮師的一個小法帽、全知龍欽冉江的鞋子，都有摻入到法藥裡面。

法藥製作有「勇士獨修」和「會眾共修」兩種方式。仁波切都是用「勇士獨修」進行。……在修製過程中，仁波切對我說：「我一人修就可以了，你來進行淨沐，就是淨沐法藥。我在尼泊爾做法藥時，頂果欽哲法王有說要進行三天的淨沐。他說：『如今那些堪布和祖古都沒有進行三天淨沐，只做了一次，我跟他們講他們也不聽。』」他有問我：「你能淨沐三天嗎？」我回答：「我能做到。」我就進行了三天，每天早上一次，中午一次，晚上一次。這裡面包括驅逐障難和淨沐兩個部分。他問我能不能做到，我說我可以。……

揚唐仁波切他會修到晚上九點，早上三點就起床，實際修法藥是四點開始修。像這樣修了八天。他都一模一樣，沒有疲倦的狀態，非常歡喜，臉上氣色很好，他也自己擔任維那。打鼓的那位就很辛苦了……呵呵，為什麼呢？因為他四點就要起床啊！而仁波切無論何時都沒有打嗑睡，這實在非常讓人驚奇。年紀這麼大，還能夠進行這樣大張力的法會，我自己也沒能這樣，年紀輕的也無法做到。

甘露法藥修製過程中，仁波切在噶陀寺大殿內修法，而堪布徹令多傑與其他的堪布、僧眾們則在大殿外，依《持明命修》進行薈供和護法的供奉，復依金剛薩埵法門進行三天淨沐，每天淨沐三回。有幸與仁波切在大殿共宿十多個夜晚，得以與仁波切一同修法、負責打鼓的喇嘛格桑札西如是回憶：

左／徹令多傑堪布與僧眾們在噶陀寺大殿外修法一景（二〇一六年）。

右／揚唐仁波切在格桑札西喇嘛協助下，於噶陀寺大殿內以「勇父獨修」方式修製甘露法藥（二〇一六年）。

照片提供／汪嘉令。

我們晚上唸誦結束後，仁波切九點多會稍事休息，然後便就寢。法藥法會是要唸到晚上九點。……早上不到兩點……仁波切大概一點多就起床了。他會做一兩個小時早課。……我是四點半起床，早一點就四點起來。然後開始法會唸誦到七點，寧瓊會送早餐給仁波切。然後繼續唸到十一點。十一點吃點東西，仁波切喝個茶，然後就唸到傍晚五點。仁波切吃飯後稍微休息一下，就又唸到九點。像這樣十三天裡面，每天這樣循環。第一天我也跟仁波切一樣，在開始唸誦儀軌的時候就起床。後來第二天我起來時，仁波切就說：「沒關係，你好好睡，你早起的話會辛苦。我是每天都這樣唸，身體完全不會累，像你這樣子是會累的，我唸儀軌唸到持咒時你再起床沒關係。」……持咒的時候，仁波切有時問我：「會不會累？累的話你就不用唸這麼大聲，你輕鬆待著沒關係。我是不會累的，唸誦不管唸多少都不會累。」在吃飯的時候，仁波切開玩笑地對我說：「欸，你要稍微多吃一點喔！你變瘦了喔！會生病的喔！」……

其他僧人進到大殿裡攪動法藥時，仁波切對我說：「要好好累積咒語的唸誦喔，我們兩個要持咒，他們正在製作。他們很辛苦在製作，而我們兩個要好好持咒！」……

藏曆十三日修製結束，但是他說：「十五日是好日子，我會繼續待到十五日。至於你，法藥已經做好了，你就休息吧。」……我就跟著唸到十三日……仁波切自己在十四、十五日整天，按照先前一樣的儀軌待在那邊唸。[47]

上／噶陀寺大殿內法藥製作過程（二〇一六年）。

左頁／徹令多傑堪布與法藥成品的留影。照片下方為諸多黑色的自搓法藥（二〇一六年）。

照片提供／汪嘉令。

法會最後一天，仁波切給予大眾長壽灌頂。這是仁波切一生所傳的最後一個灌頂。出身自南卓林的班瑪堪布如是敘述最後一天的情景：「法藥令人驚奇的是，在法會最後一天仁波切傳了一個灌頂。在給予大眾灌頂加持物後，大家就回去了。我們一些參加甘露法會的就留了下來。我們把法藥打開來看的時候，出現了很多自然搓成的法藥。……而彩虹是在修製法藥當中出現的。」[48]

根據在場的「紐涅阿媽」、洛本登巴嘉措以及徹令多傑堪布等多人的說法，有三道彩虹同時現起。其中，徹令多傑堪布如是述說當時的瑞相：

> 在修製法藥時候出現彩虹的話，就稱為「升虹法藥」。法藥修成後，我們打開裝法藥的布袋一看，有很多「自搓法藥」，有很多小小的法藥丸，彷彿大小都一樣似的。在拿的時候，還會有「嘍、嘍」的聲響。這叫做「自搓」，不需要人去搓揉，它自己就搓成了。像這樣出現彩虹、自搓法藥等瑞相。……

47 喇嘛格桑札西訪談，二〇一七年六月七日於南印度巴拉庫貝。

48 堪布班瑪訪談，二〇一八年四月二十五日於印度南卓林寺。

甘露修製當下，噶陀寺旁出現彩虹的景象（二〇一六年）。照片提供／汪嘉令。

外面大概出現三道彩虹，那些就是修法藥的瑞相。仁波切自己有說，他在阿素拉修過法藥，有非常好的瑞相。在貝瑪揚澤也修，也出現很好的瑞相。以前在玉僧有修，但並沒有出現瑞相。但在我們修的時候，出現了很好的瑞相。

法會期間，洛本登巴嘉措因有事而向仁波切告假一天，仁波切開玩笑地對他說：「你那部分法藥我先保管，不會被偷走的！」洛本在初十那天接近中午時回到玉僧，與仁波切一同用餐時，仁波切對他這麼說：「你的法藥是最好的。所有法藥當中，貝瑪揚澤那部分是最好的！」之後，藏曆七月十八日，即二〇一六年的九月十九日，洛本在早上八點左右要帶著法藥回貝瑪揚澤前，特別再請仁波切為他那一部分法藥加持，仁波切在為之祈願之後如此說道：「你回去不要等閒視之。寺院要吹奏法樂，好好以僧鬘列隊迎請法藥。這個法藥是與眾不同的。」

仁波切向來不會把自己寫的儀軌著作或自己修製、加持過的任何事物視為珍貴殊勝，所以他的這一番談話至為罕見，也說明此次法藥的不共之處。只是沒有人知道那會是仁波切最後一回製作法藥。這一天，距離仁波切圓寂已經不到一個月。

製作法藥期間，仁波切也親手依模製作了約十尊大樂蓮師法藥像。此外，有一位喇嘛不慎將一小堆法藥散落在地，仁波切當時囑咐道：「以後你們花一千塊，也買不到一顆法藥了。」他也對洛本說了兩次相同的話：「以後要得到這樣珍貴的法藥是很困難的，一顆一萬都買不到了。」

另一件還有一件讓洛本感到疑惑的事情，事關將於該年十一月份舉行

洛本登巴嘉措與揚唐仁波切在甘露法會取得悉地時的留影（二〇一六年）。
照片提供／汪嘉令。

的《七品祈請文》十萬遍唸誦法會。洛本敘述道：

> 法藥法會結束那天，我向仁波切稟告說：「仁波切，《七品祈請文》唸誦法會今年是第四屆，請仁波切您前來主持。」仁波切回答說：「喔，我沒有空，我沒空喔！」我就說：「仁波切，要不然您就最後一天長壽灌頂再短暫前來如何呢？懇請仁波切不辭大悲！」仁波切卻說：「喔，到時候我會在哪裡呢？」
>
> 我們糊塗，都沒聽懂仁波切是在說要圓寂了。……
>
> 仁波切已前來主持過三屆《七品祈請文》法會。……我就跟仁波切稟告：「期盼您可以前來主持。」仁波切回說：「我沒有空，我不知道我人會在哪裡。」我又說：「要不然，沒有全程沒關係，懇求仁波切在法會最後對大眾和僧眾傳授長壽灌頂。」
>
> 「喔，我沒有空，我會在哪裡呢？」他這樣說了好幾回。

此外，仁波切還特別拿了五萬元盧比，請洛本為外甥女蔣秋和台灣弟子香香兩人安排各修三十萬遍的金剛鎧甲法，並交代說：「要謹慎安排修法喔！她們恐有不測！」然而當時蔣秋和香香都身體無恙，仁波切其實是在為日後預作安排。

堪布桑給朗炯也想邀請仁波切在藏曆十一月（值二〇一七年一月）到尼泊爾參加祈願法會。他如是敘述道：

> 我們在尼泊爾每年藏曆十一月初十到十五之間會舉行寧瑪祈願法會，已經

辦了三居。到了第四居時，我們就想邀請仁波切。我對仁波切：「請您來參加寧瑪祈願法會。」仁波切對我說：「可以去請其他上師去參加。」我就說：「其他上師們都各忙各的，是有請他們，但他們那時都沒辦法。」仁波切回答說：「可以，都沒其他上師的話，我就去吧。」不過那一年，敦珠揚希也來了，南卡仁波切也來了，堪布仁增也到了，很多上師都來了。仁波切就對我說：「還說都沒別的上師，滿滿都是呀！」我就說：「仁波切，他們都是突然來參加的。」……

後來我又邀請仁波切參加二〇一七年的尼泊爾寧瑪祈願法會。

仁波切說：「喔，我沒死的話就來！」

揚唐仁波切親手以甘露法藥製成的蓮師像。

9 海德拉巴德的夏拉德滿月

甘露法會開始的一個月前，雅普蓋拉之子貝嘉準備前往南印度就讀大學。貝嘉與父親前往西里古里的北城拜見仁波切。他如是敘述當時的情景：

> 我們總是對他的簡單、正向以及他微笑中的溫暖感到敬畏。隔天我前去辭別，不知道是怎麼回事，我當場就哭了起來。……怎知那竟是我最後一次向我的根本上師道別。[49]

甘露法會舉行前數日，來自不丹的喇嘛江措前去拜見仁波切。一般來說，弟子們前來拜見，或為求取法教，或為請求釋疑，而這一次，仁波切卻主動要求他報告實修的心得。當時他心裡想：「奇怪了，我來這裡已經五年多了，仁波切到目前為止從沒要我做報告，這是怎麼一回事呢？」

甘露法會進行過程中，堪布丹津諾布特地前參加，並期盼在仁波切尊前求法。仁波切對他說：「我們工作還沒結束之前，你就先待著。先工作，工作完成後就來璨康。」堪布參與法藥製作後，在五六天之中單獨向仁波切求得《椎擊三要》、《證悟老人》以及《口訣融酥》三個大圓滿竅訣，是為仁波切一生最後的竅訣傳授。此外，根據近侍清哲祖古的敘述，在甘露法會結束後不久，仁波切進行了一場為期三天的閉關。他如是說道：

修完法藥後，仁波切說：「去跟大家說我要閉關三天，我要輕鬆待著。」我們就跟外面的人說仁波切要閉關，有稍微公布了一下，要不然遠地前來拜見的就有點辛苦了，不給見又不行，可是閉關中又不能見，所以就先公布仁波切要閉關。三天閉關後，我們在吃早餐時，仁波切說：「明天要去西里古里。」

仁波切堅持要去西里古里的原因，是為了做身體檢查。然而當時正值雨季，天候惡劣導致路況不佳，多處發生落石坍方，而仁波切也沒有特別感到身體不適，他的堅持讓侍者們摸不著頭緒。清哲祖古繼續說道：

那時天氣很糟，下了很多雨，錫金各地很多路都壞了。久塘（Jorthang）那邊的路上，落石砸到車子，很多諸如此類的消息。蔣秋就跟仁波切說：「現在應該沒有非要去不可吧？路況不好呢！」仁波切則說：「不行不行，要去！」蔣秋七點吃完早餐下樓時對我說：「你上樓去問一下吧，仁波切說一定要去，該不會是病了吧？沒有大狀況的話，現在別去比較好。」……我就上樓跟仁波切聊……仁波切話中感覺是身體狀況很好。之後我就想說，身體又好，而道路又真的壞掉。一般來說，錫金的路本來就不好，再加上落石的話，是會很辛苦的。平常仁波切一點也不喜歡住西里古里，在西里古里待個兩三天就說要回玉僧了。而現在天氣不好，路也不好，我就跟仁波切說先待著比較好：「仁波切，沒有大事的

49 感謝Pegyal透過網路社群媒體分享。

話，一兩天當中不要過去比較好，路況很糟。」我就把情況都報告了，而仁波切回說：「不行不行，要去，明天就去！」都已經這樣說了，我們就沒再多說什麼。

至於寫給昂固的遺書，百分之百是在玉僧三天閉關時寫下的。為什麼呢？一般來說仁波切的視力不好，仁波切要寫什麼東西時，會叫我把檯燈準備好。要不然仁波切眼睛看不到，是沒辦法寫的。仁波切說要紙筆，我就全部備妥。……到了西里古里，仁波切什麼也沒再寫了，所以仁波切寫給昂固的遺書，是在玉僧說要閉關三天的那個時候寫的。

堪布班瑪在仁波切出發前幾天前去拜見，詢問了關於修行上的問題。他想要再次前去提問時，仁波切已經下山了。已經求得竅訣的丹津諾布堪布原本想再求仁波切傳授《修行之王：上師瑜伽》口傳，他也是到了璨康時，才得知仁波切已經下山。而不丹喇嘛江措如是敘述仁波切出發時的情景：

仁波切要出發去西里古里，我過去的時候，阿怡（蔣秋）對我說：「也沒有事情要辦，卻說一定要去，實在不知道為什麼。」……平常仁波切不論是何時要離開，我都不會想哭，那天早上去見仁波切時，眼淚就自然流了下來。……但是也沒有想到是會發生這樣的事……

總之，仁波切是在身體沒有特別不適的情形下，堅持要去西里古里檢查身體而離開玉僧。但到了西里古里後，仁波切卻沒有馬上前去檢查。清哲祖古繼續敘述道：

到了西里古里時，仁波切輕鬆地待了一個星期還是五六天，什麼事也沒有做，也沒說要去做檢查看醫生什麼的，什麼也沒有。然後隔天是星期二，是對仁波切好的吉日。我就想說，先前仁波切說要去醫院做糖尿檢查，隔天星期二應該不錯。

我就稟告說：「仁波切，明天星期二是仁波切的吉日，去醫院做個身體檢查不是很好嗎？」仁波切回說：「好好，可以，明天去做檢查。」……

仁波切要去醫院的話，通常都是在蔣秋堅持之下仁波切才會去，但那時候，是仁波切自己說要去醫院的。……

仁波切在西里古里做完一般性的健康檢查後，又轉往南印度城市海德拉巴德（Hyderabad）就醫。清哲祖古如是說明其中原委和過程：

我們跟認識的醫師討論……首先需要驗血。他們就派護理師過來抽血。早上他們把抽好的血帶回去，到了中午一點左右就去B.T. Bhutia醫生那裡。醫生看了以後說，驗血和驗尿的報告全都很好。輕鬆地聊了一下，準備要離開時，醫生看仁波切的眼睛偏黃，就說會不會有黃疸的問題。仁波切就回答：「可能有黃疸問題喔，我吃飯吃不太下。」我心想：仁波切其實吃得很多呀！醫生就說：「那就驗個黃疸比較好。」於是就又抽血去檢驗。隔天驗血和超音波等報告顯示出嚴重黃疸的狀況，需要轉往好醫院。

我馬上就想說，去加爾各答最好，因為從加爾各答要去台灣、香港還是哪裡都是最方便的，也是最近的。我們馬上訂了機票，仁波切和隨侍幾個人的機票

> 都確認了。仁波切外甥班登的妻子是位醫師，還有一些認識的醫生，他們討論後說，從加爾各答去海德拉巴德的醫院是很好的，說是亞洲裡面治療黃疸方面最好的醫院。他們這樣決定後，我們就馬上訂了去海德拉巴德的機票。

在西里古里停留期間另有一則插曲。仁波切和清哲祖古指示當時人在達蘭薩拉的台灣弟子卻札蔣措到乃穹寺供養護法。[50]乃穹寺的執事喇嘛非常景仰仁波切，託了一條白色絲綢哈達請卻札轉獻給仁波切。卻札從二〇〇六年起，每年藏曆新年都跟仁波切一同過年。他在接到哈達時心想：這條哈達要一直保管到隔年二〇一七年的新年才會交到仁波切的手上了。

總之，在醫療專業的考量以及仁波切和多竹千法王卜卦之下，決定前往海德拉巴德進一步就醫。仁波切一生從未去過海德拉巴德，身邊親屬朋友也都沒有去過，更沒有在當地生活的熟識。唯一一個與海德拉巴德的連結，是曾三度前往玉僧向仁波切求法的印度弟子——夏拉德（Sharad Agarwal）。接近九月底的一天，人在義大利羅馬工作的夏拉德，透過社群通訊軟體向兩三個月沒聯絡的外甥女蔣秋卓瑪問候。他如是回憶當時的情形：

> 我在午餐時間傳了簡訊給她，跟她說：「嗨卓瑪！妳好嗎？仁波切安康否？」平常我是不會問起仁波切的健康，我是會問說仁波切可好。她有上線，因為你可以看到狀態顯示的改變。但不尋常的是，她並沒有回覆我。我就繼續等著，變得比較憂心。……我等了幾個小時，她才回覆說：「我很好。可是你的仁波切並不安好。我們正在西里古里做一些醫療檢查。有可能是黃疸，我也不清

> 楚。」看到這樣的訊息讓我很難過，我就回簡訊說：「拜託拜託，有新的狀況請通知我！」……我也持續發願能夠知道仁波切健康狀況的進展。那天我沒聽到什麼消息，不過隔天我就追問……[51]

就這樣，夏拉德與仁波切的外甥女持續保持聯繫，在決定前往海德拉巴德後，遠在歐洲的夏拉德便聯絡在海德拉巴德的家人們張羅接機、安排就醫等事宜。十月四日，仁波切一行人從巴格多格拉起飛，經加爾各答轉機後，於傍晚飛抵海德拉巴德。夏拉德的兄弟和父親前往接機，並安排仁波切在離他們家附近的一家旅館稍事休憩。同一時間，為了避免仁波切到醫院等候多時，夏拉德的母親先行前往醫院掛號。在旅館休息約一小時後，仁波切前往亞洲腸胃專科醫院（Asian Institute of Gastroenterology）。

看診時，醫生建議仁波切住院觀察，以方便各項檢查。經過檢驗後，仁波切被診斷患有膽管癌，並在十月七日進行手術。醫生在術後表示手術十分順利，仁波切的外表在術後也顯現為較康健的狀態。眾人見仁波切的狀況朝正向發展，於是討論說出院後要在海德拉巴德多待一個星期，並且要帶仁波切去市內的藍毗尼公園朝禮達賴喇嘛尊者開光過的一尊立姿大佛像。

---

50 仁波切曾多次託卻札蔣措於乃穹寺進行供奉，並說他本人對乃穹護法具有信心。

51 夏拉德訪談，二〇一七年十月十五日（揚唐仁波切圓寂週年）於海德拉巴德。他於本書的敘事均出自這場訪談，以下不再另註。

在這段期間，夏拉德的母親普希帕（Pushpa Agarwal）在拉究的協助料理下，每天早上將在家做好的餐點親送到醫院給仁波切吃，傍晚則由媳婦安芮妲（Amrita）送餐，這個印度家庭侍奉了仁波切一生最後一個星期的餐點。

主治醫師在術後向仁波切說明治療情形時，仁波切關心的不是自己的狀況，而是醫師們的辛勞。他對醫師說：「你要看這麼多病人實在很辛苦！」清哲祖古在旁用手機攝錄了他們對話的影像，成為仁波切留下的最後影片。看似樂觀的病情，在十一日左右卻開始朝另一個方向發展。夏拉德如是敘述當時的情景：「突然有一天，我媽媽還在醫院時，醫生拿了一些報告過來說必須要把仁波切轉到加護病房。我想那是十月十一還是十二日。……我媽媽告訴我，即使在那個時間點，仁波切看來都是安好的。……可是當然，報告看來並不好。」

之所以要轉往加護病房，是因為肝腎等重要器官在術後始終未能恢復運作，報告也顯示出敗血症的情形。此時，人在尼泊爾加德滿都的卻札蔣措，突然接到清哲祖古從南印度打來電

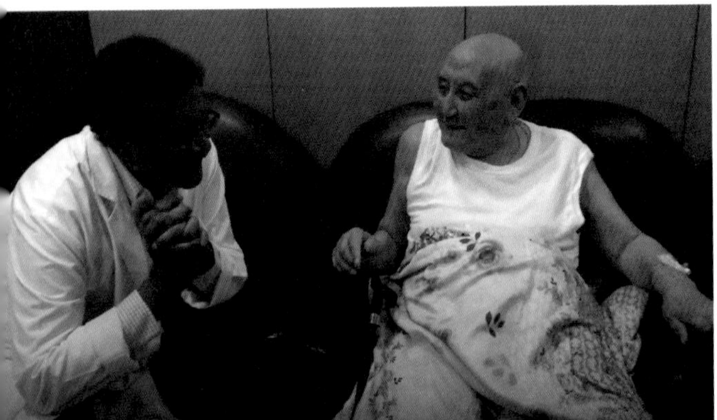

主治醫師與揚唐仁波切在病房中談話一景。翻攝自清哲祖古拍攝的影片畫面。

加護病房外一景（二〇一六年十月）。攝影／卻札。

話說：「可以的話，請你馬上來南印度一趟。」同樣地，人在羅馬的夏拉德在得知仁波切轉入加護病房後，於心急如焚之下訂了返回印度的機票。

基於醫院的規定，病人親屬不能同時多人待在加護病房裡。所以仁波切的親眷弟子們以輪流接力的方式，二十四小時不間斷地交替守在上師身邊。在病房輪值看護的包括了外甥女蔣秋、近侍清哲祖古與寧瓊，親戚阿努夏醫生和就讀醫科的比莉拉、從南印度門谷前來的慈誠，以及最後從尼泊爾趕來的卻札共七人。除了進入加護病房的一到兩人之外，其餘眾人日夜都守在加護病房外，晚上也就地睡在醫院地板上。

仁波切進入加護病房後，發生了數起奇特的事件。清哲祖古如是敘述道：

有一次我在仁波切旁邊待著，仁波切對我說：「這裡面的人們非常好，怎麼說呢？裡面的工作人員大概有很多是藏人吧！藏語說得呱呱叫。……他們非常虔誠，把我的糞便視為是求取的物品帶走了。有一個說她要一個人帶走，其他人說不行，說要分配才行。她們的信心真的很好，是很好的人。你們呀，大概連她們一半的信心都沒有。……她們有講話，藏語呱呱叫的，說之前玉僧在修法藥時，她們也有參加，取得了很好的悉地，今天取得悉地也非常好，我們要拿來作分配。」仁波切對我開玩笑地說：「她們不把糞便視為骯髒的，反而當作是要求取的東西，你們才做不到這樣呢！」他笑著這樣說。……他還說：「她們對我很好，應該要拿一些錢給她們，去把蔣秋叫來吧！」仁波切還用手邊指邊說：「就是她們啦。」我看過去，除了一個護理師之外什麼也沒看到。……

我就去叫蔣秋，我說：「仁波切說要拿錢過去，要給護理師們錢。」蔣秋就拿著錢進去了。仁波切把剛才跟我說的又向蔣秋說了一遍……蔣秋問說要給多少？仁波切說給每個人一千塊。她問說：「是要給誰呢？」他回說：「我剛才有指給清哲看了，他知道的，把錢給他拿去發吧！」

清哲祖古心想把錢發給在加護病房幫忙的幾位醫護人員，但她們說醫院規定不能收取禮物和錢財。於是清哲祖古就把錢給了幾位男女清潔人員，她們很開心地收下了錢。他繼續說道：

就給她們一人一千，大概給了五千吧。我還跟仁波切回報說有給了，其實算是說了謊，因為沒能真的拿錢去給仁波切說的那些人。錢發完之後，我就去問護理師們說：「這裡面有藏人嗎？」她們都說：「沒有，一個藏人也沒有。」我又問：「醫院裡面有會講藏語的工作人員嗎？」她們回說：「沒有！一個也沒有！」

這個事件後來被視為是五部空行母前來迎請仁波切的徵相，從她們的話語來看，空行母很可能在玉僧甘露法會期間就已到場迎請。根據清哲祖古的回憶，在另一天早上，還發生了這樣一件事情：

> 早上我進去待著的時候，響起很美妙悅耳的直笛吹奏聲。我心想是附近有戶人家在修法什麼的，我都忘了是身在海德拉巴德，以為自己是在錫金還是有很多佛教徒的地區。……過了一會，蔣秋進來了，她就說：「是怎麼回事？怎麼有笛聲呢？」我那時還想說會不會是加護病房裡面那些儀器的聲音。總而言之，早在噶陀寺的時候，前來迎請仁波切的空行母應該就已經到了。但是我們凡夫眼睛什麼也沒看到。

而根據慈誠的說法，輪到他進去看護仁波切時，仁波切對他說：「那邊在做朵瑪……你去把薈供物拿過來！」慈誠往仁波切手指的方向望去，除了加護病房的儀器、病床上的病人以及進進出出的醫護人員之外，並沒有看到任何薈供法會的蹤影。有時，他又看到仁波切雙手呈現像是在取用薈供物的手印。

台灣弟子卻札蔣措則提到，仁波切的視力在最後幾年變得很差，前去他房間拜見他時，他常會瞇著眼睛努力辨識來者何人。但在加護病房時，前來看護者都統一戴上防護衣帽和口罩，每個人看起來都一個模樣，仁波切卻可毫不費力地認出每一個人。此外，卻札在輪值時曾反覆詢問仁波切有無不適，仁波切都說沒有。從外表來看，仁波切除了疲累虛弱之外，並沒有任何痛苦不適的表情。只見他總是閉著雙眼，雙唇不間斷地振動，持續靜靜地進行課誦，右手食指也不停敲打著床，作為課誦的節拍。他時而舉起右手，做出像是在撒米的姿勢，時而又舉手，像是舉著長壽箭或是拿著金剛杵一般，以法會中才看得到的特別律動來揮動著手。卻札事後在社群媒體上曾如是寫道：

我們守在裡頭，留意上師的一舉一動，留意著監控銀幕顯示的每一個數值的變化，心跳、脈搏、呼吸、血壓……每個人都問上師會不會疼痛，有沒有哪裡不舒適，上師總是說沒有病痛的感受。自始至終，他都是平靜而安詳，口中總是做著課誦，手指像是木魚一樣，有節奏地拍打，那些是上師平常在法座上的招牌動作。有時顯示撒米或是其它的手印，彷彿他是在另一個我們不了解的世界中給予灌頂。

護士有時會逗上師，要他張開眼睛，上師笑著跟她們說：「我閉著眼睛就很舒服了。」上師的意識一直很清明、愉悅、平靜，多重重病夾擊以及臨終四大分解的痛苦，完全沒有影響到上師。

約在十四日深夜與十五日午夜的交界時分，仁波切突然指示要寧瓊喇嘛煮一杯錫金的茶來。當時仁波切已許久沒有進食飲水，這次突來的囑咐，是他一生首次交代寧瓊要特別煮錫金茶。寧瓊奉茶後，仁波切僅嚐少許，便沒有再喝。

十月十五日下午約莫一兩點，從羅馬經杜拜趕回來的夏拉德，進到加護病房拜見仁波切。他如是敘述他一生中第四度，也是最後一度見到仁波切的情景：

仁波切躺在他的床上。我看到他臉上仍有相同的平靜，沒有任何其它的。環境是加護病房，而他還是同一個仁波切。我記得我拜見他時，他的眼睛是閉著的。他的手在做些特定的動作。我想他是在唸誦或是持咒，那是很特別的循環動作……我有注意到他的手指這樣。然後蔣秋說：「夏拉德來了。」仁波切就張開眼睛，然後給了一個大大的微笑，就是仁波切所擁有的那招牌獨特微笑。他看著我說：「我很高興你來了，你好嗎？」……即使在那個時候，他都還是關切著我說：「你大老遠跑來。」……

仁波切說我來了讓他感到高興。我說：「我當然要來！我知道您會好起來！因為我還期待著要向您求很多法！所以請您要快點好起來！」我正式請求他給予法教。他並沒有回應我的請求，他闔上了眼，就是有在微笑的樣子，而眼睛是閉上的。

我們聊了一兩分鐘，我意識到那並不是該進行長時間交談的場合，於是我就行禮，仁波切也闔上了眼，我想他是回到他的禪修中。

醫師每日的病情說明，從樂觀轉趨悲觀。清哲祖古如是敘述：

多日下來，只是每下愈況，仁波切的外表和氣色看起來是很好，一點也沒問題。可是若以醫生的報告結果來看，每天都在往壞的方向發展。……最後一天早上時，仁波切問我蔣秋去了哪裡，我說：「蔣秋在外面，我們不能多人同時在裡頭。」他就說：「快死的時候，碰上一面是好的。」……我心裡就非常難過，連敬語都忘了，我說：「怎麼會死？仁波切您不會死的，請不要這樣說。仁波切您的病情變糟了嗎？是怎麼樣的情形呢？」他說：「不是不是，都不是。……是沒病，但這很難說的。」我就很難過問說：「仁波切，我們是來錯醫院了嗎？要不去別家如何？」他說：「不是不是，都不是。」我在那邊哭了一下，仁波切就用手撫摸我的頭說：「對於我們所不了解的，有請教了別人，問過以後做出了決定，是我們大家做的決定，我死而無憾。」他這樣說著，我就更難過了。我就想說趕快出去叫蔣秋。

蔣秋進去病房時，仁波切在沒有卜卦之下笑著說：「唸個十萬遍《心經》的話應該是好的。」仁波切還對她說：「妳們不要問這邊問那邊的，又沒辦法全都修，要問就問我的根本上師、頂上寶珠多竹千法王就好了。」仁波切的近侍們為了讓使仁波切病情好轉，請求尼泊爾和康區等多處上師們卜卦、修法，仁波切似乎都知曉這一切，才說出了這一番話。

多竹千法王在卜卦後，卦相顯示為凶卦，他指示要儘速將仁波切帶回錫金甘托克。可是仁波切才進加護病房不久，身上又有洗腎等儀器的管子，在病情正處極度不穩的狀況要移動近兩千公里是很大的挑戰，陷入了進退兩難的侍者們幾經討論，決定以醫療專機護送仁波切回巴格多格拉，但最快也只能隔天出發。

清哲祖古回到病房，將法王的指示稟報給仁波切聽。他繼續說道：

我向仁波切報告說：「多竹千法王說去那邊[52]比較好，那邊的醫院也不錯，要進行修法唸誦的話，那邊也比較好，法王是這樣說的。」仁波切笑著說：「醫院嗎？醫院應該是不會有比這間還好的了。不過上師既然這麼說，可以的，走走走！」

如此這般，經多竹千法王的指示以及仁波切的首肯，隔天以醫療專機載送仁波切回去的計劃已然成形。然而計畫趕不及變化，清哲祖古如是敘述在加護病房的最後情景：

在下午三四點時，時間我沒法準確地說……蔣秋跟仁波切在一起，她哭著出來喊叫著說仁波切感到不適。我就進去裡面，仁波切的呼吸變得困難。……他們說血壓偏低，我就問仁波切說：「仁波切，您的情況變糟了嗎？」仁波切什麼也沒有說，說不出話來。我很難過，想說該如何是好，醫院歸醫院，我無計可施。仁波切非常喜愛《七品祈請文》，我就想說來唸這個應該是好的。仁波切就跟我一起，沒辦法唸大聲，而是像平常那樣用手指這樣（打節拍）……唸完整個《七品祈請文》、〈願望任運成就祈請文〉、〈淨除道障〉之後，有個三身唸誦文……這個大概仁波切不會背，而我會背，我就唸了起來，而仁波切手指則什麼動作也沒有地放在那邊。三身唸誦文唸完以後，……我在唸〈普賢王如來祈願文〉時，仁波切又跟我一起，手指又動了起來。是要唸急還是唸緩，我就照著仁

52 指甘托克。

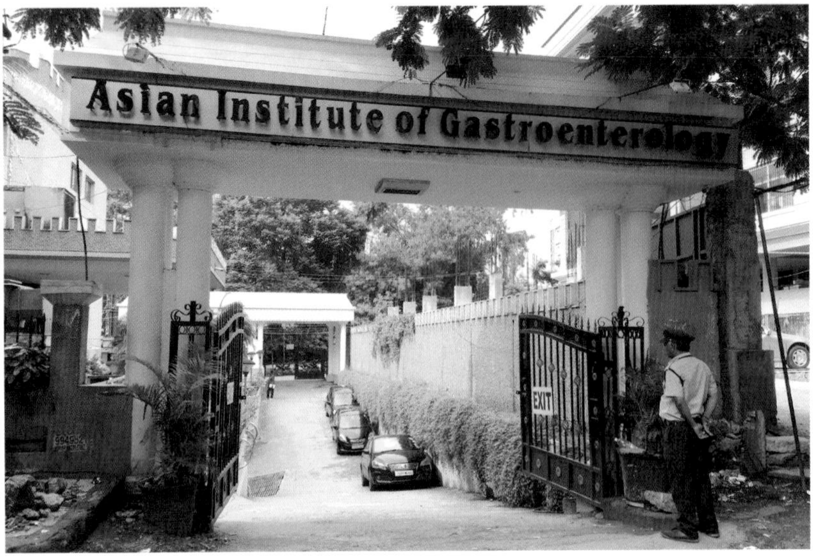

揚唐仁波切圓寂地Asian Institute of Gastroenterology醫院一景。攝影／卻札。

波切手指的節拍來唸。在唸完〈普賢王如來祈願文〉、〈普賢行願品〉、〈慈氏願文〉後，我朝儀器一看，上面顯示仁波切的血壓變得很低，一般需要一百多的，但是已經降到五十還是多少了。然後仁波切的呼吸變得很稀少，唸誦全部結束，我馬上去叫蔣秋。之後呼吸變得困難……

院方醫護人員原想採取電擊等急救措施，但由於仁波切過去曾表示不喜如此作為，清哲祖古遂要求醫護人員不要進行那些措施。根據醫院的紀錄，仁波切在當天晚間七點四十分示現了圓寂。外甥女蔣秋在悲慟之下，於加護病房外昏厥。而台灣弟子香香聞耗之後，也在台北家宅徹夜崩潰。兩人都曾罹患重病，也與仁波切情感至深，仁波切的離世對兩人的身心都是一記重擊，他在下山前即為兩人安排修法，似乎是為他身後而預作的準備。

全名袞桑吉美德千偉瑟多傑的依怙主多芒揚唐仁波切，於一九三〇年一月十日降生於錫金。二〇一六年十月十五日，藏曆火猴年八月十四日，高齡八十八歲的他圓寂於南印度海德拉巴德。

根據印度弟子夏拉德的說法，十月十五日傍晚六時開始月升。在印度教中，有為不同月份的滿月命名，而十月十五日當晚的滿月，被稱為「夏拉德滿月」（Sharad Purnima）。跟其它月份的滿月相比，夏拉德滿月的獨特之處，是月亮周邊會同時現出十六種顏色的光澤。然而，如此殊勝時節中，醫院裡的近侍們卻感烏雲罩頂。晚間八點多，原想趕來見上師最後一面的外甥索南班登和近侍諾布喇嘛，在涕淚之中向仁波切法體頂禮。眾親屬和弟子在仁波切法體旁一同唸誦〈普賢王如來祈願文〉和〈摩訶上師祈願文〉後，還沒來得及應付情緒的大風大浪，便開始著手處理運送法體等各項繁瑣事宜。

凌晨兩三點時，仁波切的法體安放在靈柩之中。依當時的時空條件，僅能取得外觀黑色的靈柩，從佛教的角度來看，黑色不是吉祥色，並不適合用在一位尊貴的上師上，然而三更半夜之中，一時無法取得其他布匹來覆蓋靈柩。

眾人最後拿來覆在靈柩上的，是那條來自達蘭薩拉乃穹寺的雪白哈達，冥冥之中，似乎護法神也來送仁波切最後一程。

10 他跟其他的上師不一樣

一九八七年，仁波切的母親在貝林過世時，多竹千法王應仁波切之請前往祝願。一九九一年，仁波切的二姊在玉僧過世時，多竹千法王再次應仁波切之請前去祝願。一九九八年，仁波切在甘托克祖拉康轉動法輪期間，哥哥因病不治過世，仁波切將哥哥的遺體帶到塔寺安放一晚，請求多竹千法王親修頗瓦祝願。

而在二〇一六年十月十五日這天，多竹千法王得知揚唐仁波切圓寂後，第一時間便表示要全權主持後事。法王近侍「格西拉」桑傑多傑如是敘述：

聽到揚唐仁波切圓寂後，他馬上叫我過去，並且對我說：「揚唐仁波切和我是同鄉，我要包辦所有事項，就如同辦家人後事一樣。仁波切突然圓寂，要馬上在玉僧那邊舉行法會的話，準備上會有困難，應當立刻迎請到這裡來。」

後來還跟我說：「法體安置在這裡，我們這裡條件完備，喇嘛、僧人全都在這裡，揚唐仁波切後事一定要由我來處理，二十一天之內都要安置在這裡。他們在（玉僧）那邊能夠做好準備，到時再迎請回去就可以了。」其實本來法王的想法，似乎是連荼毗都是在這裡（塔寺）進行，有這樣對我們說。不過後來玉僧的功德主們有來，說不迎請過去的話，他們心裡沒有一個依靠，說想迎回玉僧。

法王就說：「當然可以迎回去，但要在這裡安放二十一天。」他確實有這樣對我們說。

雖然仁波切已經圓寂，仁波切的近侍們仍決議按原計劃，以醫療專機護送法體，而不將靈柩當作貨運品一般送上客機。在所有人徹夜努力之下，終讓仁波切法體於隔天順利送達甘托克塔寺。

在此，我們要暫把時空拉回到二〇一五年。一時，祖古貝瑪里沙向揚唐仁波切報告自己閉關的計畫：

「仁波切，我想要閉關一年修好頓超。」

他突然就回說：「很好很好！不過會有障礙喔！」

我心裡就在擔心會怎麼樣，平常仁波切是完全不會這樣講的。……我就在想說要問問仁波切究竟是什麼障礙，另外是想跟仁波切求個卦，看要用什麼方法回遮障礙。不過我這人也很糟糕，我知道仁波切卜卦後都會說要修很多法，會有三四個法要寺院來修，所以我就想說，我就閉關，哪有比閉關還要好的除障法呢？最好的對治就是這個了。……我就沒跟仁波切求卦了。仁波切除了「會有障礙」一句以外，什麼也沒說。

閉關三個月、六個月過去了，祖古貝瑪里沙身體無恙，什麼障礙也沒發生。他每隔幾個月會打電話給仁波切報告閉關情形，並提問請求釋疑。在藏曆六七月間，他打了個電話給仁波切。他如是敘述當時情形：

我們聊了很多，仁波切就問我說：「你怎麼樣？修得如何了？有些進步嗎？」

我回答說：「仁波切，實在沒進步，越修越糟耶，以前剛開始修的時候，明點還會出現，現在越來越糟了。」仁波切聽了就哈哈大笑，然後說：「越來越糟啦？要把貪著放掉才好，如果在那邊想著要出現個什麼東西，反而會被障蔽住而無法出現。所以要在無貪著中保任立斷的本性。」

兩人聊了一陣子後，電話斷線，祖古想說要問的問題都已經問完了，再打電話過去只會打擾到仁波切，於是沒打算再打給仁波切，結果兩分鐘後，仁波切主動打了過來。他繼續說道：

仁波切從來沒打過來給我。香香跟我說仁波切打給她不少次，我就覺得很神奇，仁波切從來沒打給我過。……我接起電話，仁波切說：「剛才電話斷了，我們把剛才沒講完的給說完吧。」其實那代表仁波切要圓寂了。

又過了數個星期後，距離出關還有約一個多月，本想再打個電話給仁波切的他，接到弟弟桑傑仁波切的來電說：「仁波切似乎身體微恙，已在西里古里進行檢查。」過了四五天，桑傑仁波切再次來電說：「揚唐仁波切身體不適，要轉往海德拉巴德就醫。」

十月十五日晚上九點多，在海德拉巴德那一頭，夏拉德滿月正要高升，而夏拉德仍急忙連繫醫療專機，以確認翌日早上能順利運送法體。而在尼泊爾宏拉這一個頭，平常此時已就寢的祖古貝瑪里沙卻難以入眠。九點半，弟弟桑傑仁波切來電說：「仁波切已經示現圓寂。」

仁波切的近侍們透過電話，慎重請求祖古貝瑪里沙即刻前往甘托克塔寺，坐鎮安頓法體及主持圓寂法會。祖古徹夜未眠至凌晨三點半，為了出關而進行「取悉地」段落，在中午結束薈供之後，便啟程前往錫金。原本計畫閉關整年至藏曆九月初一的他，因仁波切圓寂而提前半個月出關，他於是恍然領會到仁波切當初那句「會有障礙」，指的就是被迫提前出關一事。

十月十六日，藏曆八月十五日早晨，仁波切的法體在清哲祖古、外甥女蔣秋和外甥索南班登等人護送下，乘著移除醫療器具的醫療專機，從海德拉巴德起飛，經數小時飛行後，降落在巴格多格拉機場。

日正當中之際，安放法體的靈柩從飛機移入多竹千法王近侍袞秋元登駕駛的車中，緩緩途經西里古里，往錫金首都甘托克前進。仁波切圓寂的消息已經傳遍錫金，靈車進入錫金山路後，處處可見人們燃燒煨桑，以手中的哈達及薰香白煙禮敬仁波切的法體。途中不少路段由於人潮眾多而行車阻塞，錫金警察也協助引導動線，並為靈車開道。每到一處村落城鎮，便有僧俗信眾湧向靈車獻哈達，其中不乏痛哭失聲、淚流滿面的具信弟子們。等到仁波切的靈柩送達塔寺大殿時，已是天黑時分，正值藏曆滿月之夜。

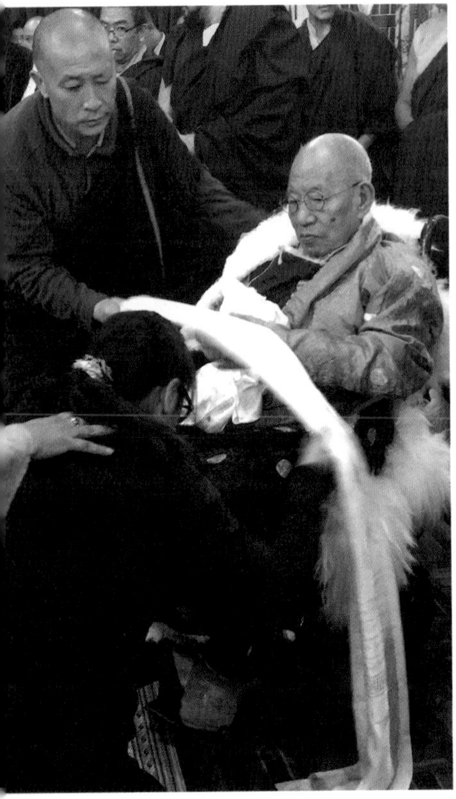

數百位僧眾早已守候在塔寺大殿，現場一片肅穆，眾人皆靜默不語。幾分鐘後，多竹千法王坐著輪椅來到大殿。格西拉如是敘述當時的情景：

法王交代要好好準備。仁波切的法體大約八點才抵達，法王當時都還沒有就寢，在法體還未送達之前，他就一直在問說：「什麼時候會到呢？」……他在這之前有生病，都是會在晚上七點就寢。而他這回直到仁波切法體送到之前都沒睡，不時問說何時會抵達。法體抵達後，法王就進去獻上哈達。

多竹千法王近侍有問法王說：「我們要為仁波切的法體唸誦什麼好呢？」法王回答說：「什麼都不用，放著就可以了，他跟一般的上師不一樣，什麼都不需要唸。」不過僧眾既已聚集，法王於是與僧眾一同唸誦了〈普賢行願品〉。從這時起，仁波切的法體原封不動地安放在靈柩中，等待祖古貝瑪里沙前來安置。

左／多竹千法王帶領僧眾，共同在揚唐仁波切法體前唸誦的歷史畫面（二〇一六年十月十五日）。

右／札西群措向多竹千法王獻上哈達。

攝影／卻札。

隔天，不丹的皇太后格桑卻准捎來一封信。以下節錄信中的內容：

致尊貴的揚唐仁波切之家人和拉壤[53]：

聽聞尊貴的揚唐仁波切昨晚在海德拉巴德逝世，我等甚感哀傷。

揚唐仁波切的辭世是個巨大損失，不僅對於錫金如此，對整個世界亦如是。……我們今日在朋唐蓮師身印殿和朋唐蓮師身印銅色吉祥山殿中，為揚唐仁波切獻上〈銅色吉祥山祈願〉及千盞酥油燈。

我供養十萬元盧比和哈達，獻予我們摯愛的揚唐仁波切之圓寂祈願法會。[54]

格桑卻准旺秋

不丹國王吉美僧格旺秋陛下之皇太后

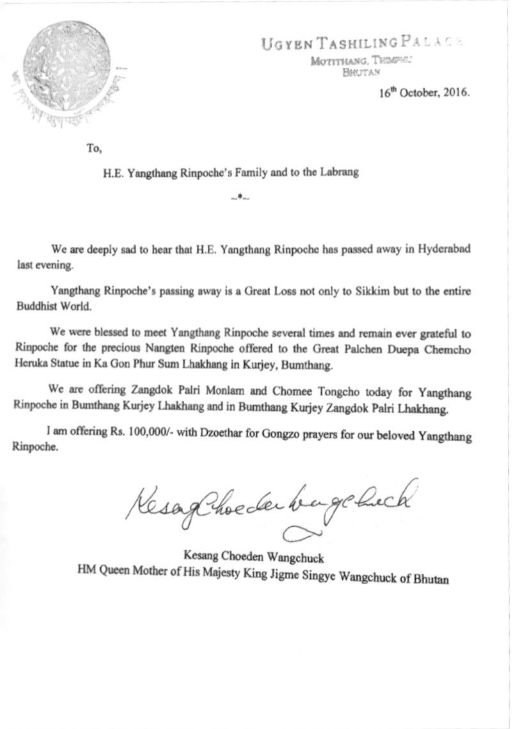

UGYEN TASHILING PALACE
MOTITHANG, THIMPHU
BHUTAN

16th October, 2016.

To,

H.E. Yangthang Rinpoche's Family and to the Labrang

~*~

We are deeply sad to hear that H.E. Yangthang Rinpoche has passed away in Hyderabad last evening.

Yangthang Rinpoche's passing away is a Great Loss not only to Sikkim but to the entire Buddhist World.

We were blessed to meet Yangthang Rinpoche several times and remain ever grateful to Rinpoche for the precious Nangten Rinpoche offered to the Great Palchen Duepa Chemcho Heruka Statue in Ka Gon Phur Sum Lhakhang in Kurjey, Bumthang.

We are offering Zangdok Palri Monlam and Chomee Tongcho today for Yangthang Rinpoche in Bumthang Kurjey Lhakhang and in Bumthang Kurjey Zangdok Palri Lhakhang.

I am offering Rs. 100,000/- with Dzoethar for Gongzo prayers for our beloved Yangthang Rinpoche.

Kesang Choeden Wangchuck

Kesang Choeden Wangchuck
HM Queen Mother of His Majesty King Jigme Singye Wangchuck of Bhutan

丹皇太后格桑卻准寫給揚唐仁波切親屬的信。
料提供／玉僧璨康。

揚唐仁波切法體甫安為金剛持姿態時的法照。攝影／卻札。

53「拉壤」或「拉章」一般指上師的住所，有時亦泛指由上師身邊總管、近侍全體組成的類行政組織。

54 皇太后在信中提及仁波切往昔供養了一尊聖像，安奉在「嘎恭普」佛堂裡的大勝嘿如嘎聖像的心間，而貝瑪智美喇嘛則肯定是安奉在普巴金剛聖像心間。本書採後者的說法，詳見第三章相關章節。

另一方面，亟欲從尼泊爾宏拉趕赴甘托克的祖古貝瑪里沙，在十六日當天由於天候因素等不到飛機，於十七日早上搭機飛抵尼泊爾貢吉，一小時後又搭機前往加德滿都，一抵達加德滿都又立刻訂機票前往巴達拉普爾。當天下午三四點左右，揚唐仁波切的司機烏金夏巴駕車將他從巴達拉普爾接送到甘托克，到達塔寺時約為晚上九點。根據祖古本人的敘述，從宏拉到甘托克的過程有如神助般地深得仁波切庇佑加持，即使擁有私人飛機都沒有辦法如此迅速而順利。他如是敘述抵達塔寺後的情形：

我一到，就先朝禮仁波切的法體。法體非常安好，五官臉龐都如同在世時一樣。……我們想說一般要唸《法界寶藏論》等各種法本來將仁波切從「圖丹」禪定中喚醒。結果多竹千法王說：「不需要，仁波切跟其他上師不同，不需要這樣。」

祖古貝瑪里沙及數位僧人以藏紅花等諸珍貴香材調製的香湯，為仁波切法體淨浴後，再為法體穿戴法衣，以頭戴五方佛冠、手持鈴杵交叉胸前、雙腳跏趺的金剛持佛之姿安置法體，如此金剛持佛形相一直持續到荼毗當天。

仁波切圓寂三天後，外甥女蔣秋在仁波切的私人提包裡，發現了仁波切預留的、寫給她女兒札西群措的遺書。[55]這封遺書被認為是仁波切在玉僧最後進行三天閉關期間所寫下，從信中潦草字跡可以看出，在當時的視力條件下，仁波切書寫過程頗為困難。信中，仁波切對於自己母親轉世者的關愛之情表露無遺：

清哲祖古讀誦揚唐仁波切放在私人提包裡的遺書（二〇一六年十月十八日）。攝影／卻札。

寫給女孩札西群措的一席賢良諫言：

現在在你年紀輕輕、智識清明的這個時刻，是一個應當仔細思考自己這一生以及來世路的時候。往昔的智者們說過：「提前思慮乃智者，事後後悔為愚夫。」既然如此，對自己這一生和來世的路仔細思慮之後，能夠找到清淨真實的道路，並且在找到之後，能夠在那上面穩健地走著，這實在太重要了。如果不去思考，而走入歧途之後，再想返回到正道上面，那可是一大艱難，不是馬上說要反轉就可以反轉的，剛開始就不要走到錯的路上去，這點很重要。

55 根據外甥女蔣秋的口述，仁波切圓寂前一個月，也特別囑咐她說：「札西群措是個好孩子，要關愛她，不要罵她。」

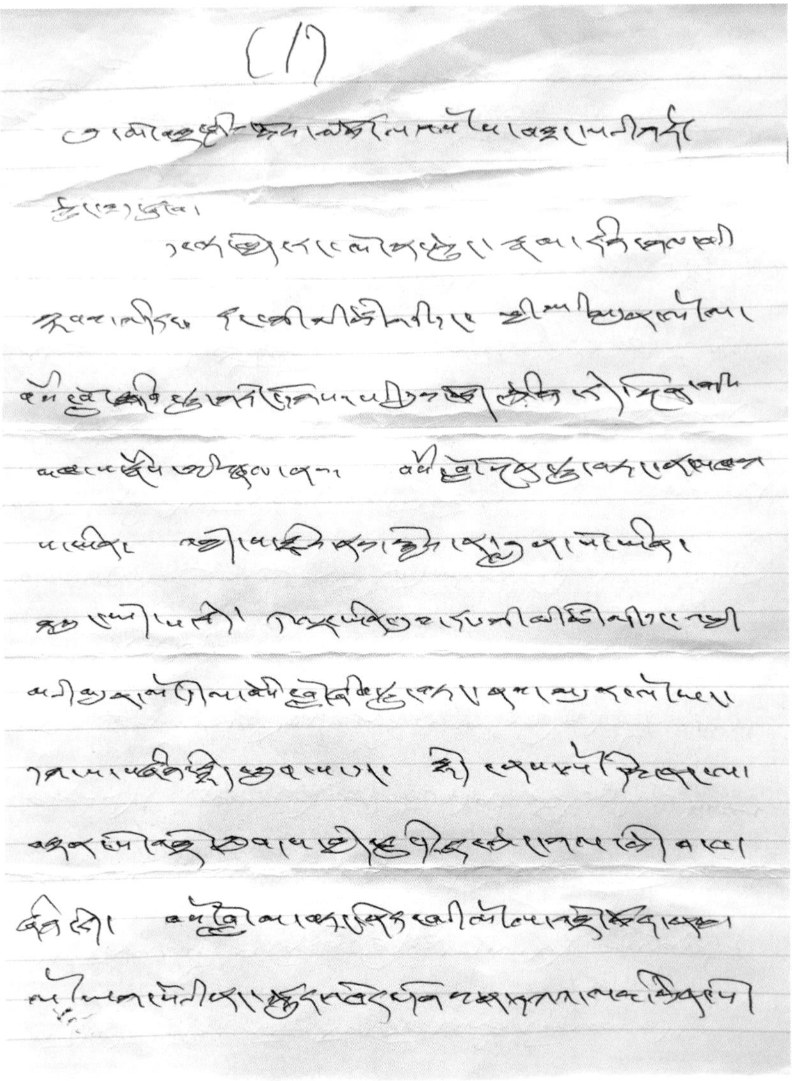

揚唐仁波切遺書首頁。資料提供／玉僧璨康。

依照多竹千法王的指示，前三個七期間，圓寂法會在塔寺進行。其中，頭七期間唸誦吉美林巴的上師修持法，二七期間唸誦藥師經儀軌，三七期間唸誦金剛薩埵法。不丹的敦珠揚希仁波切、南卓林的穆松古千為主的成千上萬僧俗弟子，在三個星期中不間斷地從各地前來向法體頂禮致敬。時任錫金最高長官史瑞尼瓦斯・巴提爾（Shriniwas Dadasaheb Patil, the former Governor of Sikkim）也特地前來致意。

此外，仁波切親屬和親近弟子十餘人，也特別拜見多竹千法王，懇求法王主持尋找和認證揚唐仁波切的轉世靈童。法王說著藏語當中的「呀呀」並點頭表示同意。

雪謙冉江仁波切在得知仁波切圓寂後，即造下祈請轉世快速再來祈請文。白玉圖松法王在台灣弟子貝瑪當秋和德炯旺嫫的祈請下，亦於成都紅牌樓住處寫下了轉世祈請文。桑嘎土登尼瑪仁波切及多竹千法王，也應仁波切近侍們再三祈請而寫下了快速轉世祈請文。

揚唐仁波切外甥女蔣秋卓瑪（最右側）祈請多竹千法王尋找及認證揚唐仁波切的轉世。攝影／卻札。

總之，由於多竹千法王的恩德，讓玉僧方面有充足時間為後續圓寂法會及荼毗大典做足準備。同時，眾人也決定在將法體從塔寺移往玉僧的途中，先在貝瑪揚澤寺安放兩天。十一月六日清晨，仁波切的法體即將從首都移往西部之際，時任錫金邦的最高行政首長巴旺．強林（Pawan Kumar Chamling, the former Chief Minister of Sikkim）前往塔寺向法體致敬。錫金政府為了表達對仁波切的敬意，特地詢問仁波切親屬近侍有無需要政府提供任何協助。親屬們請求政府給予兩項協助，一是協助讓靈車行進時交通順暢無礙，二是盼望在荼毗法會期間，能夠特許持有香港護照的弟子取得錫金通行證。

六日這一天，在政府協助之下，路況甚為通暢。靈車所經之處，信眾燃著冉冉煨桑白煙、手持哈達向法體致敬。載著法體的靈車在拉邦、多林寺和給辛等地稍作停留後，於晚間抵達貝瑪揚澤寺。十一月

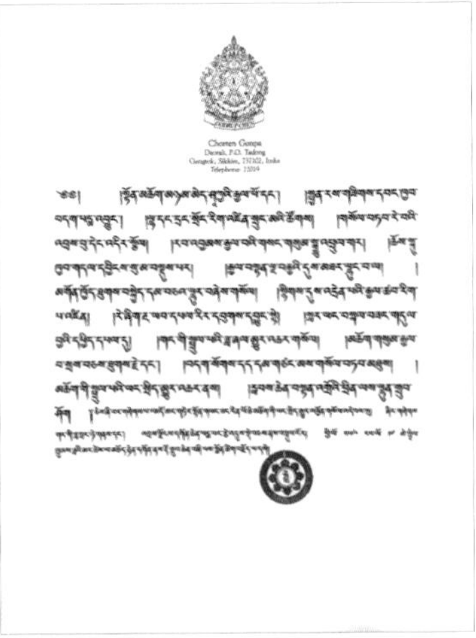

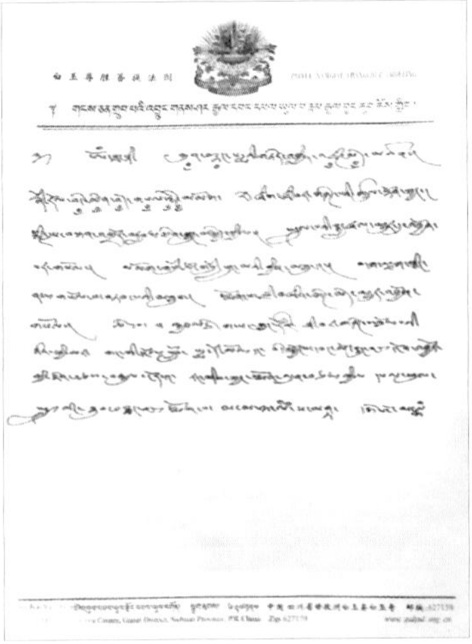

左／多竹千法王寫下的揚唐仁波切快速轉世祈請文。資料提供／玉僧璨康。

右／圖松法王親筆寫下的揚唐仁波切快速轉世祈請文。資料提供／貝瑪當秋與德炯旺嫫。

法體離開塔寺時一景。攝影／卻札。

七日，安放在貝瑪揚澤大殿的法體，整天浸沐在第四屆《七品祈請文》十萬唸誦法會的誦音當中。當初貝瑪揚澤洛本邀請仁波切主持這個法會時，仁波切回覆的那句「我沒有空，我會在哪裡呢？」似也隨著眾人唸誦聲，迴盪在大殿的四周。

翌日，法體從貝瑪揚澤迎回玉僧璨康寢室裡，結束了自海德拉巴德以來超過兩千公里的旅程。自從法體安為金剛持佛坐姿起，便安放在塔寺僧眾製作的一個木製殿宇形相的、藏文稱為「康桑」的神龕當中。法體周邊放置大量粗鹽以及許多裝滿樟腦和香材的小布袋，以保持法體乾燥。為了不讓法體受潮，需要時常更換粗鹽，起初每一兩天更換一次，後來則是每隔三四

上／僧俗信眾在給辛恭迎法體之一景。

下／貝瑪揚澤寺金剛阿闍黎與僧眾迎請法體繞行寺院之一景。

攝影／卻札。

日更換一回，負責更換粗鹽的是近侍清哲祖古、諾布喇嘛以及在玉僧期間負責看顧法體的卻札。

在玉僧進行的四七到七七間的圓寂法會，由祖古貝瑪里沙主法。玉僧的竹帝寺、貝林的貝瑪揚澤寺、甘托克塔寺以及位於希利巴塘的白玉拉祝仁波切寺院等錫金各地僧眾都前來共同參與唸誦。

天色未亮之際，各方僧眾已開始在荼毗塔四周進行唸誦。攝影／曾建智。

仁波切的寢室每天早上七點半開放信眾瞻仰禮拜法體。在六七之前，前來瞻仰者不多，根據在寢室中看顧法體的卻札的說法，不時會有特殊香氣瀰漫在仁波切房中。六七之後，隨著前來參加法會以及瞻仰法體者日漸增多，房內香氣也隨之消失。

十二月三日，藏曆十月三日，是進行荼毗大典的日子。凌晨四點天色未亮之際，各方僧眾已開始在荼毗塔四周進行唸誦。荼毗塔座落於玉僧璨康和唐東嘉波大殿間的空地。荼毗塔的四個方位，由頂果欽哲揚希仁波切與祖古貝瑪

左/荼毗法會進行中的遠近畫面。

攝影/曾建智。

里沙坐鎮東方；貢江仁波切與多竹千法王塔寺僧團在南方；蔣康祖古及南卓林僧團在西方修法；而拉瓊仁波切及錫金各地僧眾則坐鎮北方。

天亮之後，頂果欽哲揚希仁波切、蔣康祖古、祖古貝瑪里沙、南卡仁波切等人到仁波切的寢室獻上最後的祈願，並由頂果欽哲揚希仁波切為法體披上袈裟。跟四十九天前相比，此時的法體明顯縮小許多。隨後，由柔札祖古、根絨澤仁祖古、慈成堪布等弟子眾，將法體和康桑移上轎子，從璨康一路迎請到荼毗會場。法體安置於荼毗塔後，隨著點燃塔中的薪柴，四方的僧眾，有的唸誦金剛薩埵法，有的唸誦文武百尊法，有的唸誦《持明命修》儀軌，總之，各方依不同儀軌共同進行荼毗火供，共有超過兩千名僧人參與了荼毗。而來自錫金、尼泊爾、不丹的信眾，乃至台灣、港澳、日本、歐美等海外弟子眾，也有數千人之多。這一天，錫金政府特別指示全境放假一日，以便信眾前來參加荼毗。政府原想安排士兵對空鳴槍來向仁波切致敬，而親眷們基於仁波切素來低調的作風，婉拒了鳴槍的安排。

右／法體從寢室移至荼毗會場之一景。攝影／曾建智。

在荼毗塔四方主法的上師。
上左／拉瓊仁波切。
上右／頂果欽哲揚希仁波切。
下左／貢江仁波切（左）。
下右／蔣康祖古。
攝影／曾建智。

各界僧俗弟子參加法會的留影。攝影／曾建智。

這一天陰時多雲，焚燒法體的熱煙從荼毗塔上方及四個排煙口竄升，與空中清涼的雲霧化為無別。荼毗火化約一小時後，從荼毗塔西側排煙口朝塔內看去，可以看到仁波切的顱骨就在煙口旁。按照常理來說，隨著法體下方柴薪持續燃燒，木柴和法體都會往下塌落才是。然而顱骨卻逆勢朝上來到了煙口處，祖古貝瑪里沙親將顱骨從西側煙口迎請出來。根據他的說法，顱骨逆勢上升到煙口位置，乃是仁波切修行境界的驗相。

法會進行到下午接近尾聲之際，眾人唸完回向願文，正在唸誦吉祥詞時，天空飄起了細雨。這是仁波切法體從十月十六日迎請到甘托克塔寺以來，四十九天中第一次降雨。

在吉祥詞的唸誦聲中，荼毗的餘煙持續上行，在法樂聲響之中，絲絲的細雨，如天女散花般落了下來。許多弟子們在一時之間，分不清從臉上滑落的，是雨水，還是淚水。

法會接近尾聲時，從濃厚的雲層降下綿綿細雨。攝影／曾建智。

左頁、右頁／荼毗時取出的揚唐仁波切顱骨，
如今安放在玉僧璨康中。攝影／卻札。

11 從瑪拉雅到澳門，從天山到金甯山

荼毗結束三天後，祖古貝瑪里沙主持開塔。揚唐仁波切的「眼、舌、心」火燒不壞，熔為一肘之長，成為繼顱骨之後，另一項迎回仁波切寢室中安奉的聖物。祖古貝瑪里沙繼續帶領僧眾為仁波切的遺骨修法，並以遺骨和骨灰，和著從不丹聖地取得的紅土，製成大小不等共數百個陶土骨灰擦擦。

揚唐仁波切的眼舌心如今安奉在這個銅製的寶盒中。攝影／卻札。

待一切法事圓滿結束後，外甥女蔣秋為主的親眷們又數度拜見多竹千法王，請求法王尋找及認證揚唐仁波切轉世靈童。法王指示道，若能將仁波切的骨灰撒在各大聖地和江河大海中，對揚唐仁波切的佛行事業及轉世均有助益。是故親眷一行人，在二〇一七年二月帶著仁波切的部分骨灰和擦擦，從菩提迦耶開始，陸續前往王舍城、靈鷲山、那蘭陀、拘尸那羅、舍衛城、迦毗羅衛、藍毗尼、恆河、鹿野苑、僧伽施等八大聖地為主的印度各聖地，以及博達、南無布達、斯旺揚布、阿素拉為主的尼泊爾各大聖地進行薈供、撒下骨灰，並在每一個聖地留下一個骨灰擦擦。

他們也特地前往斯里蘭卡，在朝禮阿努拉德普勒的聖菩提樹（Sri Maha Bodhi, Anuradhapura）和康提的佛牙寺（Sri Dalada Maligawa）等地後，登上揚唐仁波切生前表示很想朝禮的「瑪拉雅山」亞當峰（Sri Pada/ Adam's Peak）。眾人在黎明日出之際，於山頂的佛陀足印前進行薈供、祈求仁波切迅速轉世再來。在斯里蘭卡行的最後，眾人來到距離首都可倫坡不遠的內貢博海灘（Negombo Beach），乘坐帆船出海，在將大量骨灰撒入大海之際，萬里晴空當中現起了一道彩虹。

二〇一六年十二月荼毗後，近侍們並沒有在遺骨和骨灰中發現舍利。一些體積較大的遺骨，連同部分骨灰，裝入幾個銅鐔中安放，一直到二〇一七年九月，由於需從中取出一些遺骨來裝藏入塔，才開封部分銅鐔。在開封過程，首度發現十幾顆純白舍利，後來又在仁波切的一個腿部遺骨裡，發現約百顆舍利。那塊遺骨上留有兩根長釘，是當時仁波切在南企進行腿部手術時植入的釘子。[56]

仁波切圓寂一年後，雪謙冉江仁波切在玉僧璨康主持了為期三天的圓寂紀念法會，[57]並為兩座銅製的揚唐仁波切舍利塔開光。其中一座安奉在唐東嘉波大殿之中，另一座則安奉在貝瑪揚澤寺蓮師八相殿裡的密室中，成為最早以仁波切的舍利作為裝藏聖物的舍利塔。唐東嘉波的聖像及大殿，原是為了仁波

上／雪謙冉江仁波切在玉僧璨康主持揚唐仁波切圓寂週年法會（二〇一七年）。

左／甫裝藏完成的兩座銅製揚唐仁波切舍利塔。左塔今安奉於玉僧唐東嘉波大殿，右塔今安奉於貝瑪揚澤寺蓮師八相殿的密室中。

攝影／卻札。

切長壽住世，而由近侍清哲祖古歷經多年而建，這間大殿最終成為安奉仁波切舍利塔之地。

由蔣揚多傑創立的拉尊佛法中心（Lhatsun Dharma Centre），在仁波切的建議下，主修多芒新伏藏斷法[58]。成員多為來自拉邦地區家庭主婦的她們，在圓寂一週年紀念法會結束後，加場獻上斷法薈供。仁波切雖然未曾親見她們修持斷法的成果，但她們此後每年圓寂紀念法會都會到場獻供。在錫金，多芒新伏藏的斷法仍由貝瑪揚澤和拉尊佛法中心繼續修持當中。

至於仁波切的「眼舌心」，多竹千法王原本指示應當迎至多芒寺。可是法王在二〇一八

56 從火化後的情形來看，釘子明顯有一節沒有打入腿骨，等於釘子有一部分是一直在仁波切腿部的肉裡面。丁乃竺曾經詢問仁波切關於釘子一事，她如是敘述：「他不曉得是不是髖骨這邊有根釘子，其實那個釘子已經出來了，就是說大概有點脫落，照我認為，那簡直是痛得不得了。我就會一直問他：『你會不舒服嗎？』他說：『一點點。』他每次都說一點點。我就想，哇，他真的是很能忍。」丁乃竺訪談，二〇一八年六月六日於台灣台北。感謝香香的安排。

57 二〇一七年十月三日至五日。

58 斷法有時被翻譯為「施身法」，但斷法旨在斷除我執，施身僅為其中一部分。

左／蔣康祖古在主持揚唐仁波切圓寂二週年法會後，於唐東嘉波大殿中與僧眾共同為仁波切的舍利塔進行開光（二〇一八年）。

上／唐東嘉波大殿中的揚唐仁波切舍利塔。

攝影／卻札。

年又突然指示仁波切的近侍應將「眼舌心」留在錫金。[59] 外甥女蔣秋於是起念要將仁波切的顱骨迎回多芒，作為多芒寺的所依聖物。為了這趟多芒行，近侍們新製了第二批的骨灰擦擦，打算分發給每位多芒寺僧和每戶羅柯瑪家庭。二〇一八年春天，仁波切的近侍們帶著建材，前往包括天山心窟在內的錫金四大聖窟，在每一個聖窟外建了水泥材質的舍利塔，每個塔中均安奉一顆仁波切的舍利。

九月下旬[60]，蔣康祖古在玉僧璨康主持仁波切圓寂二週年紀念法會，為唐東嘉波大殿進行正式落成剪綵，並為殿中的舍利塔再次開光。

揚唐仁波切親眷於錫金四大聖窟建舍利塔。左一與左二／西方大樂窟的揚唐仁波切舍利塔。右二／建於東方隱窟外的舍利塔。照片提供／玉僧璨康。右一／從揚唐仁波切已開封的遺骨和骨灰中取得的舍利。每個舍利塔中均安奉一顆揚唐仁波切舍利。攝影／卻札。

十月份，仁波切的親眷計畫將顱骨及擦擦等聖物迎回多芒。其中一群近侍抵達尼泊爾，準備飛往成都。同一時間，另有一弟子攜帶仁波切的顱骨，途經香港、澳門，準備前往成都與其他人會合。其中，顱骨在香港停留期間，麥先生及其家人、親近法友們，特地前往禮敬顱骨，[61]並且共修一座《修行之王：上師瑜伽》。顱骨停留澳門期間，香港祖古及其澳門弟子為首的信眾，在涕淚當中將顱骨迎入中心安放。這群澳門弟子無緣在荼毗時前去錫金，這回顱骨直接來到他們面前，悲喜交集，難以言喻。

59 後來，仁波切的近侍計畫在仁波切的寢室內另奉一座銀塔，並將「眼舌心」裝藏入塔。但是後來因尺寸不符而未入塔。這座銀塔裡安奉仁波切舍利一顆，如今仍安奉在仁波切寢室中。此外，多芒寺與分寺溫古寺中，均建有銅製的揚唐仁波切紀念塔，惟塔中並無仁波切舍利。多芒寺妥善保存了仁波切的一顆牙齒，另有一顆牙齒留在台灣，由香香保存。至於獄中時期由獄友用嘴協助咬下的那顆牙齒，據說仍由獄友的親戚所保有。是故世上仍有仁波切遺齒三顆。

60 九月二十二日至二十四日。

61 顱骨當時安放在仁波切月二〇一六年訪港期間曾下榻過的帝景酒店裡。

正當顱骨準備進入中國內地時，突然傳來消息，官方不允准仁波切的近侍們入境中國，仁波切的顱骨於是從澳門輾轉迎回錫金。仁波切的眼舌心、顱骨、舍利和遺骨至今仍完好安奉在玉僧璨康中。

二〇一九年十月[62]，祖古貝瑪里沙在唐東嘉波大殿主持仁波切圓寂三週年的紀念法

上／仁波切玉僧璨康寢室現貌。房間中央安奉著銀質舍利塔。
攝影／清哲祖古。

會，為期三天。數百位僧人齊聚在舍利塔前進行薈供，唸誦《修行之王：上師瑜伽》、〈十六羅漢祈請文〉以及多竹千法王等上師所造的迅速轉世祈請文。

十一月，祖古仁增貝瑪應邀特地前往台灣彰化金甯山寺，親自監造揚唐仁波切舍利塔。從整地、破土、安寶瓶乃至裝藏各個階段的修法，均由祖古嚴謹如法親自主持，寺院住持釋乘甯法師提供了建塔土地等一切順緣。二〇二〇年二月二十八日，這座舍利塔在世界為疫情陰霾籠罩之際進行開光，揚唐仁波切的外甥女蔣秋，以及甫由雪謙冉江仁波切主持陞座儀式的袞桑卻准空行母（札西群措）、近侍清哲祖古、諾布喇嘛、寧瓊，也從錫金前來參加。這座花崗岩菩提塔中，安奉仁波切的顱骨碎片、兩顆舍利、仁波切本人的教言精華集，以

62 十月十一日至十三日。

祖古貝瑪里沙在玉僧唐東嘉波大殿的舍利塔前，主持揚唐仁波切圓寂三週年法會（二〇一九年）。攝影／卻札。

及當初達賴喇嘛尊者贈予他的一尊黃金釋迦牟尼佛像。

二〇二二年一月下旬，多竹千法王示現圓寂。二月七日，祖古貝瑪里沙應祖古隆央之請，在錫金多林寺為銅製的揚唐仁波切舍利塔開光。截至二〇二二年為止，世上共有九座安奉仁波切舍利的紀念塔，包括玉僧璨康寢室中的銀塔一座；玉僧唐東嘉波大殿、貝林貝瑪揚澤蓮師八相殿與多林寺之銅塔三座；天山心窟等四大聖窟外之水泥塔四座；復有位於台灣金甯山寺的露天花崗岩塔一座。

右頁／金甯山寺的揚唐仁波切舍利塔。攝影／曾建智。

上／安奉在台灣舍利塔中的兩顆揚唐仁波切舍利子。攝影／卻札。

左／安奉於多林寺的揚唐仁波切舍利塔。照片提供／祖古隆央。

12 千處祈求千處應

1

首先，我們從一九八七年甘托克的一個雨夜開始說起。

根據錫金弟子德央的回憶，她的舅媽在進行分娩時，過程顯得相當困難。正當醫生將她移往手術房準備進行剖腹時，揚唐仁波切突然獨自一人出現在下著大雨的醫院門口。由於他指示不要進行剖腹產，醫生們遂又將她移回分娩房，最後順利產下小名為「瓊固」的女孩。仁波切為何會在雨夜獨自出現在醫院守護著這個女孩的出生，至今仍然是一個謎。

一九九二年十一月，再次懷有身孕的舅媽在仁波切準備前往康區時，請仁波切為胎中孩子賜名。那時尚無偵測胎兒性別的設備，所以沒人知道即將出生的會是男孩還是女孩，於是想請仁波切寫下男女各一個名字備用。然而，仁波切卻很明確地說，出生的將會是一個男孩，他在紙上寫下「札西諾布」這個男孩名字。最後，瓊固果真多了一個弟弟。

2

一九九〇年，在太平洋一端的台灣，一天清晨，龔詠涵在夢中見到一位穿著藏紅色僧服的長者。她先後拜見來台弘法的嘉初仁波切和貝諾法王，而他們均非她夢見的那位上師，直到在深坑中心值遇揚唐仁波切時，她才終於找到了夢中人。在對話之中，仁波切得知龔詠涵學過醫事檢驗，也會針灸，於是要求她隔天就來幫他針灸。仁波切向來不太會提出醫療方面的請求，更鮮少指定特定的人來整療他的身體，宿世因緣的神秘，似乎只有夢境稍能解答。龔詠涵如是回憶其中一次幫仁波切針灸的趣事：

仁波切他的背痛得非常嚴重，我每天幫他扎針……我有一次下針之後，仁波切睡著了，我也很高興想說仁波切可以好好休息一下，我就幫他出針之後，我都不敢再打擾到仁波切，我就悄悄地離開了。……到了有一天仁波切才跟我講……他沒有看到我，不知道跑到哪裡去，因為他是趴著給我扎，他以為是身上還有針，所以完全不敢動，然後那時身邊也沒有侍者……仁波切就在那裡趴了一個多小時……都是利用早上很早的時間，我去到那邊是他們才剛煮早餐的時間，都很早，幫仁波切扎完針後，大概會有一些信眾過來的時候，我就離開了，所以很少人遇到我，也幾乎沒有人知道。[64]

那年夏天，龔詠涵計劃與家人們回中國武漢探親，由於她的皮膚曬到太陽就會出現嚴重過敏，而武漢又是中國三大火爐之一，於是仁波切特別在深坑中心房間後陽台為她修法，在修法過程中將五六罐加持水淋在她的身上。龔詠涵回憶起修完法後與仁波切的對話：

63 本節為本書的附錄。在這一節當中，我們將仁波切各地弟子的上師感應故事，大致按照發生時序結集在一起。

64 龔詠涵訪談，二〇一七年一月二十八日於台灣新北新店。

「好了，修好了，妳回去吧！」

我說：「仁波切，這樣子我去大陸曬太陽就沒有問題了嗎？」他說：「對！沒問題！妳放心！絕對都沒問題！」我說：「仁波切，我從十二歲到現在很多年了，你這樣淋就真的沒問題了嗎？」

前去武漢之前，龔家一行人在盛夏時分到蘇州、北京、長城遊玩時，所經之處都恰好遇上陰雨天候，當地地陪直呼她們很幸運，而她們心裡想，或許是仁波切在默默加持她們。回到武漢時，即便是四十度的豔陽天，她的皮膚也沒有出現過敏的情形。她如是敘述回到台灣拜見仁波切時的情形：

> 仁波切很開心地看到我就說：「哇！妳回來了！」仁波切就問我說好不好啊，我正要開口講，仁波切就先說妳有沒有去哪裡哪裡哪裡，從我的第一站講到最後一站，我真的愣在那邊，一句話都講不出來，我說：「仁波切，你怎麼知道我有去這些地方？我沒有告訴過你呀？」

龔詠涵在二○一○年出版了《不丹的幸福配方》一書，書中有揚唐仁波切所寫的序言。由於仁波切的序文篇幅頗長，當時書中僅節錄少許。仁波切的親筆原文中有如是寫道：

> 寫這本書的女孩是我一九九○年首次到台灣時認識的。……她第一次到我那邊問的是，她有兩個難題。一是她身體皮膚在曬到陽光後，馬上會有難忍劇癢。二是她從小就一直有「我早點死掉比較好」的想法，心裡多次想要自殺。她說：「請您看看這兩個難題要用什麼方法來處理。」……

然後我對她說：「要去除此世來生各種困難，沒有比正法更好的方法。所以妳要下定決心趣入佛法之門。內道佛教的根本是要對三寶有全然的信心、相信業因果、必須要有利他菩提心。我如是簡述了這三個根本之後又說：「妳從今以後要一心寄託在三寶上，早上起來和晚上就寢這兩個時段，不要忘了要在心中想到三寶，唸皈依文不要少於七遍。超過的話，不論多少都是好的。然後白天有空的時候，上午祈求觀音後盡力唸誦六字大明咒。下午向蓮師祈求後盡力唸誦蓮師心咒。唸完六字大明咒和蓮師咒後，對著會癢的地方吹氣，並把咒氣吹在水裡，然後喝下那水，在奶油上吹咒後，用奶油塗抹。有這樣做的話，我想妳的疾病就會痊癒，不要難過。

然後我對她稍加講述了暇滿人身寶難得而義大的道理：「現在妳得到這樣好的人身，若能按照自己的能力來修行佛法，讓這個得到的人身變得有意義，這就是第一名了。就算無法做到這樣，也應該是要讓這得到的人身盡可能在人世中待得長久，若是想方設法要死的話，是非常糟糕的。自殺的話，會有殺一個人的罪過。死後確定會投生到任一地獄當中。投生到那邊的話，地獄苦是非常難以忍受的，而且時間又長，極難脫離。即使從地獄脫離出來，又要輾轉生為餓鬼、畜生後，才漸漸能投生到人間一次。如此看來，在好幾億年當中都沒辦法來到人間。就算是來到人間一回，又會因過去自殺的報應，而在七生當中都死於非命。所以請妳別糟蹋了這暇滿人身寶，從今以後，要下定決心讓心思朝著佛法的方向，除去名聞利養的慾念，看看能否以身口意來修持純正的佛法。不要想得太多，也不要去講什麼見到神見到鬼的話，那些話語是自欺欺人的事，是很重的罪。」……

過了幾年之後，我第二度來到台灣，她來機場迎接。隔天她來見我，對我說：「您對我有大恩德！您回到錫金之後，我身體的疾病和心理的困難都逐漸消除了。現在我心喜身健，您就如同我的父母一樣。我要把您當作我的親父母，也懇求您把我當成您的女兒。」65

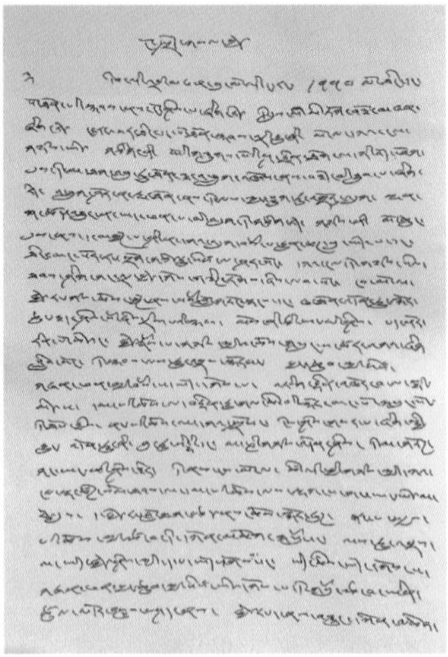
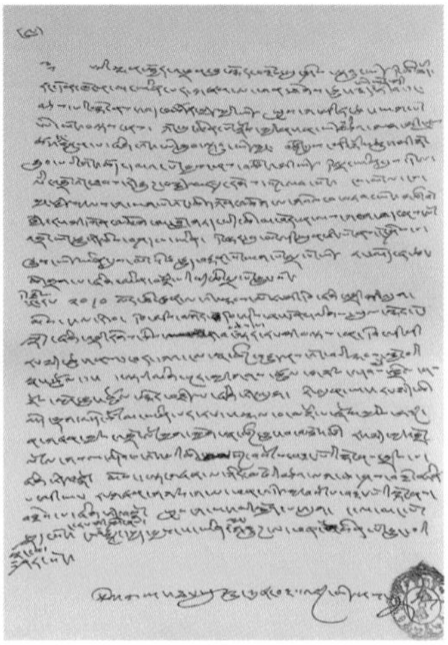

揚唐仁波切親筆為龔詠涵作序原文首頁及末頁的影本。資料提供／龔詠涵。

3

一九九〇年底，在太平洋另一端的美國，仁波切停留紐約期間，小名「黛比」的美國弟子黛博拉（Deborah Yaffee）從麻塞諸塞州特來求見。她從十一歲左右起就開始抽菸，時而偷拿爸爸和哥哥的菸來抽。癮頭發力時，有時還會同時抽兩根菸，到了後來，菸癮達到一天三包菸的程度。在冬天嚴寒之際，自己的菸抽完了，還會找尋附近人家垃圾桶裡抽剩的菸來抽。有時，她會拿女兒撲滿裡的錢，深夜開車去買菸。在學佛並且知曉抽菸的過患後，黛比亟欲戒菸，曾求助幾位上師給予加持和指示，但都沒能斷除菸癮。此回得知仁波切來到紐約，她便特地前來請求仁波切加持她的肺。根據黛比的描述，仁波切望向她的胸口時，彷彿看到非常糟的景象似的，露出非常難受的表情。她說道：

他看起來就像是為我感到心碎一樣，非常強烈。他在那邊給我一些加持，然後他對翻譯說了一些話，而那個人對我說：「仁波切說，如果妳現在戒菸，從此不再抽一根菸，而且如果妳去看醫生，還有，他下星期去摩訶成就者時，也會傳授咒語給妳，妳要唸那個咒十萬遍，如果妳這些都做到了，那妳可能會沒事的。」

在聽到這番話後，黛比當場昏厥，她回憶說：「我暈倒了，但並不是失去意識，非常非常奇怪，我往後倒了下去，但是沒傷到，我覺得自己好像身在雲中，那是最與眾不同的體驗，我就回來了，我覺得自己回神了，然後在雲中休憩。……慈悲的雲……我就在想，我大概是有可怕的癌症了吧，我就要死了。」

在接下來的一個星期中，黛比的菸量雖從一日三包直接歸零，卻仍有非常強烈的菸慾，在這段戒斷期間，身體有時會有抖動反應。一個星期後，揚唐仁波切來到摩訶成就者時，她再次前往拜見，嘉初仁波切在場協助她進行溝通。揚唐仁波切為她特別加持了至少十五分鐘，加持完後，她的抽菸慾念就完全消失。原本只是去向仁波切求個加持，怎知二十三年來抽了超過五十萬根菸的強大菸癮，從此煙消雲散，且在生理方面，吸菸者特有的呼吸模式也完全消失。黛比說道：

65 非常感謝龔詠涵提供仁波切手寫原序，讓這段內如得以重現。

那感覺就像我從來沒有抽過菸一樣，好詭異。嘉初仁波切看著我，對我說：「喔，妳非常、非常幸運！仁波切剛才已經把妳從過去世到未來世的業和習氣都除掉了，妳很幸運！」在那場加持之後，我所有抽菸的慣性和慾望，全都沒了。

我記得我有一次去一個護理課程，我有跟他們講一個故事，因為我們在討論戒菸過程。……他們問我是怎麼戒菸的，我都不知道該怎麼說，我的是被「除掉」的，我連提出請求都沒有，他就直接做了。他們想要說服我說那是催眠手法，我說：「別鬧了！這可是超越那個的！這才不是催眠呢！」

一九九七年，仁波切二度訪美，從東岸前往加州繼續傳法時，黛比被醫生診斷出體內有一大塊紮實的瘤，懷疑可能是惡性癌瘤。在進行手術之前，仁波切託人用快遞寄來一個楓糖罐子，罐裡裝著乾淨的水，水中還放了一小片蓮師的法帽剪片。仁波切囑咐她要每天喝這個水。手術之後，醫生帶著微笑跟她說，手術順利完成，而那個腫瘤也非為惡性。

同年十二月，多竹千法王來到摩訶成就者時，黛比也前去拜見。她雖奉多竹千法王為根本上師，卻也對揚唐仁波切充滿信心，將兩位上師

仁波切以快遞寄給黛比的蓮師法帽剪片，黛比至今依然妥善保留著。照片提供／ Deborah Yaffee。

視作無二無別。她如是敘述拜見法王的情景：

我根本不敢看法王，我就輕聲跟在場翻譯的東珠祖古說：「我想要懺悔，我覺得有罪惡感。我不想對法王不忠，但那是我的感受，我就是覺得法王和揚唐仁波切是同一的，這種想法揮之不去。我知道多竹千法王是我的上師，但是我又一直覺得他們兩位是同一的，所以我想要懺悔！因為我覺得這樣是對法王不忠。」然後多竹千法王笑了起來說：「這個沒關係！這是好的！」

4

一九九六年，年輕的成富二郎開始動念尋找一位指導修行的上師。隔年九月，他從家鄉日本飛往印度，在大吉嶺和錫金尋師的旅途中，於甘托克「祖拉康」拜見康卓策仁卻准。她對成富二郎說：「我有聽過揚唐仁波切的開示，覺得非常好，你也去見見他如何？」爾後，途經貝林的二郎得知仁波切正好也在那裡，當時二郎身體稍感不適，心想仿效《維摩詰經》當中的〈文殊師利問疾品〉，以疾病為引子，請教仁波切佛法問題。他如是敘述這場在貝林璨康的神奇會面：

仁波切的房間非常小，進入了仁波切的關房，在那裡做了大禮拜，那裡有一張床……我想說仁波切應該會來這裡，就對著這裡大禮拜。但是大禮拜結束後，仁波切並沒有來。……床上有兩個水晶，我正在好奇為什麼仁波切該在的地方會有兩個水晶呢？當我覺得不可思議時，那兩個水晶就變成了仁波切。由於發生了這樣的事，我當時無法言語，本來準備的問題都問不出來了。……

仁波切問我為什麼會來這裡。我回答說：「我來尋找上師。」他就問我：「有找到了嗎？」我說：「還沒有，我會找到我的上師嗎？」他當時沒有特別回答什麼。當我離開仁波切的房間，在廚房那邊喝奶茶時，他的侍者來跟我說：「仁波切說會有好結果的。」[66]

回到東京之後，他連續四十天都夢到一位錫金老僧人，並在行住坐臥當中都覺得那位老者一直在他身邊。一九九八年，他再度前往尼泊爾尋找上師，走訪各大教派名寺，拜會一個又一個著名上師。有一位具通靈能力的俄羅斯朋友對他說：「二郎，有一位身穿紅衣的西藏人就在你的身後。他年輕時受過很多苦，他的生命很艱困，受了很多苦，是監獄嗎？我不知道……但是他非常謙遜而且純潔非凡，他的靈魂非常平靜。二郎，你不知道你有多幸運，他正在等候你，你為什麼會在這裡？你在幹嘛呢？」

回到日本時，家中父母認為他熱衷宗教的程度已達瘋狂，而將他趕了出去。在日本僅僅待了三個月後，他又毅然收拾行囊，終於前往錫金拜仁波切為師。被逐出家門的他，從此趣入師門。他在甘托克「祖拉康」領受了仁波切給他的第一堂課：五毒煩惱。在那之後不久，仁波切便二度訪美。

一九九九年，成富二郎再度到錫金求法，在途中得聞揚唐仁波切因摔傷而在南企醫院動手術的消息。他首先去甘托克拜見多竹千法王，詢問法王看看自己能否為仁波切做些什麼。多竹千法王回覆他：「什麼都沒有！什麼都沒有！揚唐仁波切並不是普通的上師，他非常特別。沒有什麼是你能做的。……你聽過他的五毒開示？很好！要永遠記得他所說的，並且付諸實修！」

成富二郎隨後前去南企探望仁波切。仁波切出院後到麥里休養，二郎也跟著前去。眼見仁波切術後仍時感疼痛，二郎心想也許這並不是求法的適當時機，也擔憂自己會害仁波切情況惡化。於是他直接詢問仁波切，是否要將求法一事往後順延？仁波切很嚴厲地回答：「你是為了什麼而來這裡？上師該做什麼事呢？吃吃睡睡並不是上師要做的事！除了傳授佛法之外，上師沒有別的事該做！你為什麼要問我這種問題呢？你明天過來！我明天開始教你！」

之後，仁波切開始教導他「四轉心法」。每堂課結束後，他會給二郎幾天的時間去思考消化。成富二郎如是描述求法的過程：

> 每天早上我花上幾個小時，在喜馬拉雅山林行走，思惟暇滿人身、無常、死亡、地獄、天界、因果……我在樹下的一塊岩石上坐著，思索仁波切講授的內容。
>
> 有一天，他說：「看看卡車上被載往河另一端去的水牛，牠們並不知道再過幾個小時到達目的地後就會被宰殺了。牠們並不知道牠們會有什麼下場。想想許

66 成富二郎訪談，二〇一七年一月十四日於日本京都。非常感謝成富二郎陪同參訪高野山、比叡山等上師足跡所至之地。

多日本人從你工作的那間乾淨高樓走出來，他們從早到晚都忙著工作，你覺得這些水牛跟那些日本人有差別嗎？……想想無常和死期無定，培養對所有眾生的悲心，過兩天再回來這裡跟我說你是怎麼想的。」

仁波切有時對我非常嚴厲，有一次他對我說：「你不配吃我們這些食物，你只配吃外面園子裡種的青菜。」……所以我就跟侍者們說，不要再提供餐點給我了。我這樣講的時候，他們感到很困惑，還是照舊給我很美味的餐點……他的眼睛充滿深深的慈悲，就如同我看過的康區天空一樣。

有一天我婉拒了他們的餐點，因為我想要試試蔬菜種子的滋味。一位侍者對我說：「每天早上我們都跟仁波切一起吃，他一直要我們給你最好的食物、最好的床、最好的東西。他要我們記得你是單獨大老遠從日本前來。他要我們不要把你當成客人，而要把你當作家人。」

5

一九九七年，仁波切在台灣停留期間，在深坑隨侍的尊助喇嘛時而會做惡夢。在仁波切返回印度之後，也仍然會做惡夢。於是，他打電話向仁波切請示，仁波切在卜卦之後說：「你大概會有個大障礙喔！」儘管有安排修法，尊助喇嘛幾天後仍在一場車禍中撞斷手臂。他打電話向仁波切報告時，仁波切卻很高興地說：「喔！太好了！」尊助喇嘛心想，仁波切原先指的大障礙應是危及生命的大劫，如今遇難而僅傷手臂，是因為仁波切的加持而逃過一劫。

尊貴的楊丹仁波切

法會通知

楊丹仁波切（YANGTHANG RINPOCHE）現年七十四歲，係偉大上師貝瑪拉米札（無垢友尊者）之化身示現，而於過去世，楊丹仁波切曾以來自錫金之偉大取藏者拉森千波示現著稱。而此世他更受到貝諾法王等各大法王及仁波切的極力讚嘆與推崇；在現存的諸大成就者當中，楊丹仁波切即爲其一，然而他謙遜且樸實的外表，更令人深深感佩。

楊丹仁波切確實是修行者的珍貴之寶，今有此勝緣，恭請到楊丹仁波切至本書院弘法，期各位師兄同霑法益。

【法會內容】 *一切祈請文之王-----「蓮師七支祈請文」教授*

蓮師七支祈請文可以說是一切祈請文之首，也是祈請文之王。因爲蓮師是十方三世諸佛的化現，尤其是阿彌陀佛的化身。在他還沒有化身到此世界以前，此七支祈請文就在沒有人唱誦的情況下，由法身境界自然發出聲音，而唱誦此美妙七支祈請文。 蓮師是所有三根本（上師、本尊、空行護法）的主要代表，而這三者完全融入於他。有很多的修行法門，均是以蓮師爲主，而蓮師上師相應法，最主要的就是這七支祈請文。所以此七支祈請文是所有一切金剛乘教法的根本。

【七支祈請文的功德利益】

由於此七支祈請文是由法性境界發出，故具有不可思議之加持力。只要有人虔誠念誦此祈請文，蓮師馬上會降臨到行者面前，給予智慧加持。任何人念誦此祈請文，祈請蓮師，所有一切上師、本尊、空行護法均會像雲般聚集前來，給予行者共與不共之成就上的加持。甚至蓮師會讓行者在夢中親見其彩虹般的智慧身，聞到殊勝的檀香味，並聽到空行母所唱誦之美妙音聲和像達瑪鲁的鼓樂聲。

蓮師親自言及，任何未來的眾生，只要虔誠地唸誦此七句祈請文，就可以得到如此殊勝的功德利益。只要他精進，不斷地念誦此七支祈請文，就可以證得七種智慧，開悟也會很快到來，而神、鬼也會如侍如僕，所有周遭的人也樂於幫助他，並可證得和蓮師無二無別的境地。

日 期	法 會 內 容
91年3月 21日 星期四	晚上7:00 至 9:00 蓮師七支祈請文 外、內、密的含義（一）
22日 星期五	晚上7:00 至 9:00 蓮師七支祈請文 外、內、密的含義（二）

中文翻譯：張福成老師

主辦單位： 全佛書院
地　　址： 台北市松江路69巷10號5樓（長安東路口）
電　　話： （02）2508-1731#18

張志忠在法訊當中驚見夢中的上師。資料提供／張志忠。

6

二〇〇二年一月的一個清晨，台灣弟子張志忠夢見自己身處在一個像是寺院大殿的空間裡。殿裡有位老師父坐在陽光斜照的法座上，對著在場的僧俗弟子講授佛法。一時，長相莊嚴慈祥的老師父突然望向張志忠，並且對他露出了一個燦爛的微笑。從這場盈滿法喜的夢醒來之後，他不禁思忖著：「我沒有見過這位老師父，他是誰呢？」[67]

當天下午，他收到了一份黑白印刷的法訊，法訊上印著揚唐仁波切的法照並寫著：「尊貴的楊丹仁波切　法會通知」。張志忠在望見法照時一陣身顫頭麻，原來揚唐仁波切正是他夢中的上師。一月下旬，他前往深坑中心拜見仁波切。在頂禮之後，他以顫抖的聲音問著仁波切：「仁波切，我夢到的是您嗎？」仁波切微笑著說：「如果你有夢到上師、佛菩薩，都是好的、吉祥的。」仁波切並沒有正面回答他的問題，就在此時，陽光斜照在仁波切身上，張志忠心想：「我想，我已經知道答案了。」

7

台灣弟子徐莉莉則敘述道，有一年仁波切來台灣時，她正為了要參加一場為期三天的攀登大雪山活動，每星期都在進行山訓。她說道：

> 我有跟佛爺說，我們都一直山訓了，然後錢也交了，我們已經山訓好幾個月了……後來有一次佛爺到我們家的時候，他把我叫去，他很慎重地跟我說：「莉莉，這大雪山妳不要去，我卜的卦不好，妳最好是不要去。」[68]

徐莉莉當時只是把登山計劃告訴仁波切，並沒有請求卜卦，是仁波切心繫弟子安危而主動卜卦。後來她聽從仁波切的建議而沒去登山，據說那次有不少參加者產生嚴重高山反應、頭痛、腸胃不適等症狀。徐莉莉說：「他們平常都是身體很壯的人，所以我真的很慶幸，還好我那一次真的就是聽佛爺的話。」

8

另一年的一天，接近中午時間，台灣弟子龔詠涵接到寧瑪仁波切打來的電話，寧瑪仁波切對她說：「揚唐仁波切到處在找妳都找不到，他到處打電話找妳，可是他們都不認識妳，也不知道妳的電話。妳好不好呢？」龔詠涵回答說：「我很好，是我公公不好，他在住院。我自己很好。」寧瑪仁波切便說：「好，那我就回報給揚唐仁波切了。」

兩個小時後，龔詠涵在使用攪麵器具處理黏土時，意外導致手部重傷。她如是回憶道：

> 我的筋整個跑出來，整個手是爛掉的……我打電話給仁波切，跟仁波切說我的手壓到了。我相信仁波切出了非常多的力，仁波切一定有幫我修法，因為他一定知道有狀況，但是他有很多事情是不能夠說破的。

67 感謝張志忠於二〇二二年三月三十日透過網路社群媒體分享這則故事。

68 徐莉莉訪談，二〇一七年五月五日於台灣台北。感謝香香和貞良的安排。

9

二〇〇六年夏日的一天，在成都武侯祠區的洗麵橋橫街上，金色檸檬酒店裡的烏金堂茶行柴老闆感到坐臥不寧，好像有什麼事就要發生似地。他來回踱步，莫名地來到酒店的大門口，在門口逗留不過幾秒的時間，就見到一列車隊駛來停在酒店前。柴老闆心頭想著，應該是有什麼大人物要入住酒店了。他如是回憶當時的情景：

有藏族人，有弟子，都手捧著哈達，一看車隊來了之後，原來沒有人的，一下就聚集很多的人。我就站在三層人群之外看看是什麼大人物。這個時候，揚唐仁波切出來了，他向左上角轉頭，透過人群的縫隙，用眼睛向我微微一笑……那個時候，我的心就被融化了。[69]

當時，柴老闆馬上撥開人群，攙扶仁波切一路走進酒店四二一號房。自此開始，仁波切每回下榻金色檸檬，柴老闆都會引介朋友拜會仁波切，也數次請仁波切到他的茶行灑淨及落款。店中甚至有一款藏茶，特別以仁波切的名字來命名。

10

二〇〇七年藏曆新年期間，台灣弟子卻札蔣措初次到玉僧與仁波切共度新年。一天，他到諾布崗吉祥燃光塔轉繞，並在回向時在塔前發願：「希望有機會能侍奉自己的根本上師，即使是有機會奉上一杯茶水也好。」繞完塔回到玉僧璨康時，一位侍者對他說：「仁波切正在看電視劇，那是台灣的電視劇，我們聽不懂，你去坐在仁波切旁邊把劇情翻譯給他聽。」那一年，電視就設在仁波切房裡，卻札於是得以和仁波切相處數個小時。玉僧的電力時會中斷，在沒有燈、沒有電視可以看的時候，他就靜靜地坐在仁波切身邊，聆聽仁波切口中不間斷的持咒音聲。從這一年起，卻札每年都會與仁波切一同過藏曆新年，並在三天看劇時間中，為仁波切解釋每一場戲的劇情。

當時對塔發的一個願，上師讓它實現了。原本想要侍奉一杯茶水的他，後來有幸在仁波切最後幾年傳法中擔任翻譯，為仁波切翻譯超過一千個灌頂。

11

台灣弟子徐惠玲與母親的關係始終有一層隔閡，在丁乃竺的引介下，她前去拜見揚唐仁波切，請教有無化解的方法。她如是回憶當時的情景：

> 我從來沒有辦法跟任何一個人講我心裡面這一段跟媽媽的關係。我見到佛爺的時候就講了這個。……我也跟佛爺講說，希望能夠加持我，給我一個能力能夠化解跟媽媽的這一個關係……佛爺聽我講完就摸摸我的頭。然後就拍拍我的肩膀、摸摸我的頭，然後就安慰了幾句……我那個時候就是一直落淚到完全沒有辦法克制。[70]

69 柴河訪談，二〇一七年六月二十二日於中國成都金色檸檬酒店。

70 徐惠玲訪談，二〇一七年五月五日於台灣台北。感謝香香和貞良的安排。

後來有一年，仁波切為她的兒子修法後，特別問她：「妳媽媽最近好不好？……有空多陪陪父母。」不久後，她感覺自己能夠很自在地和媽媽相處、談天。兩個多月後，媽媽因跌倒而昏迷，在臨終前幸蒙仁波切修頗瓦。

12

另有一年，台灣弟子貝瑪當秋正在香港參加川大博士班考試時，未婚妻德炯旺嫫前去拜見下榻於龍堡酒店的仁波切，請求仁波切加持考試順利。仁波切為他做了一些唸誦之後，稍微打盹瞇眼了一會，然後突然張開眼睛說：「喔，要醒來才行！貝瑪當秋正在考試！」

二〇〇八年的三月，在台弘法的揚唐仁波切應邀到金甯山寺傳法。這一次，仁波切首次入住新建好的寮房。從他二樓的房間窗戶望出去，可以看到他時常轉繞的五輪塔。三月十八日這天，交往多年的貝瑪當秋和德炯旺嫫兩人來到仁波切房間，在仁波切的祝福下成為夫妻。仁波切為他們戴上戒指，還秘密囑咐弟子買來棉被、枕頭、被套、枕頭套作為他們的新婚禮物。這對夫妻至今仍然保存著那套棉被；同樣地，金甯山寺也依然保存著仁波切使用過的碗筷。

13

二〇〇九年，在南卓林修學多年的不丹喇嘛江措來到玉僧拜見仁波切。仁波切問他說：「你此行目的是什麼呢？」他就稟告仁波切說，他是來求《本智上師》的教授。他本身既非祖古亦非堪布，既無顯赫家世背景，也沒有奇珍異寶和金錢可以供奉，他就只是抱持赤誠求法之心前來的一介僧人。而仁波切答應傳授竅訣，也自非敷衍了事。傳法的第二天，仁波切對他說：「我倆不快點傳的話，會有障礙的。看來每天需要上兩堂課才行。」於是在接下來的十五天當中，仁波切上午九點和下午一點都為他講授竅訣。其中在傳授明覺妙力灌頂時，喇嘛江措不由自主地涕泣。仁波切則對他說：「這樣很好。」

之後，喇嘛江措的母親病重時，仁波切指示說：「如果做十萬遍餗煙施，大概還能活兩個月。」後來，就如同仁波切所說的，他的母親在兩個月過後於不丹過世。喇嘛江措遂趕緊聯絡仁波切侍者，請求正在西里古里的仁波切為母親修頗瓦。在修完頗瓦之後，母親頭頂梵穴處的頭髮隨之掉落，呈現出頗瓦的驗相。西里古里距離他不丹的家鄉，有數百公里之遠。

一個多禮拜後，喇嘛江措想知道母親走後的情況如何，仁波切回答他說：「完全不用擔心，她現在非常好。」

14

二〇一〇年，台灣弟子曾照詠邀請揚唐仁波切到家中用膳。餐後，仁波切的侍者們發現家中一隻名為Happy的台灣土狗因病痛而不時哭叫。他們讓Happy趴在仁波切面前，讓仁波切撒米加持，並且唸誦投生極樂世界的願文。兩個小時後，Happy走到生命的盡頭。牠一生最後的食物，是仁波切吃剩的餃子。牠的最後際遇，是連許多佛弟子都無緣享有的Happy ending。

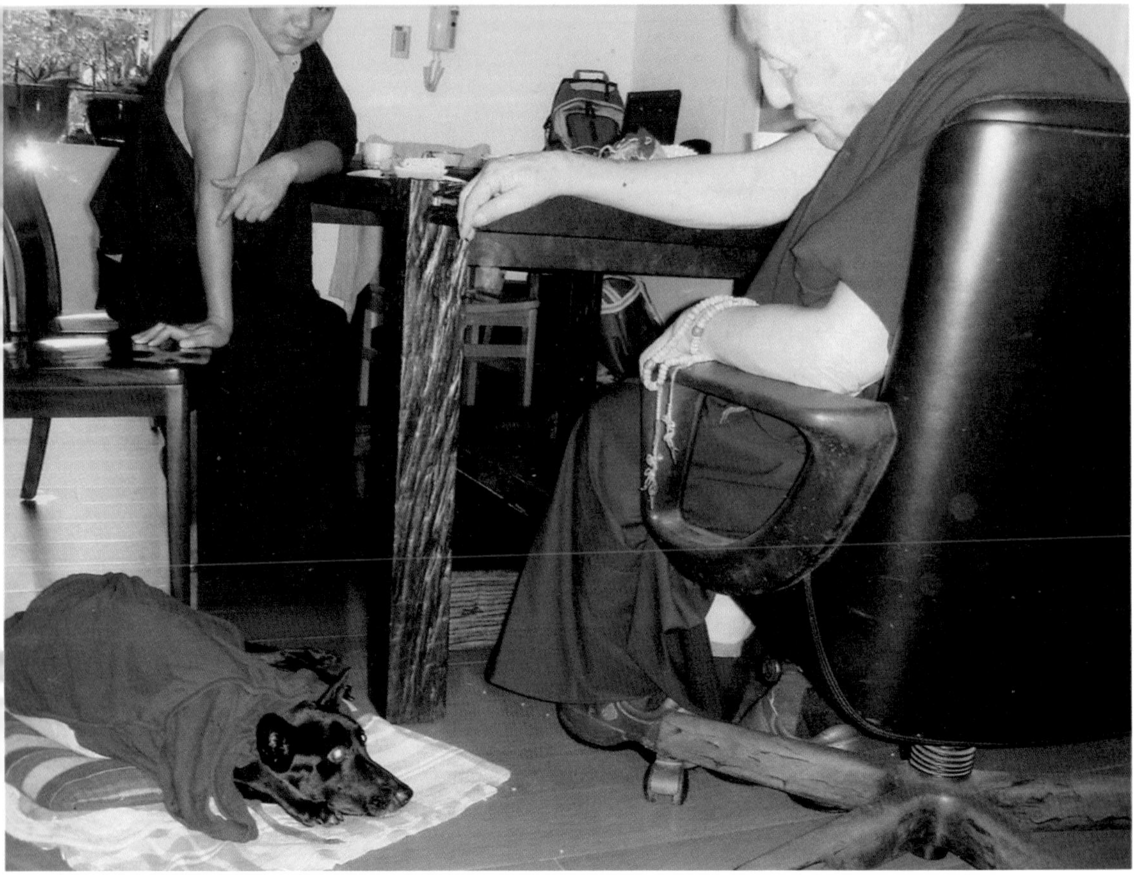

揚唐仁波切為Happy祝願及撒米時的情景。
照片提供／曾照詠家人。

15

如此這般，仁波切不僅對於弟子毫無保留，對於弟子的親人乃至寵物也多所庇護。除此之外，仁波切也悲憫對待受苦的眾生。他曾多次在菩提迦耶分發零錢給成群的乞丐。當侍者們忙著管理秩序，揪出才剛領完錢又再跑來的乞丐時，坐在一旁的仁波切會對侍者說：「沒有關係，才十塊盧比，給他們吧。」

另有一回，仁波切在玉僧璨康做完煙供，外甥女蔣秋卓瑪進入寢室時，發現仁波切陷入沉思一般地坐著。她問仁波切：「您是在想什麼呢？」仁波切對她說：「好可憐呀！那些無形的眾生為了搶煙而在那邊打了起來。比較強壯的就搶到很多，把煙搬回自己的倉庫裡，而那些弱小的還得去跟別人借煙來用。」蔣秋說，這就是為什麼仁波切凡作煙供一定要盛大的原因：「他要保證大家都拿得到。」

二〇一〇年春，仁波切在菩提迦耶轉動嘎瑪灌頂法輪。灌頂期間即使遇上藏曆新年，仁波切也沒有停止傳法。不過在藏曆新年初一的一大早，仁波切和親眷們有在房間裡象徵性地短暫慶賀新年。傳法休息時間，台灣弟子卻札向仁波切獻上哈達，祝賀仁波切新年吉祥。仁波切知道卻札每年都有和他一同過新年，獨缺這天早上沒見到他，於是就問他說：「咦，你早上怎麼沒有過來跟我們一起過新年呢？」卻札回答說：「仁波切，我並不知道今天您們有過新年。」於是仁波切對他說：「那你晚上過來我房間，我們再小小過新年一下。」當天晚上，仁波切將一整盤新年點心裝袋給他帶回去。

16

二〇一〇年到二〇一一年間，仁波切在美國傳授大寶伏藏灌頂時，身為法事組成員的莎曼珊（Samantha Cheney Gelfand）如是回憶當時情景：

我每天早上會很早起床，在五點到大殿去準備，仁波切會在五點半到來，開始修持本尊觀修等等，我會在旁協助。……他會坐下來，然後他就不會離開了，在十二個小時當中，他從來不會離開那個法座，一直坐在那裡。……他幾乎每天都是同一時間來，始終如一，他來了會頂禮，對著我們微笑打招呼，然後登上法座。……

他從來不會疲累，我都累了，而他就是一直持續進行。……早上他修法的時候，我就望著他，看著他的頭髮漸漸長了起來，我就在想：「哇，如果我能夠有機會為他剃髮，而且能夠拿到一點頭髮的話，那會是多大的加持！」我這樣告訴自己非常多次。當他早上在修法時，我看著他，我就有這樣的願望，希望能夠得到一點他的頭髮。然後有一天午餐時間，蔣多喇嘛走過來對我說：「莎曼珊，跟我來！」結果仁波切下了法座，坐在大殿裡頭在剃髮，我就幫忙拿著布承接剃落的頭髮，我並沒有把我的想法告訴任何人，而他真的聽到我的願望，所以我就協助剃髮，而且得以拿到一點頭髮，那真的很美好，他真的聽到我的願望了，那是兩個半月當中仁波切唯一一次在那邊剃髮。[71]

71 莎曼珊訪談，二〇一七年十二月十三日於美國阿什蘭韓國餐廳。

17

二〇一三年，仁波切在雪謙寺傳授天法時，在藏曆初十那天因要薈供而暫停傳法。卻札趁著空檔到博達塔旁的一家咖啡店，在喝著卡布奇諾、望著窗外的大塔時，由於憶念起仁波切的恩德而淚眼盈框。他對著眼前的滿願塔發願：「希望能夠生生世世依止仁波切。」一步出咖啡店，卻札就碰上仁波切一位侍者，侍者斥責他說：「你都跑去哪裡了？仁波切問了好多次你在哪裡。」卻札回答說：「雪謙寺管控很嚴格，說不能去打擾仁波切。」侍者又說：「你來的話我們會讓你進來。你趕快來喔，仁波切一直在問。」當天晚上，侍者們正好有事外出，卻札於是得以和仁波切共用晚餐。餐後，仁波切將那天自己的一盤大薈供物裝袋送給了他。

18

仁波切在轉動天法的法輪時，加拿大弟子海瑟（Heather James）也前往雪謙寺受法。[72]連續十天接受灌頂後，由於她的兒子來到尼泊爾旅遊，她遂暫停參加灌頂法會，想陪兒子去位於加德滿都郊區的那噶爾闊特（Nagarkot）山區觀看夕陽美景。她們先搭車到山腳，再以健行的方式徒步上山。雖然兩人對路況並不熟悉，海瑟的兒子倒是老神在在，海瑟雖時有忐忑，只能選擇相信兒子。日落約於五點半發生，而兩人在不熟悉的路上揮汗如雨，行走多時，已逾傍晚六點。海瑟體力不支且感寒意，問路之下，人們都異口同聲地說：「最後一班巴士已經開走了。」每踏出一步，天色就越昏暗，海瑟心中充滿擔憂，甚至覺得如果沒有人及時支援，很有可能就此喪命山林。這時，她心想：「我應該要祈求。」念頭一起，她就想到先前十天參加法會、領受仁波切灌頂加持的情景。就在這個當下，一輛巴士打著極其明亮的車頭燈出現在眼前。母子兩人急忙上車，海瑟一坐在巴士椅子上，就在心裡唸著：「謝謝您！謝謝您！揚唐仁波切，我知道是您！」多年以後，海瑟在回憶這段往事時，如此說道：「我永遠沒有忘記揚唐仁波切，我永遠沒有忘記他美麗的臉龐，總是在微笑……」

19

另有一年，出生拉薩、長居印度多年的拉珍，在對自己未來感到不確定的當下，在德里向揚唐仁波切求卦。仁波切卜卦後對她說：「出國比待在印度好。可以出國的話就出國。可是去美國的話很困難，去得成是會前途很好，去歐洲的話比較容易，可是剛開始在那邊會困難重重。」當時在學法語的拉珍接著問說是否要繼續學下去，仁波切答說：「繼續學下去。」爾後，拉珍順利到了歐洲，輾轉安頓在比利時，然而在取得難民證等方面遇上很多困難。經過幾年的努力，她終於取得難民證，如今安居在比利時的她育有一女，女兒和丈夫也都取得合法證件。她在回想起多年前仁波切在德里對她說的那番話，才恍然明白：仁波切早就什麼都料到了。而法語是比利時三大官方語言之一，也確實對她有幫助。[73]

72 海瑟訪談，二〇一七年十月二十四日於印度達蘭薩拉。

73 感謝拉珍的口述，台北時間二〇二一年十二月九日透過網路社群媒體。

20

中國弟子金小文在二〇一五年夏天有幸與仁波切同朝五台山等地時，不時會有浮現念頭：很希望自己能夠幫到上師的忙。可是她也心想：「上師那麼偉大，身邊的侍者和弟子那麼多，怎麼會需要我的幫忙呢？」在仁波切最後一次入住金色檸檬的一天，金小文看到仁波切坐在房間床上，唸珠的計數墜子被哈達的絲線纏住。於是她上前將纏結解開。她如是說道：「我認為這是上師的加持，滿足了我小小的願望！」[74]

21

二〇〇八年，陳宥憲在好友阿哲的引介下，前往深坑中心拜訪仁波切。談起初見仁波切的當下，他形容感覺像是被電到一般：

> 他緩緩地走進來，慈藹地環視大眾並對大家微笑，當時第一次與仁波切四目相接，全身就像被電到一樣地震懾，霎時就被攝受了！心底有個清晰的念頭生起：「就是他！」
>
> 私下拜見時，上師拿出經常伴隨身邊的金剛杵加持我，當下居然淚流不止地哭了十分鐘無法控制，在旁的友人也非常驚訝。當下有種「終於找到回家路」的感動！[75]

爾後不久，他便在仁波切座下求得皈依戒。那是他人生中的第一次皈依。如此莫名深受觸動而皈依仁波切的弟子，陳宥憲並不是唯一一人。

二〇一五年三月，春分的那天早上，住在台北的仁增旺嫫才一起床，就莫名起了一個念頭：「我要去錫金，我一定要去見揚唐仁波切，我一定要去見他。」以理性的層面來說，她並不知道自己為何要去錫金見仁波切，但是心裡就是有那樣的念頭：「我一定要去！我一定要去！」[76]

同年，想要尋找一位靈性導師的奧立佛（Oliver Creech）計劃從家鄉美國與友人一同前往尼泊爾。後來由於尼泊爾發生大地震的緣故，遂更改行程，在五月下旬到錫金尋覓佛教上師。到了錫金，得知揚唐仁波切已經回到玉僧的消息後，他們輾轉來到玉僧璨康，當仁波切穿著白衣現身時，奧立佛感覺像是閃電霹靂一般，深覺坐在面前的絕非凡人。幾天過後，奧立佛再次與友人拜見仁波切，這一次，仁波切給予他直指心性等修行上的指引。

爾後，他與友人前去登山，來到海拔超過三千公尺的地區時，他出現昏眩、頭痛、噁心、視力模糊等高山反應症狀。於是挑伕陪同他下山，而友人則繼續上行。錯過了與友人一同攻頂的奧立佛，卻因此沒有錯過再次見到仁波切的機會。下山經過休息後，他又想再去拜見仁波切。當他拿著哈達來到璨康時，正要遠赴多芒的仁波切才剛坐進車子裡。奧立佛趁著車門還開著的當下，前去獻上了哈達。

74 感謝金小文的敘述，二〇二一年九月十六日透過網路社群媒體。
75 感謝陳宥憲的敘述，二〇一九年十二月十七日透過網路社群媒體。
76 仁增旺嫫訪談，二〇一八年六月十五日於台灣台東市。感謝張家瑞的安排。

看著仁波切的座車緩緩駛離後，奧立佛心想：「我袋子裡還有一條哈達，我想要再獻給仁波切。」於是他抄近路，在璨康直通玉僧市集之間的村中小徑狂奔。當他到達市集時，仁波切的座車正好經過，奧立佛如是敘述道：「仁波切看到我就笑了起來，我就獻上第二條哈達。……那是我最後一次見到他。」77

從荼毗法會開始，奧立佛每年都會在繁忙的課業中排出時間從美國到玉僧參加圓寂紀念法會。如今，他每日修持《修行之王：上師瑜伽》，從未間斷。

22

二〇一五年夏天，住在廣州的洋洋前去色達喇榮辟穀。當時尚未皈依佛教的她，在辟穀結束之後，每天會去轉經輪、繞壇城。十天後，她感到有點無聊，正想離開色達時，一位師兄問她說：「有一位大上師在多芒寺傳法，妳要不要去？」於是，她就這樣與一群人從色達前往多芒參加揚唐仁波切的多芒新伏藏灌頂法會。洋洋如是敘述當時的情景：

> 我們是早上到的，上師坐的車一出來，後面有師父在用喇叭吹法樂，我就哭了。……等到那天下午，結束的時候上師帶領大家唸蓮師心咒……他的聲音一響起，我的眼淚又止不住地流下來，哭到不能自己。我當時覺得是上師在召喚我，我不知道為什麼，我就很堅定地認為這是上師要我趕緊回來回來這種感覺。78

當天法會結束，洋洋向侍者表達想要皈依仁波切的心願。幾天後，仁波切在爐霍一處旅館，一對一為她傳授皈依戒，並賜予法名——「袞秋卓瑪」。袞秋卓瑪如是形容當時的感受：「每一次我見到上師，我只要看著他的眼睛，我就要流淚，總覺得他眼睛很慈悲，非常的慈悲，然後好像在看著一個迷途羔羊一樣。」

23

隔年，二〇一六年的藏曆新年前，在台北的仁增旺嫫終於在朋友的陪同下同去錫金，在玉僧初次拜見仁波切。當車子駛入玉僧璨康庭院時，她就開始不由自主地流淚，在仁波切的房間裡，她在雙眼泛著淚水當中求得皈依戒，並且得到蓮師心咒的口傳。儘管她期待年底能再來見仁波切，這卻是她最後一次見到仁波切。然而，從荼毗法會起，每年圓寂紀念法會都可看到她的身影。一面之緣，終究並非僅止於一面之緣。她如是說道：

> 我是個沒有什麼虔敬心的人，我對很多上師有尊敬之心，可是虔敬心是沒有的，可是對仁波切講的教言，對仁波切傳的法，我會很虔敬地盡可能去遵守，仁波切是唯一一位讓我打從心裡去追隨的上師。如果仁波切在走之前沒有收我這個的弟子，基本上我現在應該還不知道在幹嘛吧。

77 感謝奧立佛的敘述，台北時間二〇二一年十二月十日透過網路社群媒體。

78 袞秋卓瑪訪談，二〇一七年七月十六日於中國成都。

24

西班牙的藝術家瑪莉亞（María José López）有一年跟著南卡仁波切到玉僧拜見仁波切。仁波切當時為他們開示慈悲心的內容，那是非佛教徒的她第一次聽聞佛法的開示。她如是敘述當時的感受：「他的言語和他證悟的體現使我感動。我會有這樣的感受，是因為只有像他這樣的人，才能夠讓我感到如此平靜，特別是他傳達出的溫柔和慈愛的攝受。我說這些東西挺奇怪的，因為我對佛教並不熟悉，可是我就是如此感受到的。」

後來在聽聞揚唐仁波切圓寂的消息時，她不禁傷心哭了起來。她自己感到很很難理解，為什麼僅僅見過仁波切一回，卻有彷彿痛失至親一般的難過。他說道：「很難理解。而這個經驗幫助我去了解弟子對於上師的虔誠與信心。……我就開始哭了起來，我感到很大的遺憾，沒有機會再次聽到他的言語。」[79]

25

有一回，台灣弟子卻札思及家中的母親。當時有許多信眾來拜見仁波切，仁波切指著一個一位滿頭白髮的女信眾對

María José López所繪製的揚唐仁波切肖像影本。

著卻札說：「那個很像你的媽媽。」那時卻札心中充滿暖意，自己在思及母親時，上師也完全知曉，在知道母親也被上師意念攝持後，思親之情也得緩解。爾後，他也多次在心中向仁波切祈求，希望有朝一日，母親有機緣能夠聽聞仁波切傳授竅訣。二〇一六年，李連杰夫婦到印度向仁波切求法，擔任口譯的卻札，在傳法者和請法者雙方都同意之下，讓母親同場受法，長久以來的願望於是實現。

同年五月，仁波切在香港荃灣傳完《修行之王：上師瑜伽》之後，前去大嶼山朝禮大佛。繞佛之後，眾人閒逛到禮品部，裡面有各式以阿彌陀佛為主題的掛牌和小佛像。當時卻札有位友人的母親患有肝疾，於是買下一個掛牌要送給那位病人。眼看手裡還剩一些港幣，他就想說順便再多買兩個掛牌送給自己父母。可是餘錢只夠他加買一個掛牌，他心裡便想說：與其只買一個，不如就不買了，要送給父母的話，總不能只送一個而不送另一個。這時，仁波切拿起了兩組西方三聖的木製佛像，那是禮品部裡價位較高的物件。在付完錢後，仁波切將其中一組西方三聖交給卻札，並且對他說：「這是送給你爸爸和媽媽的。」

兩年後，卻札的父親在加護病房裡進入臨終彌留前，卻札將西方三聖放在父親頭上說：「爸，這是仁波切送給你的。我放在你頭上，你要想著仁波切、想著阿彌陀佛，然後我們一起唸皈依好不好？」於是，兩人在病房中一同反覆唸著：「皈依佛，皈依法，皈依僧。……皈依佛，皈依法，皈依僧。……」

79 這場訪談透過文字問答進行。感謝隆欽康卓的安排。瑪莉亞以西班牙文作答，感謝Shamelle Gonzalez協助英譯。

26

二〇一六年八月的一天早上，一個來自保加利亞的年輕人跑來玉僧說要見仁波切，侍者事先請他釐清問題，不要離題而佔用仁波切太多時間。結果，他在仁波切房裡一坐就是兩個小時，大談人生經歷和靈性修為，說是想尋找上師，可是講的盡是自己的悟道境界。擔任口譯的卻札在過程中多次提醒他長話短說、切入重點，而一旁的仁波切也數度聽得顯露疲態。卻札對這位東歐的年輕人說：「仁波切聽得都累了，你可以講重點嗎？」他卻如入無人之境一般地回答：「我還沒有講完，快講完了。」

午餐時，侍者們開玩笑地說，今天得到了來自保加利亞的傳記與證道歌口傳了。玩笑之餘，眾人也開始討論對策。畢竟過去曾經有外國弟子到了仁波切的房間後，反鎖房門、脅迫仁波切傳法的情事，眾人於是心想，如果保加利亞男生再來求見，一見苗頭不對，就要盡快把他扛出去。過了一兩天，他果真又來求見，就在他進入房間時，仁波切對卻札說：「今天我倆要好好搞定他才行。」卻札聽到這句話時就知道，仁波切不但不會草草轟他出去，還會給予諄諄教誨。小伙子一屁股坐了下來，正要高談殊勝的夢境和禪修覺受時，馬上就被仁波切阻止：「我不是要問你看到了什麼！看到那些有什麼特別的？要看裡面的心，不要看外面的相！」這一回，換成仁波切在兩小時中綿綿不絕地為他指點修行，並且在在確認他是否無誤理解。

我們並不知道這位保加利亞人從此何去何從，也不知道他是否仍將仁波切的教授放在心頭。只知道仁波切一生向來如此來者不拒。對待有信心的具器弟子，仁波切固然欣然傳法；對於一個不懂尊師重道者，他也同樣傾囊相授，從未錯失任何一個能讓有緣者明心見性的機會。

27

二〇一三年上半年，經歷數年低潮的夏拉德，因為離婚加上事業不如意，正處於人生的最低谷。八月，他的大哥和大嫂正要從德里出發返回西里古里住家，邀他搭火車同行，正在德里工作的他並不想去西里古里，而想帶著許多對人生問題的思索和對修行的追尋，從瑪吉努卡帝拉(Majnu-ka-tilla)搭乘巴士前往蓮花生大士聖地蓮花湖尋找啟發。由於他到巴士站時為時已晚，錯過當晚的最後一班車。於是他加入了大哥的行程，心想在途中要先在瓦拉納西下車。然而當火車於清晨抵達瓦拉納西時，他又因睡過頭而未能即時下車。無奈之下，只得跟大哥同回西里古里。爾後，他透過網路搜尋到錫金的上師和寺院，便勸說大哥一同前往錫金。想去拜見多竹千法王的他，透過叔叔聯絡上一位索南先生，索南卻說要拜見法王不太可能。夏拉德於是追問說：「那是否可以推薦其他的仁波切讓我去拜見呢？」索南先生如是回答：「如果你很希求的話，在玉僧有一位揚唐仁波切，他剛從法國回來，要見到那樣的上師是需要福報的，你不妨試試。」夏拉德一行人抵達玉僧已是傍晚時分，他們在仁波切房裡待了四十多分鐘後，仁波切將藏文經函放在他的頭上，唸誦願文為他加持。夏拉德如是回憶這個永生難忘的情景：

> 他開始唸誦願文，他用那個經函來加持我的頭……那是我無法忘懷的經驗……我感受到很平靜、很寧靜。我還記得我那可能根本沒進入狀況的大嫂，在聽到仁波切唸誦願文時，眼淚奪眶而出。那就像一陣靜謐的波動襲向我們。

在離開仁波切房間時，夏拉德告訴自己，一定要再回來見仁波切。一年後，他獨自來到玉僧二度拜見仁波切並且求法。隔年冬天，他與大哥再訪玉僧，在關於修行的問答告一段落後，大哥拉吉夫請求仁波切特別加持夏拉德能找到再婚的新對象。仁波切則對大哥說：「你為什麼想要那樣做呢？他正在通往解脫的道路上，而你又想把他拉回輪迴裡面。我才不會加持那種事呢！」在他們離去前，仁波切送了夏拉德一尊銅製的長壽佛像。

再次見到仁波切，就是二〇一六年的十月十五日，那從歐洲緊急趕回海德拉巴德加護病房的最後一面。夏拉德和他的家人們，在仁波切和侍者們來到人生地不熟的海德拉巴德時，於接機、入院就醫、住院時的飲食等諸多事項上，盡心盡力做好一切安排。乃至在仁波切圓寂之後，他們仍竭盡全力安排運送法體的專機。

夏拉德在啜泣當中敘述著十月十六日早上的經過：

要跑所有程序，在醫院、在警察局，然後我們也去了機場，那是私人專機，需要分開進行登機手續等等；不過所有事項都進行得很平順，他們都準時登機……然後我們就待在機場外頭，等待著飛機起飛……

仁波切的法體隨著專機逐漸飛遠，而那尊長壽佛像，則依然安奉在海德拉巴德。

28

二〇一六年十月十五日，凌晨的玉僧，不丹喇嘛江措在夢境中，身處一個大空房，他走出屋外才想起唸珠忘在房裡，回房卻看到滿屋的薈供品，而仁波切就坐在一側。在那夢中，仁波切對他講述輪迴毫無實義、好好珍惜人身的道理，並且提點關於實修的要點。喇嘛江措從夢中醒來時是三點多，他心想：仁波切大概是要圓寂了。

同一天，接近中午時分的南卓林佛學院裡，剛下完課的多林寺隆央祖古看到佈告欄上，貼出揚唐仁波切正在海德拉巴德加護病房的消息。他隨即與同在佛學院就學的策旺班究兩人，策劃前去海德拉巴德未果，當天晚上，仁波切便示現了圓寂。策旺班究在數星期後所寫的〈思念上師的眼淚〉一文中如是寫道：

> 我的大恩上師您呀，現在是在哪個淨土當中呢？即使我於胸前合十祈求，要在夢裡見到您都變得渺茫。由於前世善業和發願之力，讓我得以值遇您——我無比的唯一救怙。在還沒證得光明的菩提之前，今後請您以大悲之鉤來攝持我。

29

十月底，為了祈求揚唐仁波切轉世再來，人在美國的喇嘛智美羅珠帶領一群弟子們前去放生。途中，天空現起了兩道彩虹。

而在廣州，由於持有中國護照者無法進入錫金，幾經嘗試想參加荼毗法會的袞秋卓瑪失望不已：

智美羅珠喇嘛與弟子眾在揚唐仁波切圓寂兩星期後前往放生時，途中現起了雙虹（二〇一六年十月三十日）。
照片提供／智美羅珠喇嘛。

本來之前一整個星期每天都在哭，然後收到不能去的消息的那天，也是哭得不行。然後，當天晚上我做了一個夢，我夢到上師來到我身邊……

在那夢裡，仁波切對袞秋卓瑪說：「妳做什麼我都知道，我跟妳在一起，我一直都跟妳在一起。」

30

二〇一四年十月，到錫金比克斯塘一遊的荻雅詩妮（Deyashini Choudhury）認識了揚唐仁波切的錫金弟子德央一家人，出生於印度教家庭的她，在談話中聽聞關於揚唐仁波切這位上師時，表達了想要去玉僧拜見他的意願。然而當時仁波切正在進行觀音法門的長期閉關，她的計畫只得作罷。[80]

二〇一五年二月，仁波切在藏曆新年初一出關。身為人妻人母的荻雅詩妮為了親見仁波切，在繁忙的工作當中，利用週末假日遠從孟買輾轉來到玉僧，這一次，她如願見到生命中的第一位佛教上師，並在仁波切尊前得到修行和生活上的指導。仁波切對她說：「好好去修，有什麼問題一年後可以回來問我。」隔年四月初，仁波切結束在南卓林的傳法後，回到班加羅爾停留期間，荻雅詩妮再次在週末從孟買搭機前去拜見仁波切，她原本以為只會有十五分鐘的時間可與上師相處，結果仁波切在一個小時當中，滔滔不絕地給予她關於見

80 荻雅詩妮訪談，二〇一八年三月十一日於印度孟買。

地方面更進一步的指引。她如是敘述這場會面的最後一個對話：

在談話的最後，我問他說：「我下一次可以在哪裡見您呢？」他充滿慈悲和加持地回答說：「哪裡都可以，看妳。」

這是她最後一次拜見仁波切，然而，卻不是最後一次見到仁波切。她多年來按照仁波切的指導修行，每每遇上各種困境，也都會向仁波切祈求。二〇二一年八月，仁波切圓寂即將屆滿五年時，她動了一場肝臟移植手術。她如是敘述術後在加護病房的一番奇遇：

我今天在禪修結束後，祈求仁波切與我同在。然後我就看到他穿著加護病房專用的綠色醫療防護衣，他就在那裡。二十四小時的任何時間，他都在那裡。加護病房的醫護人員都搞不懂，我在病痛當中怎麼還會微笑。我的上師就在我身旁，我怎能不微笑呢？

31

如此這般，多芒揚唐仁波切，既是出生時的守護天使，也是往生時的送行者。既是嚴師，也是慈父。在你需要上師的時候，他可以是你的依怙主。當妳痛失親人的時候，他可以是妳的舅舅。在你人生低潮的時候，他始終加持相伴。在妳聲聲呼喚的時候，他完全都知曉。在你希求佛法的時候，他給了你純正的醍醐教授。在妳有所願求時，他總是實現妳的願望。

他既是一個慈悲的眼神，一抹溫暖的微笑，一陣諄諄的教誨，一條溫柔的絲巾，一瓢淋在患部的涼水，一組莊嚴的西方三聖，一次嚴正的喝斥，一個紮實按在頭上的厚實手掌，一個重擊在背上的金剛杵，一條祝福的哈達，一件綠色的加護病房防護衣，一撮撒在頭上的米，……也是你和妳在雙手合十當中，從臉上滑落的淚水。

一九九〇年，仁波切的台灣行接近尾聲之際，龔詠涵的內心有一份焦慮感，她如是敘述道：

我好像在海上漂浮，突然遇到一個浮木，所以我是緊緊抓著不放……仁波切要離開的時候，我真的覺得很害怕，心裡覺得說我要怎麼辦……

我有跟仁波切講說：「如果我有任何心事的時候，看著您的照片對您訴說的話，仁波切您會知道嗎？」

仁波切說：「我當然知道啦！」

我又說：「您可以允許我有任何事的時候看著照片告訴您嗎？」

「當然可以啦，妳有任何的事情就告訴我。」

一九九七年，仁波切第二度來到台灣時，陶侃她說道：「我以為妳早就忘記我了。」而她當時這樣說道：

我告訴他：「我永生難忘，這六年來，我天天都會想著您。」

他說：「我都知道。」

最後，我們謹以這個在西里古里「北城」發生的故事，為本書作結。

南卓林的喇嘛丹增格桑有一次到西里古里辦事，在返回南印度之前，他前去北城拜見仁波切。他的心願是在仁波切面前，獨自唸誦上師瑜伽給仁波切聽。他早上進到仁波切房間時，仁波切正準備要吃糌粑。[81]

「他要做什麼？」仁波切問清哲祖古。

「他希望能在您面前唸個上師瑜伽。」

「喔，可以可以。」

丹增格桑在仁波切身旁坐下時，仁波切的一隻手伸進了紅色的糌粑袋舀出了一點糌粑，當他的手第二次伸進糌粑袋裡時，丹增格桑謹慎地開始依著天法傳規唸誦起上師瑜伽。其中，在遙喚上師的段落，他唱誦著：「上師眷知！上師眷知！大恩根本上師眷知！」

隨後，他唸誦著四灌頂的內容，直至最後觀想上師化成光、融入弟子，在上師的心與自己的心無二無別當中安住著。丹增格桑如是回憶著當時的場景：

> 從我開始唸上師瑜伽一直到唸完之前，仁波切的那隻手都還是放在糌粑袋裡面，就定住不動了，他就從頭到尾都是閉著眼睛聽我唸……本來唸一遍過去是五六分鐘，但是我看機會這麼難得，就多唸了一些百字明咒和蓮師咒，總共大概有十五分鐘的時間。
>
> 整個過程裡，他的手都在糌粑袋裡，一直閉著眼睛，聆聽著我唸誦上師瑜伽。

81 丹增格桑喇嘛訪談，二〇一八年四月二十七日於印度南卓林寺。

揚唐仁波切與紅色的糌粑袋（二〇一五年）。攝影／卻札

ཡི་གེ་ཉི་ཤུ་རྩ་དྲུག་པ་འདི་དཔེ་ཆའི་ནང་དུ་བཞག་ན་དཔེ་ཆ་དེ་ཅི་འདྲར་
བགོམས་ཀྱང་ཉེས་པ་མི་འབྱུང་བར་འཇམ་དཔལ་རྩ་རྒྱུད་ལས་གསུངས་སོ།།

《文殊根本續》中提及，安置此咒可免除誤跨法本之過失。

成就者傳記 JS0018

我的淨土到了——多芒揚唐仁波切傳 下冊

作　　者／卻札蔣措
責任編輯／廖于瑄、北条輝四郎
業　　務／顏宏紋

總 編 輯／張嘉芳
出　　版／橡樹林文化
城邦文化事業股份有限公司
104台北市民生東路二段141號5樓
電話：（02）2500-7696　傳真：（02）2500-1951
發　　行／英屬蓋曼群島商家庭傳媒股份有限公司城邦分公司
104台北市中山區民生東路二段141號5樓
客服服務專線：（02）25007718；25001991
24小時傳真專線：（02）25001990；25001991
服務時間：週一至週五上午09:30 ～ 12:00；下午13:30 ～ 17:00
劃撥帳號：19863813　戶名：書虫股份有限公司
讀者服務信箱：service@readingclub.com.tw
香港發行所／城邦（香港）出版集團有限公司
香港灣仔駱克道193號東超商業中心1樓
電話：（852）25086231　傳真：（852）25789337
馬新發行所／城邦（馬新）出版集團 Cite (M) Sdn Bhd
41, Jalan Radin Anum, Bandar Baru Sri Petaling, 57000 Kuala Lumpur, Malaysia.
Tel:(603)90563833 Fax:(603)90576622 Email:services@cite.my

內　　文／黃筱晴
封　　面／黃筱晴
印　　刷／韋懋實業有限公司
初版一刷／2022年12月
初版二刷／2023年2月
I S B N／978-626-7219-02-7
定　　價／1200元（上下冊不分售）

城邦讀書花園
www.cite.com.tw

下冊　封面及封底照片攝影／卻札蔣措

國家圖書館出版品預行編目(CIP)資料

我的淨土到了：多芒揚唐仁波切傳 下冊／卻札蔣措著. -- 初版. -- 臺北市：橡樹林文化，城邦文化事業股份有限公司出版：英屬蓋曼群島商家庭傳媒股份有限公司城邦分公司發行，2022.12　面；　公分. --（成就者傳記；JS0018）

ISBN 978-626-7219-02-7（精裝）　1.CST：多芒揚唐　2.CST：藏傳佛教　3.CST：佛教傳記

226.969　111016344